NATIONAL
GEOGRAPHIC

TOSKANA

Inhalt

Autor: Tim Jepson
Lektorat und Aktualisierung: Lindsay Bennett
Redaktion: Karen Kemp
Redaktion der Reihe: Karen Rigden
Design: Alison Fenton
Design der Reihe: Catherine Murray
Übersetzung »Das Magazin«: Anne Pitz

4., aktualisierte Auflage 2012

Unsere Autoren haben nach bestem Wissen recherchiert.
Trotzdem schleichen sich manchmal Fehler ein,
für die der Verlag keine Haftung übernehmen kann.
Hinweise, Verbesserungsvorschläge und Korrekturen
sind jederzeit willkommen. Einsendungen an:
E-Mail: spirallo@nationalgeographic.de oder
National Geographic Spirallo-Reiseführer
MAIRDUMONT GmbH & Co KG,
Postfach 3151,D-73751 Ostfildern

Herausgegeben von AA Publishing, einem Unternehmen der
AA Media Limited, Fanum House,
Basing View, Basingstoke, Hampshire, RG21 4EA, UK.
Handelsregister Nr. 06112600.

Farbauszug: AA Digital Department
Druck und Bindung: Leo Paper Products, China

A04789

Oben: *Aus einer Zeit, als Finanzämter noch schön anzusehen waren: Memmingens Steuerhaus*
Unten: *Wer wollte hier nicht im Frühtau zu Berge ziehen? Alpenpanorama bei Pfronten*

hen von Immenstadt aus die *Nagelfluhkette*, andere versuchen sich an der *Hörnertour* um Fischen. Ausflüge in die wildromantische *Breitachklamm* bei Oberstdorf bieten sich an, Gipfeltouren auf den *Grünten*, den kahlkuppigen ›Wächter des Allgäus‹ mit atemberaubender Fernsicht, oder Wanderungen durch die bizarr gefrorene Winterlandschaft des *Eistobels* bei Isny.

Wer es lieber geruhsam angeht, kann zu Fuß oder mit dem **Fahrrad** dem Lauf von Lech oder Iller in Richtung Donau folgen, etwa auf dem neu eröffneten *Lechweg*, der als Leichtwanderroute klassifiziert ist, oder dem *Iller-Radweg*, der Oberstdorf mit Ulm verbindet. Das dichte Radwegenetz im sanfteren nördlichen

Links oben: *Einmal rund um den Forggensee – für Radler ein besonderes Vergnügen*
Links Mitte: *Vor dem Sprung: Paraglider am Tegelberg bei Schwangau*
Links unten: *Das Gipfelkreuz des Fellhorn erwartet wackere Bergwanderer*
Rechts oben: *Oberstorf im Winter*
Rechts unten: *Sebastian Kneipp ist in Bad Wörishofen noch heute allgegenwärtig*

Allgäu bietet weitere wunderbare Alternativen. Daneben hält das Allgäu aber auch Herausforderungen für ehrgeizige Mountainbiker bereit, etwa um Oberstdorf oder Pfronten. Zudem sind auf den Straßen im Ostallgäu bis in die Gegend um Oy-Mittelberg hinein eigens ausgearbeitete Rennrad-Touren ausgewiesen.

Wassersport wird an den beiden dunkelschönen *Alpseen* bei Immenstadt sowie an den *Oberallgäuer Seen* zwischen Pfronten und Rosshaupten ganz groß geschrieben. Hier segelt man zum Beispiel auf dem Forggensee, surft auf dem Bannwaldsee oder hat am Inselsee östlich von Immenstadt Spaß mit Wasserski und Wakeboard.

Auch die Luft wird erobert: **Drachenflieger** und **Paraglider** starten vom Tegelberg bei Füssen, man kann mit dem Segelflieger Bahnen am blauen Himmel über Memmingen oder Isny ziehen oder ab Seeg oder Kempten Ballon fahren.

Dabei sind Outdoor-Feunde im Allgäu keineswegs auf das Sommerhalbjahr beschränkt. **Langläufer** etwa fühlen sich im Winter im *Illerwinkel* oder um das ›Hutstädtchen‹ *Lindenberg* ausgesprochen wohl. **Alpinskifahrer** und **Winterwanderer** schätzen dagegen die bis ins Frühjahr schneesicheren Wintersportgebiete in den höheren Lagen des Allgäus, etwa um das *Hindelanger Oberjoch* oder auf dem Hochplateau der *Scheidegg*. Nicht zu vergessen das bergumstandene **Oberstdorf**, das man geradezu als Geburtsstätte des Tourismus im Oberallgäu betrachten kann. Mit seinen **Skisprungschanzen** ist dieses südlichste Dorf Deutschlands das regionale Zentrum dieser Sportart. Zudem locken eine Eissporthalle, kilometerlange Loipen und der Skizirkus, der auch das angrenzende österreichische *Kleinwalsertal* einschließt.

Wohltat für Körper und Geist

Wer statt körperlicher Herausforderungen eher Ruhe und Erholung sucht, findet zwischen den flachen Hügeln des Voralpenlandes oder in den Hochtälern der Berge sicher ebenfalls sein persönliches Lieblingsfleckchen.

Klare würzige Luft und sauberes Wasser zählen zu den großen Pluspunkten des industriearmen Allgäus. Deutliche Indizien dafür sind die zahlreichen **Luft- und Kneippkurorte**, deren Besuch heilsam auf Körper und Seele wirkt. Besonders die Lehren des Bad Wörishofener Pfarrers *Sebastian Kneipp*, deren Grundlagen reichlich Bewegung an frischer Luft und diverse Wasseranwendungen sind, finden im Allgäu viele überzeugte Anhänger. Nicht minder beliebt und wohltuend sind die *Oberstaufener Schrothkur*, die *Pfrontener Heukur* oder die *Bad Wurzacher Moorbäder*.

Oben: *Die himmlischen Mächte in all ihrer Pracht auf einem Fresko in Ottobeuren*
Unten: *In Hohenschwangaus Orientzimmer schwelgte Maximilian II. in Erinnerungen*
Rechts oben: *Schloss Hohenschwangau, einstiger Familiensitz der Wittelsbacher*
Rechts Mitte: *Ein traditionelles Allgäuer Bauernhaus von stattlicher Größe*
Rechts unten: *Geradezu pfiffig blicken die Putten von der Kanzel der Mariä-Himmelfahrt-Wallfahrtskirche in Kirchhaslach herab*

Zu ganzheitlicher Regeneration gehört zweifellos Musik, die im Allgäu facettenreich angeboten wird. **Klassikfreunde** begeistert das Festival der Nationen in Bad Wörishofen oder die Schlosskonzerte in Neuschwanstein. Dem Nachwuchs dieser Sparte gibt der Oberstdorfer Musiksommer eine Bühne, **Kirchenmusik** wird nicht nur bei den Basilika-Klängen in Ottobeuren virtuos dargeboten. Traditionelle und moderne **Volksmusik** wird im Füssener Vielsaitig-Festival gepflegt, ein besonderes Flair erhalten **Opern** und **Musicals** auf der Freilichtbühne von Altusried und Bad Hindelang kümmert sich mit **Alpenwalzer** und **Rock am Horn** auch um jüngeres Publikum.

Oben: *Tropen im Allgäu: Die Therme in Bad Wörishofen mit ihrem Freizeitbereich*
Unten: *Hier wird der Käse aus der Taufe gehoben – Käser mit dem Ergebnis ihrer Arbeit*
Rechts oben: *Vom Bürgerstolz der Memminger erzählt das Rathaus (links) am Marktplatz*
Rechts unten: *Der Große Festzug ist der Höhepunkt des historischen Frundsbergfestes in Mindelheim*

Bier und Barock im Allgäu

Nicht nur zum Kuren nach Kneipp ist das Allgäuer Wasser bestens geeignet. Von seiner Frische und ausgezeichneten Qualität zeugt auch das vorzügliche Bier, das die zahlreichen hiesigen **Privatbrauereien** produzieren. Vielfach schenken sie ihre Bräuspezialitäten in schönen **Biergärten** aus, deren Besuch krönender Abschluss einer Wanderung oder einer kunsthistorisch interessanten Exkursion sein kann. In Kronburg nahe Memmingen etwa lohnt es sich, vor der Einkehr dem schmucken Renaissance-Schloss auf der Anhöhe über dem Dorf einen Besuch abzustatten. Eine ebenso gelungene Kombination aus Speis', Trank und Kultur begeistert in Irsee vor den Toren Kaufbeurens. Hier drängt sich dem Besucher die Frage auf, wer nun wen in den Schatten stellt: Die zweitürmige barocke Basilika mit ihren erstklassigen Kunstschätzen die berühmte Irseer Klosterbrauerei – oder doch umgekehrt?

Überhaupt ist das Allgäu reich an **Kirchenkunst**. Im Norden reihen sich an der *Oberschwäbischen Barockstraße* Kleinode überschwänglicher Barock- und Rokokoarchitektur des 18. Jh. aneinander, vom Kloster Ottobeuren über Schloss und Stiftkirche Wolfegg bis zur Pfarrkirche von Kißlegg mit ihrem außergewöhnlichen Silberschatz. Weiter ostwärts sollte man einen Rundgang durch die prachtvolle fürstbischöfliche Residenz in **Kempten** nicht versäumen. Auch die nahe des Lechs gelegene, aber bereits zu Oberbayern gehörende *Wieskirche*, die zu Recht zum UNESCO Weltkulturerbe zählt, gehört zum Pflichtprogramm für jeden kunsthistorisch interessierten Reisenden in der Region.

Adelsstolz und Bürgerfeste

Von der Wieskirche ist es nicht weit zum berühmtesten Wahrzeichen des Allgäus, **Schloss Neuschwanstein** bei Schwangau, dem zinnen-, erker- und türmchenüberhäuften Märchenschloss des Bayernkönigs Ludwig II. Äußerlich nicht ganz so dominant, doch erlesen ausgestattet ist das benachbarte **Schloss Hohenschwangau**, das Ludwigs Vater Maximilian II. errichten ließ. Diesen beiden Prachtbauten verdankt die Gegend um Füssen den Namen *Königswinkel*.

Gut 300 Jahre bevor der Wittelsbacher Maximilian II. den Handwerkern Füssens durch seinen Schlossbau zu erklecklichen Aufträgen verhalf, erfreute sich die wohlhabende Allgäuer Handelsstadt bereits der Gunst eines anderen Maximilians, nämlich des Kaisers aus dem Geschlecht der Habsburger. Dieser Herrscher soll **Füssen** um das Jahr 1500 fast vierzig Male besucht haben, so gut gefielen ihm die propere Stadt und die waldreichen Berge ringsum. Zur Erinnerung an diese Besuche des ›letzten Ritters‹ riefen die Füssener das *Kaiserfest* ins Leben, ein groß angelegtes historisches Bürgerfest. Traditionsreicher ist freilich das *Tänzelfest* in **Kaufbeuren**, dessen Mitwirkende alle Kinder sind. Das Historienspektakel geht angeblich auf eine Visite Kaiser Maximilians zurück, wird tatsächlich aber ›erst‹ seit der Mitte des 16. Jh., einige Jahrzehnte nach dessen Tod, gefeiert.

Auch das alle vier Jahre stattfindende *Wallensteinfest* von **Memmingen** hat einen geschichtlichen Ursprung, schlug doch der kaiserliche Generalissimus während des Dreißigjährigen Krieges im Jahr 1630 einige Monate lang sein Lager in der Stadt auf. In ein mittelalterliches Heerlager verwandelt sich auch die kleinere Unterallgäuer Konkurrenzstadt **Mindelheim** während des alle drei Jahre begangenen *Frundsbergfestes*. Es erinnert an Georg von Frundsberg, den ›Vater der Landsknechte‹, der im 16. Jh. in der Mindelburg über der Stadt residierte

Gäste sind zu diesen Festen stets gern gesehen – und jederzeit herzlich eingeladen, im schönen Allgäu unbeschwerte Urlaubstage zu verbringen.

Geschichte, Kunst, Kultur im Überblick

Von Römern und Alamannen, Reformatoren und Kurgästen

8000–3000 v. Chr. Archäologische Funde im Gebiet der Allgäuer Alpen belegen die menschliche Besiedlung der Region in der mittleren Steinzeit.

1200 v. Chr. Gegen Ende der Bronzezeit wandern Illyrer aus dem heutigen Ungarn über Norditalien ins Allgäu ein.

5. Jh. v. Chr. Von Westen erschließen Kelten das Allgäu. Zu ihren Siedlungen gehört u.a. die Handelsniederlassung Kambodounon (Kempten) an der Iller.

15 v. Chr. Drusus und Tiberius, die beiden Stiefsöhne des römischen Kaisers Augustus, erobern von Süden und Westen her den Alpenraum und rücken bis zur Donau vor.

1. Jh. n. Chr. Hauptstadt der so entstandenen römischen Provinz Rätien wird zunächst Cambodunum, das die Römer erheblich ausbauen. Gleichzeitig sichern sie Rätien durch den Bau des Limes, eines befestigten Walls entlang der Nordgrenze der neuen Provinz zwischen Rhein und Donau.

213 Erstmals durchbrechen westgermanische Alamannen den Limes und fallen in Rätien ein.

233 Alamannische Angreifer zerstören Cambodunum, das aber in den folgenden Jahren wieder aufgebaut wird.

ab 250 Die römische Versorgungsstraße Via Decia führt aus dem Raum Innsbruck durch das Allgäu nach Bregenz am Bodensee.

Überreste römischer Besiedelung im Archäologischen Park Cambodunum

488 Angesichts vorrückender Alamannen und innerer Auseinandersetzungen in Rom werden die letzten römischen Truppen aus Cambodunum abgezogen. Alamannische Stammesfürsten übernehmen die Herrschaft.

496–536 In der Schlacht von Zülpich unterliegen die Alamannen erstmals den von Westen vorrückenden Franken. 536 ist die Eroberung des Alamannen-Reiches durch die Franken abgeschlossen.

725 Der vom Kloster St. Gallen entsandte Mönch Magnus gründet mit seinen Gefährten Tozzo und Theodor an der Stelle des heutigen Füssen eine Mönchszelle, von der aus sie ihren Glauben verbreiten. Heute wird der hl. Magnus (auch: Mang) als Schutzheiliger des Allgäus verehrt.

817 Erste Erwähnung des Allgäus: In einer Besitzurkunde des Klosters St.Gallen ist von ›Albigaue‹ die Rede, den ›Alpengauen‹ zwischen den Orten Fischen und Sonthofen. In den folgenden Jahrhunderten werden dem mächtigen Kloster ausgedehnte Gebiete im Alpen- und Voralpenland als Schenkungen vermacht. Das Augsburger Domstift wiederum verfügt über große Landstriche im Norden der Region.

1079 Der Staufer Friedrich I. wird Herzog von Schwaben und damit auch Herr über das Allgäu. Da die Staufer später auch Kaiser des Heiligen Römischen Reiches Deutscher Nation werden ist die Region vorübergehend Kernland des Reiches. Städte wie Kaufbeuren blühen auf.

ab 13. Jh. Im gesamten nördlichen Alpenraum wird Flachs angebaut und in Heimweberei zu Leinen weiterverarbeitet. In den hoch gelegenen, weniger fruchtbaren Regionen des Allgäus gewinnt dieser Wirtschafts-

Noch im frühen 20. Jh. verarbeiten einige Allgäuer Bauernfamilien zuhause Flachs

zweig schnell an Bedeutung, die Bergbevölkerung importiert sogar Flachs aus Tirol zur Weiterverarbeitung. Der Leinwandhandel bringt den Kaufleuten in Immenstadt, Wangen, Memmingen und anderen Marktstädten Wohlstand. Allgäuer Stoffe werden bis in die Niederlande und nach Russland gehandelt.

um 1400 In Memmingen wird Hans Strigel d. Ä. geboren, der sich später als Bildhauer einen Namen macht. Seine Söhne Hans d. J. (1430–1480) und Ivo (1430–1516) nehmen das künstlerische Erbe auf und kreieren großartige spätgotische Schnitzfiguren, Altargemälde und Fresken. Als letzter im Bunde profiliert sich Bernhard Strigel (1465–1528) als Lieblingsmaler Kaiser Maximilians I.

15. Jh. Vor allem in den östlichen Alpen werden reiche Erzvorkommen entdeckt. Hindelang steigt zu einem Zentrum der Eisen verarbeitenden Industrie auf und ist bald landesweit als Waffenschmiede bekannt.

16. Jh. Entlang der bedeutenden Salzstraße von Hall in Tirol über Immenstadt zum Bodensee wächst der Wohlstand der Handelsstädte.

1520 In Memmingen bekennt sich Stadtpfarrer Christoph Schappeler zur Reformation und kann den Rat der Stadt in einer Disputation von seiner Haltung überzeugen. Die Reformation wird eingeführt.

1524 Beim Leutkircher Tag fordert der Bischof von Konstanz die Durchsetzung des Wormser Edikts, das die Unterdrückung der Reformation verlangt. Die Reichsstadt Isny lehnt ab.

1525 Auch im Allgäu erheben sich die Bauern in sog. Haufen gegen die adligen und kirchlichen Landesherren. Sebastian Lotzer verfasst in Memmingen die ›Zwölf Artikel der Bauernschaft‹, in denen Missstände wie hohe Pachten, die als ungerecht empfundene Verteilung des Zehnten – einer Zwangsabgabe der Bauern –, Leibeigenschaft und Frondienste angeprangert werden. Die Bauern berufen sich auch auf Martin Luther, der geschrieben hatte, »*Ein Christenmensch*« sei »*[...] Herr über alle Dinge und niemandem untertan*«.

Unmissverständlich formuliert Sebastian Lotzer die Forderungen der Bauern in den ›Zwölf Artikeln‹ (1525)

März 1525 Unter dem Allgäuer Adligen Truchsess Georg III. von Waldburg, dem sogenannten Bauernjörg, versammelt die Vereinigung der schwäbischen Reichsstände, der Schwäbische Bund, seine Truppen. In den folgenden Monaten werden die Aufstände der Bauern blutig niedergeschlagen. Bis zu 100 000 Bauern sollen dabei ums Leben gekommen sein.

20. April 1525 Der Vertrag von Weingarten verspricht den Bauern des Allgäuer Haufens ein Schiedsgericht zur Klärung ihrer Beschwerden.

Juli 1525 Der Bauernjörg schlägt die letzten Aufstände im Allgäu nieder.

1526 Im Memminger Vertrag sichert der Kemptener Fürstabt seinen Untertanen ein Mitspracherecht in Steuerfragen zu.

1533 Bildersturm in der Kemptener Kirche St. Mang. Die Allgäuer Reichsstädte bekennen sich zur Reformation, Wangen bleibt als eine der wenigen altgläubig.

1555 Die ›Augsburger Konfession‹ regelt die Religionszugehörigkeit nach dem Grundsatz ›Cuius regio eius religio‹, d. h. der jeweilige Landesherr darf über die Konfession seiner Untertanen bestimmen. Lediglich in bereits gemischtkonfessionellen Reichsstädten wie Kaufbeuren dürfen die Bürger selbst zwischen Katholizismus und Protestantismus wählen.

ab 1540 In der Gegend um Kempten beginnt der Prozess der ›Vereinödung‹, einer frühneuzeitlichen Flurbereinigung. Durch Erbteilung hatten sich immer kleinere und weit verstreute Parzellen gebildet, die kaum noch effektiv zu bewirtschaften waren. Daher wird nun das Land der Bauern eines Dorfes zusammengefasst und neu verteilt. Die Bauern errichten ihre Höfe inmitten der zugehörigen Felder. Die Umverteilung erreicht im 18. Jh. ihren Höhepunkt und begründet das heutige Landschaftsbild des Allgäu mit den vielen, verstreuten Gehöften.

1542/43 Im Kloster Ottobeuren wird eine Benediktiner-Universität gegründet, um die Gegenreformation voranzubringen. Sie existiert aber nur für ein Jahr.

1618–38 Im Dreißigjährigen Krieg ist das Allgäu Durchzugs-, Versorgungs- und Kriegsgebiet. Die Verwüstungen sind erheblich. Das katholische Stift in Kempten wird 1632 von den Protestanten abgerissen, 1633 die protestantische Reichsstadt im Gegenzug von katholischen Truppen zerstört. 1635 brennen die Kaiserlichen Nesselwang nieder. Auch durch Pestepidemien und Hungersnöte sterben Tausende.

Der Herzog von Marlborough darf sich auch Reichsfürst von Mindelheim nennen

ab 1648 Das Allgäu ist nach dem Dreißigjährigen Krieg zu großen Teilen im Besitz der Fürstäbte von Kempten und Augsburg oder unter kleinen Adelshäusern aufgeteilt. Die Fürstäbte demonstrieren ihren Reichtum durch prächtige barocke Neubauten, etwa 1651–70 mit dem Klosterstift und der Klosterkirche von Kempten. Aber auch die Klöster von Ottobeuren, Irsee und Buxheim blühen und werden prächtig im Stil des Barock und Rokoko verschönert. Die territoriale Zersplitterung hat auch den Bau vieler Schlösser durch prunksüchtige Territorialherren zur Folge.

1701–14 Spanischer Erbfolgekrieg.

1702 Der bayerische Kurfürst Maximilian II. Emanuel schlägt sich im Spanischen Erbfolgekrieg auf die Seite Frankreichs gegen die habsburgischen Ansprüche auf den spanischen Thron und besetzt die Reichsstadt Memmingen. Nach der verheerenden Niederlage in der Schlacht von Höchstädt (1704) gegen die Koalition aus kaiserlichen und englischen Truppen muss Bayern seine ›Erwerbungen‹ im Allgäuer Raum wieder aufgeben.

1705 Der englische Feldherr Herzog von Marlborough (1650–1722) wird vom Kaiser als Dank für den Sieg in der Schlacht von Höchstädt über Frankreich und Bayern zum Reichsfürst von Mindelheim erhoben.

1714 Nach dem Frieden von Rastatt muss Marlborough die Gegend um Mindelheim wieder an Kurbayern abtreten. Die übrige Allgäuer Region bleibt aber in geistliche und weltliche Herrschaften und Fürstentümer zersplittert.

1792–1802 In den Französischen Revolutionskriegen ist das Allgäu immer wieder Aufmarsch- und Durchzugsgebiet verschiedener Heere.

1803 Der Reichsdeputationshauptschluss erlaubt den großen deutschen Fürstenhäusern, sich kleine Fürstentümer und Reichstädte (Mediatisierung) und geistliche Besitztümer (Säkularisation) einzuverleiben. Im Zuge dieser Neuordnung des Heiligen Römischen Reichs Deutscher Nation durch Napoleon I. Bonaparte (1769–1821) fallen große Gebiete des Allgäu an Bayern, der östliche Teil aber an Württemberg.

19. Jh. Die Industrialisierung ermöglicht es Großbritannien, Baumwolle in großen Mengen zu niedrigen Preisen zu Kleidung zu verarbeiten. Dadurch werden Leinenstoffe aus Allgäuer Produktion vom Markt verdrängt, die Allgäuer Heimarbeiter stehen vor dem Ruin.

Kalte Wassergüsse gehören zu den wichtigsten Bestandteilen der Kneippkur

1827 Der Schweizer Johann Althaus stellt erstmals im Allgäu Hartkäse nach Emmentaler Art her.

1830 Carl Hirnbein (1807–1871) führt nach Lehrjahren in den Niederlanden mit der Herstellung des ersten Allgäuer Limburgers die Käseproduktion in seiner Heimatregion ein. Die Bauern weiten in den folgenden Jahren die Viehhaltung und Milchwirtschaft entsprechend aus. Im höher gelegenen Bergland überwiegen Galtalpen, auf denen während des Sommers Jungvieh gehalten wird. Der Erfolg ist durchschlagend, Hirnbein wird zum ›Alpkönig‹ und das Allgäu zur ›Käsküche Deutschlands‹.

1832–36 Kronprinz Maximilian II. Joseph (1811–1864), der nachmalige bayerische König, lässt die Burgruine Schwangau nahe des gleichnamigen Dorfes als Familienwohnsitz restaurieren. In diesem Schloss Hohenschwangau verbringt Maximilians Sohn und Nachfolger Ludwig II. (1845–1886) den größten Teil seiner Kindheit.

1855 Pfarrer Sebastian Kneipp (1821–1897) wird Seelsorger in dem Unterallgäuer Dorf Wörishofen. Im Studium war er schwer erkrankt und durch Wasserbehandlungen nach historischen Aufzeichnungen gesundet. Dieses Wissen entwickelt er nun weiter und hilft damit auch anderen. Schnell wird er zum ›Vater der Kneipp'schen Wasserkur‹. Wörishofen steigt zum weltbekannten Heilbad auf, selbst der österreichische Erzherzog Joseph kurt hier mehrfach.

1856 In Oberstdorf verfasst der Arzt Dr. Joseph Groß den ersten Reiseführer über den Ort.

9. Mai 1869 Mit der Gründung des Bildungsbürgerlichen Bergsteigervereins beginnt die organisierte ›Eroberung‹ der Alpengipfel.

1869–86 Im Auftrag des bayerischen Königs Ludwig

II. entsteht nahe dem Ort Schwangau an einem bewaldeten Berghang Schloss Neuschwanstein in neoromanischem Stil. Das vieltürmige Märchenschloss ist heute einer der zugkräftigsten Publikumsmagneten Deutschlands und lockt jährlich 1,5 Mio. Besucher aus aller Welt an.

1871 Der erste Tourismusverband Bayerns wird in Oberstdorf gegründet. Mit zunehmendem Berg-, Wander- und Skitourismus wird das Allgäu als Erholungsregion immer attraktiver.

1925 Am 27. Dezember wird in Oberstdorf die Schattenberg-Skisprungschanze eingeweiht. Den ersten Schanzenrekord springt Gustl Müller aus Bayerisch-Zell mit 35 m.

1939–45 Während des Zweiten Weltkriegs bleibt es im Allgäu relativ ruhig. Eine Ausnahme bildet Sonthofen, das als großer Truppenstützpunkt bei einem Luftangriff am 29. April 1945 fast völlig zerstört wird. Nach Kriegsende sind im bayerisch-allgäuer Raum US-Amerikaner, im Bodenseegebiet Franzosen stationiert.

nach 1945 Vertriebene aus ehemaligen deutschen Gebieten im Osten siedeln sich in großer Zahl im Allgäu an, gründen etwa Neugablonz bei Kaufbeuren. – Der Tourismus wird zum bedeutendsten Wirtschaftsfaktor im Allgäu. Die Urlauber kommen zunächst zum Bergwandern und Wintersport in die beeindruckenden Allgäuer Alpen. Doch bald zieht es sie auch in heilklimatische Luft- und Kneippkurorte wie das hoch gelegenen Scheidegg oder Bad Grönenbach im hügeligen Voralpenland.

1949 Der aus Schlesien stammende Arzt Dr. Hermann Brosig (1906–1994) führt in Oberstaufen mit großem Erfolg die nach seinem Landsmann Johann Schroth (1798–1856) benannte Schrothkur zur Steigerung des Wohlbefindens ein.

1950 Zwischen Füssen und Rosshaupten wird der Lech zum fünftgrößten See Bayerns gestaut, dem 16 km² umfassenden Forggensee. Damit soll die Region am Unterlauf des Lech vor Hochwasser geschützt werden. Heute ist der See ein beliebt bei Wassersportler und Erholungssuchenden.

1955 In Illerbeuren eröffnet das Schwäbische Bauernhofmuseum, ein seitdem beständig erweitertes Freiluftmuseum zur regionalen bäuerlichen Architektur und Kultur.

1972 Im Rahmen einer Gebietsreform entstehen die Landkreise Unterallgäu mit der Kreisstadt Mindelheim, Ostallgäu um Marktoberdorf und Oberallgäu mit dem Zentrum Sonthofen. Das Westallgäu kommt zum Landkreis Lindau.

1997 Bad Hindelang erhält den Bundespreis ›Umweltfreundlicher Fremdenverkehrsort‹. Dazu trägt auch das Projekt ›Hindelang – Natur und Kultur‹ bei, in dessen Rahmen bäuerliche Familienbetriebe umweltverträglich produzieren und vor Ort direkt vermarkten.

2001 Der Vatikan spricht die Allgäuer Klosterfrau Maria Crescentia Höß (1682–1744) heilig. Daraufhin setzt reges Pilgerwesen zu ihrem Kaufbeurer Heimatkloster ein. Auch ein Crescentia-Pilgerweg (88 km) wird etabliert.

Ludwig II. prägt mit seinen Schlössern Landschaft und Idealbild des Oberallgäus

2003 Beim Auftaktspringen der Vierschanzentournee Ende Dezember auf der Oberstdorfer Schattenbergschanze gelingt dem Norweger Sigurd Petersen mit 143,5 m ein Schanzenrekord.

2011 Eröffnung des Museums der Bayerischen Könige am Ufer des Alpsees in Hohenschwangau.

2012 Eröffnung des Lechwegs. Der gut 125 km lange binationale Leichtwanderweg führt vom Ursprung des smaragdgrünen Bergflusses beim Vorarlberger Formarinsee bis zum Lechfall bei Füssen im Allgäu.

Alljährlich findet das Auftaktspringen der Vierschanzentournee in Oberstdorf statt

Wenn Könige träumen und Geld keine Rolle spielt, kann die märchenhafte Pracht von Neuschwanstein das Ergebnis sein

Unterwegs

Unterallgäu – Wassertreten und Wiesenlaufen

Sanfte, grüne Hügel charakterisieren das Unterallgäu, das als Landkreis erst 1972 geschaffen wurde. Von Nord nach Süd steigt die Landschaft beständig an, von den etwa 520 m hoch gelegenen Tälern der Günz und der Mindel bis zum Dorf Unterwarlins bei Böhen, das auf 845 m Höhe liegt. Die knapp 1230 km^2 große Region wird im Westen von der Iller und im Osten von der Wertach begrenzt. Urbanes Zentrum des Unterallgäu ist **Memmingen**. Die kreisfreie Stadt ist für ihr *Wallensteinfest* berühmt, das Bürgerinnen und Bürger in historischer Kleidung gestalten. Das Fest geht auf die Einquartierung des kaiserlichen Generalissimus und Herzogs von Friedland, Albrecht von Wallenstein, und seiner Truppen im Jahr 1630 zurück. Verwaltungssitz des Unterallgäu ist **Mindelheim**, die kleinere Konkurrentin Memmingens, die ebenfalls mit einem Historienfest aufwarten kann. Dieses *Frundsbergfest* erinnert an den Stadtherren Ritter Georg von Frundsberg, der im frühen 16. Jh. durch den Einsatz von Landsknechten die Kriegsführung modernisierte.

Aber nicht alle historischen Bezüge im Unterallgäu sind so martialisch. An eine der erfolgreichsten Handelsfamilien aller Zeiten erinnern die *Fugger-Schlösser* in **Babenhausen** und in **Kirchheim**. Das eine ist für seinen gepflegten *Schlosspark*, das andere für seinen prachtvollen *Zedernsaal* bekannt. Auch der Landpfarrer Sebastian Kneipp schrieb Geschichte, als er Ende des 19. Jh. in dem bis dahin unbedeutenden Dorf **Wörishofen** seine Lehre von einem gesunden Leben weiterentwickelte und der Welt die *Wasserkur* bescherte. Heute nennen sich mehrere Unterallgäuer Gemeinden wie **Ottobeuren** oder **Bad Grönenbach** stolz Kneippkurorte und verwöhnen ihre Gäste mit ganzheitlicher Pflege für Körper und Seele. Beispielsweise führt der rund 60 km lange *Kneipp-Radweg* von Bad Wörishofen nach Bad Grönenbach – durch grüne Weiden und schattige Mischwälder und vorbei an kunsthistorischen Highlights wie Abtei und Klosterkirche von **Ottobeuren**. Die ganze Anlage ist ein überwältigendes Gesamtkunstwerk des Barock. Einen herausragenden Kirchenschatz birgt westlich vor den Toren Memmingens die Kartause von **Buxheim** mit ihrem reich geschnitzten *Chorgestühl* und drei von Dominikus Zimmermann gestalteten Kirchen. Dass auch kleinere Dörfer abseits der bekannten Strecken einen Besuch lohnen, zeigen z. B. die großartige barocke Wallfahrtskirche von **Kirchhaslach** bei Babenhausen und das Rokokojuwel *St. Rasso* in **Untergammenried** bei Bad Wörishofen. Auch das kleine **Illerbeuren** kann mit einer Besonderheit aufwarten, versammelt doch hier das *Schwäbische Bauernhofmuseum* zahlreiche originalgetreu wieder aufgebaute und eingerichtete Gehöfte aus der Region.

1 Bad Wörishofen

Vom Bauerndorf zum Weltkurort.

Nachdem ›Werenshova‹ im Jahr 1067 erstmals urkundlich erwähnt wurde, geschah in dem Dorf im hier flachen Voralpenland wenig Aufregendes, ausgenommen die Gründung eines Dominikanerinnenkonvents im Jahr 1718. Doch im Frühjahr 1855 trat Pfarrer **Sebastian Kneipp** (1821–1897) hier seine Stelle als Klosterseelsorger an, zu der später noch das Amt des Stadtpfarrers kam. Der Geistliche kümmerte sich nicht nur um das Seelenheil, sondern auch um die Gesundheit seiner Gemein-

Sogar Entspannung zwischen tropischen Palmen bei ebensolchen Temperaturen ist im Allgäu möglich, in schönem Ambiente unter der großen Glaskuppel der Therme Bad Wörishofen

de und entwickelte eine bereits in Selbstversuchen erprobte **Wasserkur** weiter. Sie basierte auf der Reizwirkung von kaltem Wasser auf den menschlichen Organismus, hinzu kamen als flankierende Maßnahmen gesunde Ernährung, Bewegung an frischer Luft, pflanzliche Heilmittel und die Anleitung zu einem maßvollen Leben.

Dank Kneipps erstaunlicher Heilerfolge verbreitete sich der Ruf des ›Wasserdoktors‹ schnell. 1888 wurde das Badehaus in der Promenadestraße eröffnet, im Jahr 1889 zählte man bereits 2626 **Kurgäste** und 1890 waren es 5057. Unter den Heilsuchenden, die sich eiskalten Wadengüssen, schweißtreibenden Heuwickeln und morgendlichem Tautreten unterzogen, waren auch Adlige und Prominente aus dem Ausland. Erzherzog Joseph von Österreich kam mehrmals zu Besuch nach Wörishofen und auch die neuseeländische Schriftstellerin Katherine Mansfield (1888–1923) kurte hier 1909. Der Aufenthalt regte sie übrigens zu den satirischen Charakterskizzen deutscher Kurgäste in dem Kurzgeschichtenband ›In a German Pension‹ (1911) an.

Seit 1920 darf sich Wörishofen offiziell Bad nennen und noch heute ist Sebastian Kneipp in Bad Wörishofen allgegenwärtig. Häuser und Straßen sind nach ihm benannt, Apotheken, eine Schule für Gesundheitsfachberufe, Kosmetika und Badezusätze, Malzkaffe und Kräuterschnaps.

Einer der Angelpunkte kurstädtischen Lebens der Kneippstadt (14 000 Einw.) ist der ausgedehnte **Kurpark** am westlichen Ortsrand. Hier kann man unter hoch aufragenden Tannen zum renaturierten Stadtteich flanieren, einheimische Vögel in Volieren betrachten oder im Morgengrauen zum Wassertretbecken joggen.

Östlich des Kurparks verläuft die *Fußgängerzone* mit Modeboutiquen, Parfümerien, Schmuckgeschäften und Straßencafés. Sie wird auf ihrer gesamten Länge vom beruhigend plätschernden *Mühlbach* begleitet, der im Bereich des klinkergepflasterten rechteckigen **Sebastian-Kneipp-Platzes** unterirdisch verläuft. Das Wasserbecken an der Westseite des Platzes ziert eine lebensgroße Bronzestatue des ›Wasserdoktors‹. 300 m weiter lädt das **Kurhaus**, ein schlichtes zweistöckiges Gebäude aus der Mitte des 20. Jh. mit Söller und Anbau aus den 1980er-Jahren, zu Kurkonzerten, Vorträgen und Ausstellungen ein.

Nur ein kurzer Spaziergang ist es von hier zur Pfarrkirche **St. Justina**. Sie stammt im Kern aus dem 16. Jh., wurde aber um

Vom Himmel hoch spricht Pfarrer Kneipp zu Gläubigen und Gefolgsleuten in St. Justina

Der Mann mit der Gießkanne

1821 wurde Sebastian Kneipp als Sohn einer armen Weberfamilie in Stephansried bei Ottobeuren geboren. Im Priesterseminar in Dillingen erkrankte der 23-jährige schwer an Lungenschwindsucht. Da alle herkömmlichen Mittel versagten, folgte Kneipp dem Rat aus einem alten Heilmittelbüchlein und nahm jeden Morgen ein *Tauchbad* in der winterlich kalten Donau.

Die Rosskur brachte ihn nicht um, sondern härtete ihn ab und ließ ihn schließlich völlig genesen. Diese Erfahrung beeindruckte Kneipp tief und sollte der Welt ein probates *Naturheilverfahren* bescheren. Doch zunächst wurde der Aspirant 1852 zum Priester geweiht und feierte in der Basilika von Ottobeuren Primiz. Nach Bad Wörishofen kam er 1855 als Beichtvater der Dominikanerinnen, ab 1881 übernahm er auch das Amt des Stadtpfarrers. Nebenbei entwickelte er seine **Wasseranwendungen** weiter, experimentierte zunächst in der Waschküche des Klosters mit kalten und warmen Wechselgüssen aus Gießkannen. Zahlreiche Heilerfolge bei Grippe, Cholera, Haut- und chronischen Krankheiten bestärkten ihn in seiner Arbeit.

Mit seinen unkonventionellen Heilmethoden stieß Kneipp jedoch die eingesessene Ärzteschaft vor den Kopf. Nicht weniger als dreimal musste sich der Pfarrer wegen Vorwürfen der *Kurpfuscherei* vor Gericht verantworten. Das öffentliche Interesse an den Behandlungen blieb gleichwohl ungebrochen und darum schrieb Kneipp seine Lehre nieder. 1886 erschien ›Die Wasserkur‹, 1889 folgte ›So sollt ihr leben‹. Beide **Bücher** erreichten Millionenauflage und wurden in mehr als 20 Sprachen übersetzt. 1893 wurde der kleine Dorfpfarrer sogar von **Papst Leo XIII.** zum Päpstlichen Geheimkämmerer ernannt und erhielt den Titel eines Monsignore. Wie eine Ironie des Schicksals mutet es an, dass der hoch geachtete Kneipp 1897 an einer Lungenentzündung starb, die er wohl falsch eingeschätzt und selbst behandelt hatte.

1700 barock erweitert und 1932/33 noch einmal nach Westen vergrößert. Der backsteinerne sattelgedeckte Viereckturm aus den Anfangszeiten der Kirche überragt das mächtige walmgedeckte Langhaus nur wenig. Die ursprünglichen Proportionen sind noch in Zusammenschau mit dem niedrigeren Chor nachvollziehbar. Im einschiffigen Innenraum fällt die tonnengewölbte *Decke* mit reichen Stuckdekorationen und *Gemälden* (um 1780) von Jacob Fröschle ins Auge, die u. a. das Martyrium der hl. Justina und des hl. Cyprian darstellen. Fröschle malte wohl auch die barocke ›Verehrung des Altarsakramentes‹ an der Decke des stark eingezogenen Chors. Das von zwei stuckmarmornen Säulen umgebene *Hochaltarbild* zeigt die ›Kreuzigung Christi‹ (1868), im Aufsatz erscheint Gottvater. Der predigende Pfarrer Kneipp ist Thema des westlichen Deckenfreskos (1936) von Johann Michael Schmitt.

Künstlerisch geschlossener wirkt die nur wenige Schritte entfernte barocke Klosterkirche **Maria Königin der Engel**. Sie gehört zu dem 1718 gegründeten vierflügeligen Dominikanerinnenkloster, ihr zierlicher Zwiebelturm wächst aus dem Dach des Klostergevierts empor. Der Vorarlberger Architekt *Franz Beer* (1660–1726) und sein Sohn Johann Michael errichteten die Kirche 1719–21. Zunächst betritt man einen länglichen Vorraum, der geradeaus in die mit einem schmiedeeisernen Gitter verschlossene *Marienkapelle* mündet. Hier wird eine farbig gefasste Schnitzfigur (vor 1720), Kopie der *Schwarzen Madonna* von Einsiedeln, verehrt. Daneben sind auch ein spätmittelalterliches Relief-Vesperbild, ein *Prager Jesulein* aus der Mitte des 18. Jh. sowie der gemalte Blumen- und Pflanzenhimmel bemerkenswert. Linkerhand betritt man durch den mittleren von drei ebenfalls mit Gittern versehenen Arkadenbögen die Klosterkirche selbst. Barocke Vielfalt prägt den Saalraum, die überreiche Stuckierung, teils goldverziert und vor farblich wechselndem Hintergrund, stammt von Dominikus Zimmermann. Die bewegten Fresken und einige der Ölgemälde an den Wänden schuf Johann Baptist Zimmermann. Besonders prächtig nehmen sich die zwei *Seitenaltäre* und der *Hauptaltar* aus, hinter dem die Empore des Schwesternchores sichtbar wird. Die Altäre verzierte Bruder Valentin Zindter mit kunstvollen Intarsien aus verschiedenfarbigen Hölzern und Boullemarketerien aus Horn, Messing und Zinn. Franz Haagen zeichnet für die Altarbilder verantwortlich: Maria als Königin der Engel am Hauptaltar, auf den Seitenaltären die Übergabe des Rosenkranzes an die hll. Dominikus und Katharina (rechts) und der Tod der hl. Maria Magdalena (links). Den reichen Schmuck der Altäre greift die *Kanzel* an der Südwand auf. Ihr opulent verzierter Schalldeckel krönt eine in Gold gefasste Statue des hl. Dominikus.

Auf der Ostseite des Klosters befindet sich der Eingang zum **Kneippmuseum** (Tel. 08247/395613, www.kneipp-museum.de, 15. Jan.–15. Nov. Di–So 15–18 Uhr). Hier erinnern historische Fotografien, Filme, Briefe, Originalmanuskripte der Kneipp'schen Bücher und Möbel an den berühmten Geistlichen.

Auf dem nahen Friedhof ist Sebastian Kneipp in einem **Mausoleum** aus schwarzem und cremefarbenen Marmor beigesetzt. Nicht weit davon befinden sich in der Promenadestraße die offene hölzerne **Wandelhalle** von 1890, von deren Kanzel Kneipp seinen Patienten die Regeln seiner

Das Sebastian Kneipp-Museum erinnert an Leben und Wirken des berühmten Priesters

Rasantes Fahrvergnügen im Skyline Park bei Bad Wörishofen

Kur erläuterte, sowie das nachgebaute **Badehäuschen**, in dem er seine ersten Patienten behandelte.

Zeitgemäß mit Sauna, Wellnessbereich und Strömungskanal ist die **Therme Bad Wörishofen** (Thermenallee 1, Tel. 08247/39 93 00, www.therme-badwoerishofen.de, Mi–Do 10–22, Fr 10–23, Sa 9–18 (Familientag) und 19–24 (textilfrei), So 9–22 Uhr; Eintritt außer Sa erst ab 16 Jahren) ausgestattet. Außerdem gibt es Thermalbecken und nebenan das kleinere Sport- und Familienbad *Blue Fun*.

Es soll nicht vergessen werden, dass Bad Wörishofen auch der Geburtsort von **Rainer Werner Fassbinder** (1945–1982) ist, dessen Familie allerdings schon bald nach München zog. Die Wörishofer taten sich lange Zeit schwer mit dem Enfant terrible des deutschen Films. Deshalb erinnert erst seit 2004 ein Gedenkschild am Filmtheater-Kino nahe des Bahnhofs an den großen Filmemacher.

Familien mit Kindern besuchen statt der Kneippbecken in Bad Wörishofen vielfach den **Skyline Park** (Im Hartfeld 1, Tel. 018 05/88 48 80 für 0,14 €/Min., mobil mehr, www.skylinepark.de, Ende März–Mitte Okt. tgl. 9–19, in Vor- und Nachsaison auch 9.30–17 Uhr) etwa 3 km nördlich des Ortes neben der A96. Der Vergnügungspark bietet auf ausgedehntem Gelände Achterbahnen, Kartbahn, Wasserrutsche und weitere Fahrgeschäfte.

Untergammenried

Im Weiler Untergammenried 3 km südlich von Bad Wörishofen steht an der Durchgangsstraße die sehenswerte **St. Rasso Kapelle**. Der äußerlich schlichte Bau offenbart sich im Inneren als überschwänglich gestaltetes Meisterwerk des Rokoko. Das Wallfahrtskirchlein von 1714 (1746–56 erweitert) ist reich mit leuchtend-bunten stuckgerahmten *Deckenfresken* aus der Mitte des 18. Jh. geschmückt. Sie zeigen Szenen aus dem Leben des Ritters Rasso (um 880–954), der erfolgreich gegen die Ungarn kämpfte. Zwei Holzfiguren heben sich stilistisch von der übrigen Ausstattung ab: unter dem Chorbogen links eine spätgotische *Muttergottes mit Kind* (um 1460) und in einer Nische der Südwand eine ebenfalls mittelalterliche *Pietà*. Die beiden marmornen Seitenaltäre mit ihren Statuen und Rundbildern sind als Teil der barocken Raumkomposition auf den Chor mit dem zweigeschossigen *Hauptaltar* bezogen. Kostbare Marmorintarsien charakterisieren die untere Chorpartie mit der Mensa, darüber öffnet sich zwischen hohen Rundbogenfenstern die Altarnische mit ihrem opulenten Bildschmuck. Über den weiß und gold gefassten Holzstatuen der vier Kirchenväter erscheint der ebenfalls figurengerahmte zierliche Gnadenaltar mit dem Bild des Kirchenpatrons (Ende 19. Jh.). In der von Putten getragenen Gloriole darüber wird die Kopie des Gnadenbildes ›Maria Schnee‹ aus Santa Maria Maggiore in Rom inszeniert. Die Komposition gipfelt in einem Strahlenkranz mit der Taube, Sinnbild des Heiligen Geistes, flankiert von anmutig knienden Engeln.

Nicht ganz so spektakulär wie die Altäre, aber sehr wohl eine Rarität ist die etwa einen Meter breite *Schrankorgel* (1720) auf einer der Westemporen der Kapelle.

Praktische Hinweise

Information

Tourist Information, Luitpold-Leusser-Platz 2, 86825 Bad Wörishofen, Tel. 082 47/99 33 55, www.bad-woerishofen.de

Hotels

***** **Parkhotel Residenz**, Bahnhofstr. 8–10, Bad Wörishofen, Tel. 082 47/35 20, www.parkhotel-residenz.de. 80 Zimmer und Suiten in elegantem Kurhotel, zentrumsnah gegenüber dem Bahnhof gelegen. 7000 m² lauschiger Hotelpark.

Sebastianeum, Kneippstr. 8, Bad Wörishofen, Tel. 082 47/35 50, www.kneipp sche-stiftungen.de. Ruhig in der Fußgängerzone gelegene, traditionsreiche Kneippklinik für Naturheilverfahren. Auf einer Anhöhe näher beim Stadtpark liegt das Schwesterhaus Kneippianum.

Restaurants

Gasthof Rössle, Hauptstr. 14/Luitpold-Leusser-Platz, Bad Wörishofen, Tel. 082 47/53 97. www.augustiner-braeu.de. Traditioneller Gasthof mit moderner bayrisch-schwäbischer Küche. Gegenüber der Tourist Information am Kurhaus gelegen, mit schattigem Biergarten nach vorne hin (Mi geschl.).

Gasthof Adler, Hauptstr. 40, Bad Wörishofen, Tel. 082 47/963 60, www.adler-bw.de. In dem Traditionsgasthof kommt in hübsch eingerichteten Stuben feine gutbürgerliche Küche von Appenzeller Rösti bis Zigeunerschnitzel auf den Tisch. Gästezimmer im Haus.

Vom Hochaltar blicken die Kirchenväter auf Priester und Gemeinde von St. Rasso

Radeln auf Kneipps Spuren

In Bad Wörishofen beginnt der **Kneipp-Radweg** (60 km) über Ottobeuren und Bad Grönebach nach Illerbeuren. Meist auf wenig befahrenen Nebenstraßen geht es über die Hügel des Unterallgäus, und besonders auf den letzten 10 km nach Bad Grönebach kann es ein wenig anstrengend werden.

Auch der **Kneipp-Wanderweg** (37 km) verbindet die drei Orte, unterwegs muss man aber deutlich mehr Höhenmeter überwinden. Der Weg ist auch für Mountainbikes und – von wenigen Schiebepassagen abgesehen – Trekkingrader geeignet.

Zillertal, Zillertal 1, Bad Wörishofen, Tel. 082 47/962 65 67, www. cafe-zillertal.de. Beliebtes Ausflugsziel in einem waldumstandenen Talgrund nahe dem Freibad der Stadt. Biergarten und Sonnenterrasse des Café-Restaurants bietet weiten Blick ins Grüne (Mo und Di geschl.).

2 Mindelheim

Über der hübschen, von einer Stadtmauer umgebenen Altstadt residierte einst der ›Vater der Landsknechte‹.

Mindelheim geht auf eine alamannische Siedlung des 7. Jh. zurück. Um 1250 wird das ›Heim am Flüsschen Mindel‹ zur Stadt erhoben. Bereits im 12. Jh. war zu ihrem Schutz an der Flanke des dicht bewaldeten Höhenzugs im Osten die **Mindelburg** entstanden. Sie gehörte im 15./16. Jh. den Frundsbergern. Bekanntester Vertreter dieses Rittergeschlechts aus Schwaz in Tirol war **Georg von Frundsberg** (1473–1528). Der kaiserliche Feldhauptmann setzte im Gefecht statt der schwerfälligen Ritterheere erstmals wendigere lanzenbewehrte Landsknechthaufen ein und errang so in der Schlacht von Pavia 1525 den Sieg für Kaiser Karl V. gegen den französischen König.

Ihm zu Ehren feiert die Stadt seit 1853 alle drei Jahre im Juni/Juli das **Frundsbergfest** (2015, 2018 etc., www.frundsbergfestring.de). Zehn Tage lang verwandeln dann 2000 historisch gewandete Menschen die Altstadt in ein Landsknechtlager. Es werden Ochsen auf Spießen gebraten, Handwerker zeigen ihre

Kunst und Marketenderinnen ihre Waren. Höhepunkt des Festes sind die großen Umzüge an zwei Sonntagen, bei welchen Ritter Georg höchstpersönlich an der Spitze seiner Landsknechte durch die Stadt reitet.

Durchziehende Truppen, Hungersnöte und die Pest fügten Mindelheim im **Dreißigjährigen Krieg** (1618–48) schwere Schäden zu. Nach einem kurzen österreichischen Intermezzo (1778–80) kam die Stadt 1801 endgültig an Bayern. Seit 1972 ist Mindelheim (14 800 Einw.) Verwaltungssitz des Landkreises Unterallgäu.

Die hübsche Altstadt wird von einer mittelalterlichen Stadtmauer umgeben, drei ihrer Tortürme sind erhalten. Das östliche **Obere Tor** 1 mit seinem Spitzbogen wurde als Haberntor 1337 erstmals erwähnt. Einen ungewöhnlichen Anblick bietet es alljährlich zur Fastnachtszeit, wenn es mit bunten Papierüberzügen als ›Durahansel‹ verkleidet wird und alle Narren willkommen heißt.

Rechts vom Oberen Tor führt die Pfarrstraße zur Pfarrkirche **St. Stephan** 2. Sie wurde 1419 am Stadtwall errichtet und ab 1712/13 barock erneuert. Der auffällig spitze Helm des im Nordwesten angebauten Turms wurde 1851 aufgesetzt. Die barocke Ausstattung ging bei der neoromanischen Umgestaltung der Kirche 1862–67 verloren, 1958–63 wurden auch diese damals eingefügten Stilelemente wieder entfernt. So präsentiert sich der *Innenraum* von St. Stephan heute recht zurückhaltend. Dadurch fallen die 14 *Kreuzwegstationen* (um 1760) und die farbigen *Wachsplastiken* aus der Mitte des 20. Jh. an den ansonsten weißen Wänden des 17 m hohen einschiffigen Langhauses umso mehr auf. Der *Taufstein* unweit des Südportals wurde im frühen 16. Jh. gefertigt. Bemerkenswert sind auch die *Seitenaltäre* aus dem 18. Jh. mit ihren silbergetriebenen, teils vergoldeten Figuren. Starken Eindruck macht das etwa 4 x 4 m große *Hochaltarbild* im eingezogenen, zweigeschossigen Chor, das Erwin Holzbaur 1961 schuf. Das Hauptgemälde zeigt die ›Steinigung des hl. Stephanus‹, darüber ist seine Vision des Himmels zu sehen. Bekrönt wird der Altar vom Strahlenkranz mit der Taube des Heiligen Geistes, flankiert von zwei Engeln.

Beiderseits des Chors öffnen sich Kapellen. Die rechte birgt neben einigen Gemälden des 19. Jh. auch die Kopie (1811) eines aus zehn Holztafeln bestehenden *Sippenaltares*, den Barbara von Frundsberg 1503–05 bei Bernhard Strigel fertigen ließ. In die Wände der linken Kapelle sind mehrere *Grabreliefs* eingelassen, darunter das von Anna von Polen († 1425), der ersten Ehefrau Herzog Ulrich von Tecks († 1432). Er stiftete als Herr von Mindelheim den

Einst verköstigten Marketenderinnen die Landsknechte, heute gehören sie zum Frundsbergfest

Bau von St. Stephan. Teck selbst ruht mit seiner zweiten Frau Ursula von Baden († 1429) in der kreuzrippenüberwölbten Kapelle des Kirchturmes in einem rotmarmornen *Hochgrab*. Es zeigt die beiden Verstorbenen als kunstvoll gearbeitete Liegefiguren, über dem Kapelleneingang prangt der Wappenstein (um 1528) des Georg von Frundsberg.

Auf dem Kirchplatz südlich der Pfarrkirche mit seinen niedrigen Benefiziatenhäusern erhebt sich die **Gruftkapelle** 3. Es handelt sich um eine zweistöckige sog. *Seelenkapelle* aus dem 15. Jh. Das Untergeschoss diente ursprünglich als Beinhaus und liegt heute so weit unterhalb des Straßenniveaus, dass die breiten spitzbogigen Fenster auf dessen Höhe liegen. Das Innere der Kapelle ist mit Fresken und Tafelbildern (18. Jh.) geschmückt, dargestellt sind Heilige und biblische Szenen. Der Altar (Mitte 17. Jh.) präsentiert eine Kopie des Gnadenbildes ›Maria Schnee‹. Den Chor trennt ein filigran gearbeitetes schmiedeeisernes Rokokogitter vom Laienraum. Auch die dem hl. Michael geweihte Oberkapelle besitzt ein hübsches, allerdings barockes Eisengitter. Die Wand- und Deckenbilder zeigen die Taten des Heiligen.

Westlich des Kirchplatzes schließt sich der Vierflügelbau des 1456 gegründeten *Franziskanerinnenklosters zum Heiligen Kreuz* an. Hier ist heute das **Mindelheimer Heimatmuseum** 4 (Kloster-Südpforte, Hauberstr. 2, Tel. 08261/9097690, www.museen-mindelheim.de, Do und jeden 2. So im Monat 14–17 Uhr) ansässig. In

Zunftabzeichen schmücken den Maibaum vor der Kirche St. Stephan in Mindelheim

Nach Einbruch der Dunkelheit kam man früher nur durch das Einlasstor in die Stadt

den barocken Klosterräumen werden interessante Exponate zur bürgerlichen Wohnkultur, zur Stadt- und Regionalgeschichte gezeigt.

Wendet man sich am Ende der Hauberstraße nach links, gelangt man zur Maximilianstraße, die sich bald zum **Marienplatz** 5 weitet. Er ist von hübsch restaurierten, repräsentativen Bauten mit ansprechenden Geschäften umgeben. Die Ostseite nimmt das *Rathaus* von 1897 ein, von der Gebäudeecke auf Höhe des ersten Stocks blickt ein *Bronzestandbild* Georg von Frundsbergs auf das Treiben in ›seiner‹ Stadt. Gegenüber erhebt sich die breite weiß-gelbe Fassade des ehem. *Heilig-Geist-Spitals* mit seinen zwei Hoftoren. Das 1426 errichtete Spital diente später als Altersheim, heute befinden sich hier eine kleine Einkaufspassage und die Touristeninformation.

Ein Abstecher über die schmale Kornstraße führt nach Norden zum reich freskierten **Einlasstor** 6, das im Mittelalter nachts als einziges Stadttor für Ankömmlinge geöffnet wurde. Nicht weit davon erhebt sich in schmuckem Weiß und Gelb der 48 m hohe sog. *Kappelturm* der einstigen Silvesterkirche von 1409. In ihm ist nun das **Turmuhrenmuseum** 7 (Hungerbachgasse 9, Tel. 08261/909760, www.museen-mindelheim.de, Führung Mi und letzter So im Monat 14–17 Uhr) untergebracht. Im unteren Raum sind Gewichte, Zeigerpaare, Kleinuhren und Uhrwerke des 16.–20. Jh. ausgestellt. Prunkstück der Sammlung ist die reich verzierte geschmiedete Konventuhr (1750) des Füssener Franziskanerklosters. Im Turm sind die besonders großen und schweren Exponate aufgebaut.

Folgt man im Westen der Altstadt der Mindel flussaufwärts, erreicht man bald das große, um einen Innenhof angelegte *Jesuitenkolleg*. Einst stand hier ein Augustinerkloster, das aber während der Reformation 1521 aufgelöst wurde. Dem 1628–71 vollzogenen Umbau nach dem Einzug der Jesuiten gab der Barockarchitekt Michael Thumb den letzten Schliff.

In seinem Stil wurde 1721/22 auch die Klosterkirche von 1450 als **Jesuitenkirche Mariä Verkündigung** 8 spätbarock erneuert. Lediglich die 1690 erbaute Franz-Xaverius-Kapelle an der Südseite blieb weitgehend original erhalten. Den hoch gewölbten *Innenraum* der Wandpfeilerkirche selbst bestimmt weißer Stuck auf altrosa und gelbem Grund. Im Kontrast dazu stehen die drei *Altäre* und die *Kanzel* (1722) mit ihrem Gold und den mehrfarbigen Marmorsäulen. Die Schnitzfigur auf dem Schalldeckel der Kanzel stellt Ignatius von Loyola, Gründer des Jesuitenordens, dar. Das 27 m messende *Langhaus* mündet in den 20 m langen eingezogenen *Chor*. Den von sechs Marmorsäulen flankierten Hochaltar schuf ein unbekannter Meister 1737, das goldüberzogene Tabernakel ist eine Arbeit des Mindelheimer Meisters Sauter von 1787.

Im Westen grenzt die Kirche an das 1263 erstmals erwähnte **Untere Tor** 9, Pendant zum Oberen Tor [s. u.] das älteste Gebäude seiner Art in Mindelheim. Rechts hinter dem Tor liegt der Teil des Klosters, in dem drei weitere **Mindelheimer Museen** 10 (Jesuitenkolleg, Hermelestr. 4, Tel. 08261/9097612 und 9097613, www.museen-mindelheim. de, Di–So 10–12 und 14–17 Uhr) untergebracht sind: das *Schwäbische Krippenmuseum*, das *Textilmuseum* der Sandtner-Stiftung und das *Südschwäbische Archäologiemuseum*. Das Erdgeschoss bietet Platz für Wechselausstellungen, im ersten Stock sind religiöse Kunst sowie zahlreiche Figurenkrippen des 15.–20. Jh. versammelt. Aus dem Textil-Fundus werden im zweiten Stock z. B. Allgäuer

Frauenhauben, mit Perlen und Pailletten bestickte Art-Déco-Kleider sowie kirchliche Gewänder gezeigt. Die archäologische Sammlung umfasst Funde von der Mittelsteinzeit vor rund 10 000 Jahren über die römische Epoche bis ins frühe Mittelalter, darunter Steinbeile, Waffen, Münzen und Goldblattkreuze.

Wieder innerhalb des Altstadtringes, am westlichen Ende der Maximilianstraße, ist im Internat *Institut der Maria-Ward-Schwestern* die dreigeschossige barocke **Herz-Jesu-Kapelle** ⓫ (Maximilianstr. 63, ggf. an der Pforte klingeln) integriert. Die Kirche wurde 1722 geweiht, die gemalten Schriftbänder an ihrer Decke tragen allesamt Anagramme, die als ›Cors Jesu‹ (›Herz Jesu‹) zu lesen sind. Der rechte Seitenaltar birgt die viel verehrte Wachsfigur eines *Prager Jesulein* (Ende 18. Jh.).

Einen schönen Blick auf die Stadt hat man von der **Mindelburg** ⓬. In der um 1370 nach Zerstörung wieder aufgebauten Burg war Georg von Frundsberg geboren wordenIhr heutiges Erscheinungsbild verdankt die turm- und zinnenbewehrte weiße Anlage dem letzten Umbau im 19. Jh. Man kann mit dem Auto hinauf fahren oder vom Unteren Tor über den ausgeschilderten Mindelburgweg in einer halben Stunde hügelan spazieren. Die Burg ist heute an den Verlag W. Sachon vermietet und nicht zu besichtigen. Vor- und Oberburg (mit Burggaststätte, s. u.) sind jedoch frei zugänglich, auch den *Bergfried* (April–Okt. tgl. 9–16.15 Uhr) kann man erklimmen.

Zeit mag vergänglich sein, nicht aber die Schönheit der Uhren im Turmuhrenmuseum

Praktische Hinweise

Information

Tourist Information, Maximilianstr. 27, 87719 Mindelheim, Tel. 08261/991520, www.mindelheim.de

Hotels

*****Alte Post**, Maximilianstr. 39, Mindelheim, Tel. 08261/760760, www.hotel-alte-post.de. Zentral gelegenes historisches Gasthaus von 1618 mit 42 geradlinig möblierten Zimmern. Mit Sauna, Solarium, Bibliothek. Gutes Restaurant und Weinstube im Haus.

Stern, Frundsbergstr. 17, Mindelheim, Tel. 08261/5055, www.hotel-stern.org. Zentral gelegener Gasthof mit bequemen Zimmern und Restaurant mit schwäbischer Küche.

Restaurant

Burggaststätte, St. Georgenberg 20, Mindelheim, Tel. 08261/1473. Das beliebte Lokal am Zugang zur Burganlage bietet sehr ordentliche gutbürgerliche Küche mit Braten, Schnitzel und Spätzle (Di und letzter Mi im Monat geschl.).

3 Babenhausen

Fuggerschloss und Fachwerkbauten.

Zahlreiche Fachwerkhäuser kennzeichnen das historische Zentrum des Marktes Babenhausen. Der Ort im breiten Günztal nordwestlich von Mindelheim wurde 1237 erstmals erwähnt, 1315 bereits zur Stadt erhoben, doch 1471 zum Markt zurückgestuft. Seine Blüte erlebte er im 16. Jh. unter der mächtigen Kaufmannsfamilie der **Fugger**. Für 36 000 Gulden erwarb Anton Fugger 1538 zunächst die Lehenshoheit von den Herren von Rechberg, 1539 dann die Grundherrschaft. Mit den weltläufigen Augsburgern kamen Kunst, Kultur und Wohlstand. 1541–43 ließ Anton Fugger, der damals reichste Mann der Welt, auf dem Hügel über dem Ort zwischen der Rechberger Burg, fortan *Altes Schloss* genannt, und der benachbarten Stadtpfarrkirche einen Neubau einfügen. Dieses Neue Schloss oder **Fuggerschloss** wurde im 18. Jh. nach Entwürfen Johann Michael Fischers innen umgebaut, die Fassade wurde 1845 neogotisiert. Es dient noch heute dem Babenhauser Zweig der Fugger als Wohnsitz und ist daher nicht öffentlich zugänglich.

Anders der vordere Teil des **Alten Schlosses**, in dem das **Fugger-Museum** (Tel. 08333/2931, April–Nov. Di–Sa 10–12 und 14–17, So/Fei 10–12 und 13–18 Uhr) sechs Jahrhunderte fuggerscher Familiengeschichte dokumentiert. Gezeigt werden das älteste erhaltene, von einem Fugger gewebte Stück Tuch aus dem Jahr 1461, ein Korrespondenzschrank, Schmuck, Urkunden, Gemälde und Waffen. Im Obergeschoss sind Kamin- und Spielzimmer sowie der *Ahnensaal* zu besichtigen, in dessen geschnitzte dunkle Holzvertäfelung Familienporträts der Fugger aus dem 16. und 17. Jh. eingelassen sind. Hier finden mitunter Kammermusikabende und Konzerte statt.

Südlich des Anwesens lädt der öffentlich zugängliche Teil des **Schlossparks** (tgl. 10–12 Uhr) zum Flanieren unter alten Bäumen ein. Den nördlichen Abschluss des Komplexes bildet die barocke Pfarrkirche **St. Andreas** (tgl. 9–16.30 Uhr), die im Kern aus dem 15. Jh. stammt. Der Zugang erfolgt von der Stadtgasse her über die Auffahrt oder durch den Kirch- oder

Im Fuggerschloss residiert der Babenhausener Zweig der Familie seit dem 16. Jh.

... noch viel reicher als Bill Gates

Will der Kurator des Fugger-Museums in Babenhausen beschreiben, wie reich Anton Fugger (1493–1560) war, nutzt er gern einen aktuellen Vergleich: »Stellen Sie sich einfach vor, er war dreißigmal reicher als heutzutage Bill Gates.«

Im 15./16. Jh. waren die Fugger Geldgeber von Kaisern und Päpsten, ihre europaweit verzweigten Handelsbeziehungen bescherten der Augsburger **Kaufmannsfamilie** Macht und Einfluss in der gesamten damals bekannten Welt. Dabei hatte alles klein angefangen: In der ersten Hälfte des 15. Jh. handelte der in Augsburg ansässige Weber Jakob Fugger d. Ä. († 1469) mit Tuchen und Stoffen. Seine Söhne Ulrich, Georg und vor allem Jakob II. (1459–1525), später ›der Reiche‹ genannt, dehnten den Fuggerschen Textilhandel bald auf ganz Europa aus. Das sagenhafte Familienvermögen begründete Jakob jedoch 1495 mit dem Einstieg in den boomenden **Bergbau** und Erzhandel: Silber aus Salzburg, Erze aus Tirol und der Slowakei, Schmelz- und Hüttenwerke sowie vor allem das europäische Kupfermonopol. Als sich dann auch noch der spätere Kaiser Maximilian I. von den Fuggern Geld lieh, war der Aufstieg zu einem der größten Finanzdienstleister Europas geschafft. 1514 wurde Jakob Fugger in den Reichsgrafenstand erhoben, 1519 finanzierte er die Wahl Karls I. von Spanien zum Kaiser (Karl V.).

Nach dem Tod des kinderlosen Jakob d. J. führten seine Neffen Raimund (1489–1539) und Anton (1493–1560) die Geschäfte nicht minder erfolgreich fort. Anton, ab 1530 ebenfalls Reichsfürst, unterstützte u. a. Karl V., Ferdinand I., und den spanischen König Philipp II. Der zeigte sich erkenntlich, indem er Fuggersche Handelsbeziehungen nach Mittel- und Südamerika ermöglichte.

Im 16. Jh. wurden die drei **Hauptlinien** der Familie Fugger begründet: der gräflichen Fugger von Kirchberg und Weißenhorn, der Babenhausener Fugger, seit 1803 Reichsfürsten, und der 1913 zu bayerischen Fürsten erhobenen Fugger von Glött. Sie taten sich bald auch als Förderer der Künste hervor. Zeugnis davon gibt z. B. das **Kirch-**

Der reichste Mann der Welt, Jakob Fugger, wurde um 1518 von Dürer porträtiert

heimer Fuggerschloss (Marktplatz 1, Tel. 082 66/86 00 20, Besichtigung nur mit Führung tgl. 9–12 und 14–18 Uhr, www.zedernsaal.de). Anton Fugger hatte das Dorf **Kirchheim** 18 km nördlich von Mindelheim 1551 gekauft. Sein Sohn Hans (1531–1598) ließ hier ab 1578 einen mächtigen Vierflügelbau mit Ecktürmen in Hügellage errichten (Nord- und Teile des Westflügels wurden 1852 abgerissen). Zur künstlerisch hochkarätigen Ausstattung gehört der **Zedernsaal** (12 x 30 m), einer der prächtigsten Renaissancesäle Europas. Die reich ornamentierte *Kassettendecke* mit Rollwerkornamenten, Rosetten, Fruchtgirlanden, Satyrmasken und Fuggerlilien schnitzte Wendel Dietrich 1585. Neben Zedernholz wurden auch Linde, Eiche, Esche, Ahorn, Zwetsche, Eibe, Nuss und Zirbelkiefer verarbeitet und in verschiedenen Tönen gebeizt. Die zwölf überlebensgroßen *Terrakottafiguren* (1582–85) historischer Persönlichkeiten in den Wandnischen, z. B. Alexander der Große, Karl V., Isabella von Portugal und Lucretia, stammen von Hubert Gerhard und Carlo Pallago. 1587 kam als letztes Ausstattungsstück der marmorne Kamin an der Ostseite des Saales hinzu, dessen Aufsatz Skulpturen der römischen Götter Mars, Venus und Vulkan zieren.

Die zum Schloss gehörige Pfarrkirche **St. Peter und Paul** ist seit 1580 Grablege der Fugger. Davon zeugt das rotmarmorne *Kastenhochgrab* (1584–1587) Hans Fuggers im Chor. Die Deckplatte aus weißem Marmor ziert eine Liegefigur des Kirchenstifters als Ritter in voller Rüstung. Auch die beiden im frühen 17. Jh. entstandenen Blätter der *Seitenaltäre* sind einen Blick wert: den rechten schmückt eine ›Heilige Familie‹ von Domenichino, das linke eine bewegte ›Mariä Himmelfahrt‹ (1640) von Peter Paul Rubens.

Vom Kunstsinn der Fugger zeugt der exquisit ausgestattete Zedernsaal im Schloss Kirchheim

Treppenturm, der vom Fuß des Schlosshügels bis zur Kirche hinauf reicht. Das Treppenhaus des Turms schmückt eine um 1520 geschnitzte, farbig gefasste Kreuzigungsgruppe. Die Stuckdecke im *Kirchenraum* führte Matthias Stiller aus, die Fresken schuf 1717 Melchior Steidl. Im Chor befindet sich zudem die Familiengruft der Fugger mit einem opulenten Epitaph von 1551.

Der Günztalradweg

An der Mündung der Günz in die Donau in Günzburg beginnt der Günztalradweg (ca. 88 km) nach Obergünzburg, etwa zwischen Memmingen und Kempten. Zumeist auf geteerten Fahrradwegen und Nebenstraßen geht es gemächlich ansteigend durchs Allgäu, den Alpen entgegen. In Babenhausen (Km 42) lohnt ein Abstecher zum Fuggerschloss. Ab Lauben (Km 54) folgt der Radweg der durch Wiesen und Weiden mäandernden Östlichen Günz nach Obergünzburg. Um mit der Bahn zurückzufahren, radelt man von hier noch 3 km bergan gen Günzach.

Sehenswert ist auch die nahe gelegene **Friedhofs- oder Gottesackerkapelle** (Schlüssel bei der Tourist-Information). Sie zeigt auf den Emporen den *Babenhausener Totentanz* (1722). Der siebenteilige Gemäldezyklus eines unbekannten Meisters folgt bei der Thematisierung der Vergänglichkeit des Lebens einem Wiener Vorbild. Der aus dem Kloster von Ottobeuren stammende *Altar* verbirgt hinter der abnehmbaren Altarwand Schnitzfiguren, die arme Seelen im Fegefeuer darstellen.

Kirchhaslach

Ein barockes Kleinod findet sich 4 km östlich von Babenhausen. In dem seit 1377 urkundlich belegten Dorf Kirchhaslach wirkt die **Mariä Himmelfahrt-Wallfahrtskirche**, eine Fuggerstiftung, deutlich überdimensioniert. Der 60 m hohe *Sattelturm* weist den Weg zu der spätgotischen Pfeilerbasilika auf einem Hügel, die 1449–70 anstelle einer Holzkapelle (1381) errichtet und um 1800 innen barockisiert wurde. Die reiche Ausstattung ist überwältigend. Die 1707–09 vom Wessobrunner Meister Matthias Stiller stuckierte Decke, die vergoldeten Heiligenfiguren, die vielfarbigen Marmor-

TOP TIPP

Harmonisch sind Konvent und Klosterkirche von Ottobeuren miteinander verbunden

und Alabastersäulen übertrumpfen sich geradezu in ihrer Schönheit. Das Gemälde im Zentrum des prächtig geschmückten *Hochaltars* zeigt ›Mariä Himmelfahrt‹. Der linke der gleichfalls opulenten Seitenaltäre birgt das *Gnadenbild* der ›Rosenkranzkönigin‹, einer thronenden Muttergottes mit Kind von 1220. Der Legende nach wurde es hier im Wald gefunden und ihm zu Ehren dann die Kirche errichtet.

Interessant ist ferner die *St. Annakapelle* auf dem Kinderfriedhof. Sie stammt aus dem 16. Jh. und besitzt Kostbarkeiten wie eine *Pietà* (um 1430) und Kalvarienberggruppe (um 1680) sowie restaurierte *Kreuzwegstationen* (1738–40) mit 53 bis zu 1 m hohen Holzfiguren.

i Praktische Hinweise

Information

Tourist-Information, Auf der Wies 4, 87727 Babenhausen, Tel. 083 33/931 32, www.touristinfo-babenhausen.de

Hotel

Gasthof Sailer, Judengasse 10, Babenhausen, Tel. 083 33/63 51 04, www.hotel-restaurant-sailer.de. Zentral zu Füßen des Schlosses liegt das einzige Hotel des Ortes, ein historischer Gasthof mit heimeligen Zimmern (Küche Sa, So Abend und Mo Mittag geschl.)

Restaurant

Zur Post, Stadtgasse 1, Babenhausen, Tel. 083 33/13 03, www.post-babenhausen.de. Restaurant und Biergarten im Ortszentrum. In der holzgetäfelten Gaststube wird feine regionale Saisonküche serviert, etwa Bachsaibling, Wachteln oder ›Laubfröschle‹, mit Mangold gefüllte Teigröllchen (Mo/Di geschl.).

4 Ottobeuren

Großartige Barockkirche einer prachtvollen Benediktinerabtei, die den ehrenvollen Beinamen ›schwäbischer Escorial‹ trägt.

Der **Kneippkurort** Ottobeuren (8000 Einw.) im lauschig-grünen Tal der Westlichen Günz wird von einer mächtigen Abteikirche beherrscht. Das dazugehörige große prachtvolle **Benediktinerkloster Ottobeuren** (www.abtei-ottobeuren.de) geht auf das Jahr 764 zurück, als der fränkische Gaugraf Silach hier eine Niederlassung für Benediktiner aus St. Gallen gründete. Zur ›Erstausstattung‹ gehörten Reliquien des römischen Märtyrers Alexander, 960 kamen die des hl. Theodor hinzu. Noch heute bewahrt das Kloster den Seidenmantel des hl. Alexander auf.

Nach wechselvoller Baugeschichte wurde unter Abt Rupert II. Ness ab 1711 mit dem Neubau von Kloster und Kirche begonnen. 1766 waren die Bauarbeiten weitgehend abgeschlossen. Durch die Säkularisation verlor das Reichsstift Ottobeuren 1802 seine Unabhängigkeit an Bayern, doch das Klosterleben ging weiter. So können die heute 22 Benediktinermönche von Ottobeuren auf eine über 1200-jährige Tradition zurückblicken.

Weithin sichtbar ist die Ottobeurer **Basilika St. Theodor und Alexander** (Fr–Mi 9 Uhr – Sonnenuntergang, spätestens bis 20.30 Uhr, Do 13–15, Führungen April–Okt. Sa 14 Uhr) dank ihrer 82 m hohen Zwillingstürme mit den eleganten barokken Dachhauben. Die Türme sind durch breit umrahmte Fenster, kräftige Pfeilervorlagen und vorspringende Gesimse lebhaft gegliedert. Kolossale Säulen ver-

Arbeitssame Benediktinermönche schufen Kloster Ottobeuren, den ›Schwäbischen Escorial‹

leihen der konkaven *Hauptfassade* monumentale Wirkung.

Obwohl der Außenbau so erhaben wirkt, bereitet er doch nicht auf die überwältigende Raumwirkung und Ausstattungsfülle im Inneren vor. Schon die Ausmaße sind gewaltig: das Hauptschiff ist 89 m lang, 58 m misst das in der Mitte ausgreifende Querschiff mit halbrunden Abschlüssen, die Vierungskuppel erreicht eine lichte Höhe von 35,6 m. Durch die großen Rundbogenfenster der Seitenschiffe und die weit gespannten Arkadenbögen zum Mittelschiff strömt das Tageslicht ungehindert in die Kirche. Für die überreiche Barockausstattung mit Stuck, Fresken, Putten, Marmorsäulen und Stuckmarmoraltären zeichnete Johann Michael Fischer (1692–1766) verantwortlich.

Aus dem sinnenfrohen Gesamtkunstwerk seien hier nur einige besonders erlesene Stücke erwähnt. Die opulent gestaltete *Kanzel* an der Westwand des Langhauses etwa, das formvollendet geschwungene und intarsiengeschmückte *Chorgestühl*, der *Hauptaltar* mit dem Gemälde der ›Heiligen Dreifaltigkeit‹ (1763) oder der um 1220 geschnitzte *Ottobeurer Gnadenheiland* über dem Kreuzaltar. Auf einem Seitenaltar ist meist das *Nagelkreuz von Coventry* zu sehen, das seit 1964 an die deutsch-englische Aussöhnung nach dem Zweiten Weltkrieg erinnert.

Kostbarkeiten sind auch die drei klangvollen Orgeln der Kirche, nämlich die *Marienorgel* auf der rückwärtigen Empore sowie die zum Chorgestühl gehörigen *Barockorgeln* (1766) von Karl Joseph Riepp. Gespielt werden sie etwa während der traditionsreichen Ottobeurer *Sommerkonzerte* (Karten beim Touristikamt, Tel. 08332/921950), bei denen schon Leonard Bernstein, Wolfgang Sawallisch oder Justus Frantz dirigierten.

An den Chor der Basilika schließt sich das **Kloster** (Tel. 08332/7980, Palmsonntag–Allerheiligen tgl. 10–12 und 14–17, Nov. –Mitte Jan. Mo–Fr 14–16, Sa, So 10–12 und 14–16, Mitte Jan.–Mitte März Sa, So 10–12 und 14–16 Uhr) an. Die Vierflügelanlage (137 x 120 m) ist von der Kirche aus durch eine Pforte rechts vom Chor zugänglich. Der Haupteingang befindet sich jedoch im Westtrakt.

In den weitgehend original erhaltenen und ausgemalten Räumen zeigen die *Kunstsammlungen der Bayerischen Staatsgalerie* Skulpturen und Gemälde des 14.–18. Jh. vor allem aus dem süddeutschen Raum. Exponate wie Votivtafeln, Abtsiegel und Mobiliar dokumentieren die Klostergeschichte über Jahrhunderte hinweg.

Bemerkenswert sind auch die prunkvollen barocken Repräsentationsräume wie der *Hohe* oder *Kaisersaal*, der auch für Konzerte genutzt wird, der *Theatersaal* und vor allem die *Alte Bibliothek*, in der etwa 15 000 historische Bücher, Grafiken und Drucke aufbewahrt werden.

Bad Grönenbach

Hügeliges Auf und Ab prägt den Marktflecken (5000 Einw.) 12 km südlich von Ottobeuren, der stolz darauf verweist, dass sich **Sebastian Kneipp** hier 1842/43 aufhielt. Damals war er Latein- und Botanikschüler, später Priester in Bad Wörishofen und bescherte der Welt die Wasserkur [s. S. 20]. Dieses Erbe verpflichtet, und so finden sich in der waldreichen Umgebung rings um den 1954 staatlich anerkannten Kneippkurort, der 1996 gar zum **Kneippheilbad** erhoben wurde, zahlreiche Armbad- und Wassertretstellen, Natur-, Trimm- und Bewegungspfade sowie ein Naturfreibad am Grönenbacher See.

Im Jahr 1099 wurde die Siedlung ›am grünen Bach‹ erstmals urkundlich erwähnt, 1435 verlieh ihr Kaiser Friedrich III. das *Marktrecht*. Doch erst das 1939 eingeführte Bäderwesen sorgte für Aufschwung. Villenartige Kurheime und Sanatorien rahmen den Ortskern mit seinen größtenteils barocken, nach dem Schwedeneinfall 1633 entstandenen Wohn- und Geschäftshäusern. In einer Senke im Zentrum liegt der kleine kopfsteingepflasterte **Marktplatz** (Do Markt) mit Dorflinde, Brunnen und Kriegerdenkmal. Ringsum reihen sich das *Rathaus* von 1485, das *Haus des Gastes*, der Löwen-Wirt mit italienischem Restaurant, eine badische Weinstube etc. Das 1723 nach früherer Zerstörung wieder errichtete **Kirchlein** komplettiert das liebenswerte Ensemble. In seinem schlichten Inneren versammelt sich seit 1808 die 1559 gegründete und folglich älteste *evangelisch-reformierte Kirchengemeinde* Deutschlands.

Ein barocker Traum in Weiß und Gold – die Benediktinerkirche von Ottobeuren

Bedeutend prächtiger gibt sich die katholische Stiftskirche **St. Philippus und Jakobus** auf einer Anhöhe über dem Ort. Steile Steige führen zu der dreischiffigen Hallenkirche hinauf. Ihr gelb-weiß gefasster Turm kulminiert in einem achteckigen Obergeschoss und einer schlanken Dachhaube. Das Untergeschoss des Turmes und die Krypta der Kirche zeugen noch vom romanischen Vorgängerbau (1136). Den Neubau stifteten 1445 Ludwig und Jutta von Rothenstein, 1495 ließen ihn die nunmehr herrschenden Pappenheimer um ein Joch und die Seitenschiffe erweitern. Im Laufe der Zeit wurde das Innere mehrfach umgestaltet: 1663 barock, 1884 neogotisch, 1960 ›Bereinigung‹ in sachlichem Stil, 1979 ›Gegenrestaurierung‹ und erneute Ausschmückung. Glücklicherweise blieb im Mittel- und nördlichen Seitenschiff das gotische *Netzrippengewölbe* erhalten, geschmückt mit den Wappen der Pappenheimer und Rothensteiner. In die Wände eingelassen sind ausdrucksvoll reliefierte *Sandsteinepitaphien* der Stifterfamilien aus dem 15. Jh. und frühen 16. Jh. Barock sind der mit geschnitzten Akanthusranken verzierte *Herz-Jesu-Altar* im südlichen Seitenschiff, die Figuren der beiden Kirchenpatrone an dessen Rückwand sowie die vor dem Chorraum hängende Madonna im Strahlenkranz. Der vielfigurige dreiflüglige *Hochaltar* ist eine feine Schnitzarbeit von 1884, die beiden ihm stilistisch nachempfundenen Seitenaltäre entstanden 1995.

Nordwestlich vom Kirchberg erhebt sich auf schroffem Nagelfluhfelsen das **Hohe Schloss**, ein trutzig-grauer fünfstöckiger Wehrbau mit Rundturm und Graben aus dem 14. Jh. Heute werden die historischen Räume gelegentlich für Wechselausstellungen und Konzerte im Rahmen der sommerlichen Kulturwochen genutzt. Der benachbarte **Kreis-**

lehrgarten enthält allerlei Kräuter, Blumen, Wild- und Prachtstauden, Gemüse- und Obstpflanzungen sowie ein Versuchsgelände für ›lebende Häuser‹ aus Flechthecken.

Praktische Hinweise

Information

Touristikamt Kur & Kultur, Marktplatz 14, 87724 Ottobeuren, Tel. 08332/921950, www.ottobeuren.de

Kurverwaltung Bad Grönenbach, Haus des Gastes, Marktplatz 5, 87730 Bad Grönenbach, Tel. 08334/60531, www.bad-groenenbach.de

Sport und Freizeit

Allgäuer Golf- und Landclub, Hofgut Boschach, Ottobeuren, Tel. 08332/92510, www.golfclub-ottobeuren.de.
6- und 18-Loch-Anlage.

Hotels

Hotel am Mühlbach, Luitpoldstr. 57, Ottobeuren, Tel. 08332/92050, www.hotel-am-muehlbach.de. Modernes, hell eingerichtetes Hotel garni mit 20 Zimmern. Günstig südlich der Basilika und – wie der Name sagt – am Mühlbach gelegen.

Kneipp-Sanatorium Bad Clevers, Clevers 1, Bad Grönenbach, Tel. 08334/6090, www.bad-clevers.de. Drei Gartenhäuser mit hellen luftigen Zimmern am See (Naturfreibad) im Nordwesten des Ortes. Pool, Sauna, Kur- und Wellnessbereich im Haus. Vegetarische, Vollwert-, Reduktions-, Aufbau- oder Trennkost auf Anfrage. Eigene Trinkwasserquelle.

St. Ulrich Kurhotel Sanatorium, Bannwaldweg 10, Ottobeuren, Tel. 08332/923520, www.hotel-st-ulrich.com. Familiengeführtes kleineres Kurhotel, etwas außerhalb des Ortes ruhig am Waldrand gelegen. Kneipp'sche Kur- und Wellnessanwendungen im Haus.

Restaurants

Badische Weinstube, Marktplatz 8, Bad Grönenbach, Tel. 08334/259725, www.badische.com. Allgäuer Rehrücken oder Kässpätzle, immer köstlich zubereitet (Di–Sa ab 17, So ab 11 Uhr, Mo geschl.).

Gasthof Mohren, Marktplatz 1, Ottobeuren, Tel. 08332/92130, www.gasthof-mohren.de. Mehr als 400 Jahre alte Gaststube in historischem Giebelhaus. Serviert wird verfeinerte Hausmannskost von Schnitzel bis zu Fitnesssalat. Radlerangebot mit Unterkunft, Verpflegung und Touren.

Bilderbuch der Architektur des 15.–18. Jh. – Marktplatz von Memmingen mit Steuerhaus, Rathaus und Großzunft (v.l.n.r.)

5 Memmingen

Mittelalterlicher Stadtkern und vielfältige Festtradition.

Um 300 n. Chr. sicherten die Römer die *Via Decia*, ihre Nachschubroute an den Bodensee, im Bereich des späteren Memmingen mit einem Kastell. Im Hochmittelalter kreuzten sich hier die Salzstraßen aus Reichenhall und Hall in Tirol, heute treffen sich bei Memmingen die ostwestlich verlaufende A 96 und die gen Italien führende A 7. Vermutlich siedelte im heutigen Stadtgebiet bereits im 6. Jh. der Alamanne Mammo mit seiner Sippe, urkundlich erwähnt wurde *Mammingin* freilich erst im Jahr 1128. Mitte des 12. Jh. wurden die Stadtrechte verliehen, 1268 war sie Freie Reichsstadt. Während der Blütezeit im 14.–16. Jh. pflegten Memminger Kaufleute wie die Familie Vöhlin Handelsbeziehungen bis nach Indien und Venezuela. Unter dem Reformator Dr. Christoph Schappeler war der Ort ab 1519 eines der Zentren des süddeutschen *Protestantismus*. In diesem weltoffenen Klima trafen sich während des Bauernkrieges im Jahr 1525 Abordnungen der aufständischen Bauern, hier schrieb Sebastian Lotzer die **Zwölf Artikel der Bauernschaft**, die ›erste Menschenrechtserklärung Europas‹. Darin fasste er die Klagen der Bauern zusammen. Das prosperierende Bürgertum wusste seine Unabhängigkeit auch militärisch zu wahren, die schützende Stadtmauer verfügte über 37 Tore und Türme, von denen zehn erhalten sind. Der Niedergang der Stadt kam mit dem **Dreißigjährigen Krieg** (1618–48), denn die Versorgung der durchziehenden Landsknechte zerrüttete die Wirtschaftskraft. Fünf Monate hielt sich der katholische Feldherr *Albrecht von Wallenstein* 1630 mit seinen Truppen in der Stadt auf (daher das Wallensteinfest, s. u.). Im Jahr 1632 logierte dann auch sein Gegner vor Ort, der protestantische König Gustav Adolf von Schweden.

Danach konnte Memmingen lange nicht mehr an seine frühere Größe anknüpfen, wiewohl Handwerk und Künste weiterhin gepflegt wurden. Es gab z. B. im 18. Jh. die recht erfolgreiche *Künersberger Fayencen Manufaktur*. Heute präsentiert sich das kreisfreie Memmingen (41 000 Einw.) mit seinen Gewerbegebieten und der hübschen Altstadt wieder als urbanes Zentrum des Unterallgäus.

Mittelpunkt des altstädtischen Lebens ist der von mehrstöckigen Repräsentationsbauten gerahmte rechteckige **Marktplatz** 1 (Di und Sa Markt). Der lange Arkadengang an der Nordseite gehört zum **Steuerhaus** 2. Das Erdgeschoss, in dem heute Cafés und Geschäfte untergebracht sind, stammt aus dem 15. Jh., der übrige Bau aus dem frühen 18. Jh., die Fassadenmalereien entstanden 1906. Weiter rechts erhebt sich der viergeschossige Renaissancebau des **Rathauses** 3 (1589). Zu seinem prächtigen Erscheinungsbild tragen die beiden Erkertürme, der Mittelerker mit dem Hauptturm darüber und die im 18. Jh. angebrachten Rokoko-Zierelemente aus Stuck bei. Den östlichen Abschluss des Marktplatzes bildet die ebenfalls bemerkenswerte **Großzunft** 4, das ehem. Versammlungshaus der Patrizierzunft. Diese bestand seit dem 14. Jh. neben den elf Handwerkerzünften und stellte die Hälfte der Stadträte. An das Baujahr 1719 erinnert ein Chronogramm über dem Eingangsportal, weiter oben zieht ein feines, teils vergoldetes Balkongitter unwillkürlich die Blicke auf sich.

Ein Traum in Weiß – Stuckdekorationen Wessobrunner Meister im Kreuzherrnsaal

Von der Großzunft führt die Kalchstraße zum nahen Kreuzherrnkloster, das heute die Musikschule beherbergt. Die dortige Kreuzherrenkirche wird seit ihrer Profanisierung **Kreuzherrnsaal** 5 (Hallhof 5, April–Okt. Di–So 14–17, Sa auch 10–12.30 Uhr) genannt. Bei der Barockisierung der zweischiffigen spätgotischen Halle 1709 wurden an Decke und Pfeilern Rosetten, Girlanden, Blumen und Putten appliziert, wahre Meisterwerke Wessobrunner *Stuckkunst*, die stilvoll die zur selben Zeit von Johann Friedrich Sichelbein gemalten Fresken rahmen. Der lichtdurchflutete Raum mit seinem üppigen Dekor dient mitunter als festlicher Rahmen für Empfänge oder Konzerte der Musikschule.

Auch im Süden der Altstadt gibt es architektonische Schmuckstücke zu entdecken, die **Kramerzunft** 6 am Weinmarkt etwa, deren Fassadenmalereien daran erinnern, dass in diesem Haus 1525 die Zwölf Bauernartikel verfasst wurden. Oder beim Gerberplatz das **Siebendächerhaus** 7, ein mehrstöckiger Fachwerkbau von 1601. In den offenen Gauben im steilen Giebeldach trockneten die Gerber einst Häute und Felle.

Am Südrand der Altstadt erhebt sich die **Frauenkirche** 8. Bereits in vorkarolingischer Zeit soll hier eine Taufkapelle existiert haben, eine romanische Kirche ist ab 1298 urkundlich belegt, im 14. Jh. wurde sie im gotischen Stil umgebaut und erweitert. Das dreischiffige *Innere* wurde 1456–60 mit *Fresken* ausgemalt. Diese spätgotischen Meisterwerke der Künstlerfamilie Strigel an Wänden und Bogenlaibungen von Langhaus und Chor stellen überlebensgroße Apostelfiguren und Engel mit Spruchbändern dar, Szenen aus dem Alten und Neuen Testament sowie im *Altarraum* das Abendmahl als Engelsbrot. Bemerkenswert ist auch das figuren- und formenreiche barocke *Chorgestühl* (1669) von Sigismund Teufel. Ivo Strigel schuf die Marienstatue (um 1500) im nördlichen Seitenschiff.

Unmittelbar hinter der Frauenkirche, die bis Ende des 14. Jh. noch außerhalb des Mauerrings lag, verläuft die gut erhaltene **Stadtmauer** 9. Sie wird nach wenigen Metern vom **Kempter Tor** 10 (1393) unterbrochen, einem wuchtigen Viereckturm mit Tordurchfahrt und Satteldach.

Die Stadtmauer zur Linken gelangt man zu den **Museen im Antonierhaus** 11 (Martin-Luther-Platz 1, Tel. 083 31/85 02 45, Di–Sa 10–12 und 14–16, So/Fei 10–16 Uhr). Der Krankenpflegeorden der Antoniter errichtete den weißen Vierflügelbau Ende des 15. Jh. als Spital, Pilgerherberge und Generalpräzeptorei. Hier wurden viele Patienten gepflegt, die am *Heiligen Feuer* litten, einer im Mittelalter weit verbreiteten Vergiftung durch Mutterkorn, einen Pilz im Roggen. Mit Modellen, Wandbildern, Videoaufnahmen und Holzdrucken informiert das ansprechend gestaltete *Antonitermuseum* im Obergeschoss über die Geschichte des Ordens sowie die bei der Krankenpflege eingesetzten Heilkräuter und Heilmethoden. Das ebenfalls im Antonierhaus untergebrachte *Strigel-Museum* ist der berühmten Memminger Künstlerfamilie Strigel gewidmet. Von Hans d. Ä. (* 1400) über Hans d. J. (1430–1480) und Ivo (1430–1516) bis zu Bernhard (1465–1528) prägte sie drei Generationen lang das Kunstgeschehen im gesamten süddeutschen Raum. Unter den Exponaten befindet sich der *Dreikönigsaltar* (um 1500) mit Malereien von Bernhard und Skulpturen von Ivo. Ferner sind exquisite Holzskulpturen, Altäre, Porträt-, Stifter- und Familienbilder zu sehen. Im romantischen kopfsteingepflasterten Innenhof des Antonierhauses lädt ein lauschiges *Café* zur Rast ein. Gleich gegenüber hatte übrigens Bernhard Strigel einst seine Werkstatt.

Linkerhand liegt ein kleiner Park mit der einstigen Antoniter-Klosterkirche (14. Jh.), der heutigen **Kinderlehrkirche** 12. Über dem Nordportal zeigt ein Fresko (um 1520) von Bernhard Strigel Szenen aus dem Leben des hl. Antonius. Gegenüber erhebt sich die evangelische Pfarrkirche **St. Martin** 13 (www.stmartin-memmingen.de, April und Okt. tgl. 10–16 Uhr, Mai–Sept. 10–17 Uhr), deren mächtiges Langhaus der viereckige *Glockenturm* (Führungen Mai–Okt. tgl. 15 Uhr) nur wenig überragt. Trotz späterer Umbauten blieben im *Inneren* die gotischen Spitzbogenarkaden zwischen den drei Kirchenschiffen und auch einige der Fresken aus dem 12. Jh. erhalten. Die Wandmalereien in der rückwärtigen *Zangmeisterkapelle* schuf Bernhard Strigel um 1505. Sehenswert sind ferner die barocke *Kanzel*

›Anbetung‹ von Bernhard Strigel, Flügel des Dreikönigsaltars (um 1500), Strigel-Museum

Die Fresken an Wänden und Decken der Frauenkirche schuf der Memminger Hans Strigel d. J.

(1700, Christoph Dittmar) und das exquisit geschnitzte *Chorgestühl* (1501–07, Ivo Strigel). Auf dessen Wangen bildete der Meister nicht nur Apostel und Propheten, sondern auch Memminger Honoratioren seiner Zeit ab. Im Westbau der Kirche wurde 1998 eine neue Orgel errichtet, dank derer die nun stattfindenden Kirchenkonzerte (www.kirchenmusik-memmingen.de) ein akustischer Genuss sind.

Nahebei steht ein dreistöckiges Palais (1765/66) mit dem **Stadtmuseum im Hermansbau** 14 (Zangmeisterstr. 8/Eingang Hermansgasse, Tel. 08331/850134, Mai–Okt. Di–Sa 10–12 und 14–16, So 10–16 Uhr). Schon das ausladende spätbarokke Treppenhaus zeugt vom Wohlstand des Bauherrn, des Kaufmanns Benedikt von Herman. In den Zimmerfluchten dokumentieren vor- und frühgeschichtliche Funde die Stadtgeschichte. Auch Fayencen, Patrizierporträts oder ein Modell der 1938 zerstörten Synagoge Memmingens sind zu sehen. Eine Barockgalerie zeigt Gemälde des in Memmingen geborenen Künstlers Johann Heiß (1640–1704), und auch der Heimatmaler Josef Madlener (1881–1967) ist mit mehreren Werken vertreten. Ein Flügel des Hauses beherbergt Dokumente, Fotos und Trachten im *Heimatmuseum Freudenthal/Altvater*.

Vom nahen Marktplatz aus, vorbei an der katholischen Pfarrkirche *St. Johann Baptist*, folgt man der Ulmer Straße stadtauswärts bis zum hochbarocken zartrosa **Parishaus** 15 (Mi 15–17, Sa/So 10–12 Uhr) von 1736. Hier werden heute Werke des Memminger Malers *Max Unold* (1885–1964) gezeigt, eines Vertreters der Neuen Sachlichkeit. Daneben bietet das historische Gebäude Gelegenheit zu Tagungen in stilvollem Rahmen.

Ebenfalls Werke einheimischer Künstler, neben Max Unold etwa auch von Josef Madlener (1881–1967), sowie eine umfangreiche Grafiksammlung und Wechselausstellungen zeitgenössischer Kunst präsentiert die **MeWo Kunsthalle** 16 (Tel. 08331/850771, Di–So 11–17 Uhr) in einem früheren, 1901 erbauten Postgebäude in der Bahnhofstraße. Auch die thematisch teils eigenwilligen Sonderausstellungen und Einzelveranstaltungen lohnen den Besuch. Jenseits der Stadtmauer erstreckt sich der **Stadtpark Neue Welt** 17 entlang der Memminger Ach. Einladende Sportplätze, Grün- und Spielflächen sowie ein künstlicher See mit Seebühne laden zum Verweilen ein.

i Praktische Hinweise

Information

Stadtinformation Memmingen, Marktplatz 3, 87700 Memmingen, Tel. 08331/850172, www.memmingen.de

Gotteslob und Kunstgenuss sind die Konzerte mit Orchester oder Orgelbegleitung in St. Martin

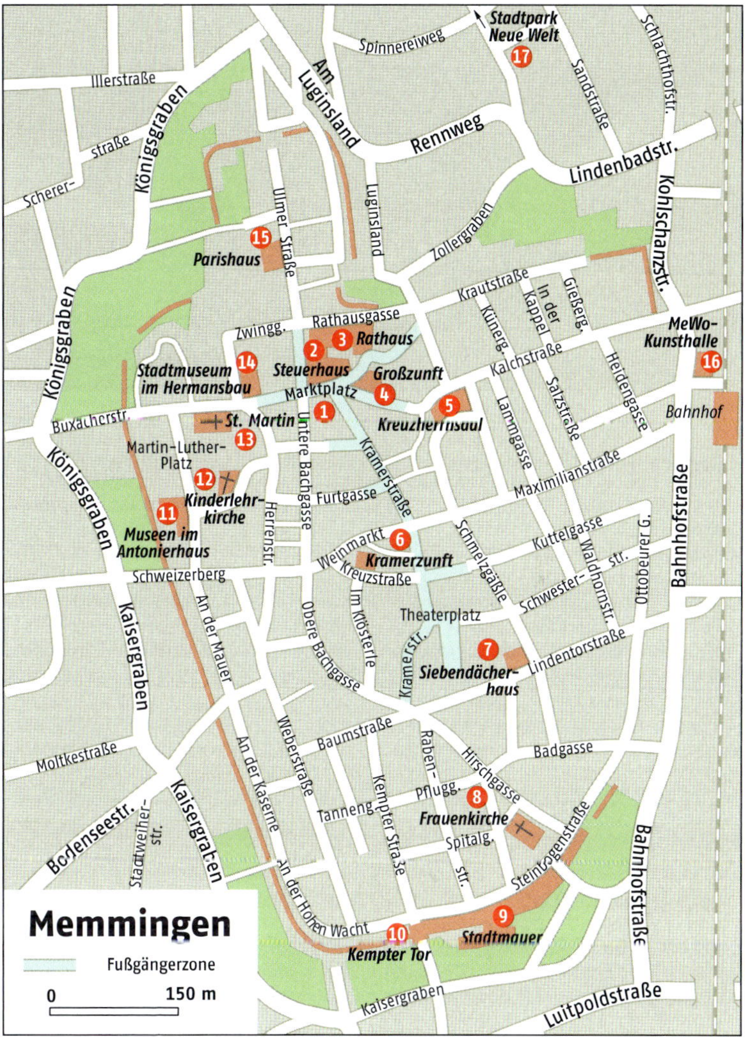

Hotel

****Drexel's Parkhotel, Ulmer Str. 7, Memmingen, Tel. 083 31/93 20, www.parkhotel-memmingen.de. Angenehmes Hotel in der Altstadt. Die 79 Zimmer sind teils historisch, teils modern ausgestattet. Brasserie und Bar im Haus, ebenso das Restaurant ›Kastanienhof‹.

Restaurants

Kreuzherrn Café, Hallhof 5a, Memmingen, Tel. 083 31/96 09 20, www.kreuzherrn-cafe.de. Stilvolles Kaffeehaus im schönen alten Arkadensaal des Kreuzherrnklosters. Umfangreiche Frühstückskarte, später werden neben Kaffee, Tee und Kuchen auch Imbisse serviert.

Rossmarin, Salzstr. 12/Kalchstr. 16, Memmingen, Tel. 083 31/93 60, www.hotelweissesross.de. Gutes Restaurant im Vier-Sterne-Hotel Weißes Ross. In Festsaal oder Kellergewölbe genießt der Gast allerlei Feines aus Allgäuer und Schwäbischer Küche.

Zur blauen Traube, Kramerstr. 8, Memmingen, Tel. 083 31/33 26, www.zurblauen-traube-mm.com. Gute, zeitgemäß leichte bürgerliche Küche und lokale Spezialitäten à la ›Fischertags-Trilogie‹ in der Fußgängerzone beim Marktplatz.

Zeitreise – während des Wallensteinfestes verwandelt sich Memmingen in ein Heerlager

Generäle, Könige und Kinder – Feste feiern in Memmingen

Neben *Funkenfeuer* am ersten Sonntag in der Fastenzeit, *Stadtfest* im Juni, *Jahrmarkt* im Oktober und *Weihnachtsmarkt* finden die Memminger noch vielerlei weitere Gelegenheiten zum Feiern. Überregional bekannt ist das alle vier Jahre im Sommer stattfindende **Wallensteinfest** (2016 ..., www.wallenstein-mm.de), ein Historienspektakel, das seit 1980 ausgerichtet wird. Bis zu 4000 Einwohner in historischen Kostümen nehmen daran teil, bei den Umzügen kommen 400 Pferde und sogar vergoldete Kutschen zum Einsatz. Zentrum des bunten Treibens ist der Marktplatz, auf dem das historische Soldatenwerben, der Einzug Wallensteins und die Heerschau nachgestellt werden. In der Festwoche dient die Grünanlage der Grimmelschanze und des Reichshains als *Truppenlager*. Wer sich innerhalb der Absperrungen in moderner Kleidung zeigt, wird »inn Zuber getunckt ohn Gnad und Erbarm«. Von den Wegen aus kann man Landsknechte, Marketenderinnen und Bettler beobachten, sich im Armbrustschießen versuchen und Handwerkern bei ihrer Arbeit über die Schulter schauen.

Ein Fest mit langer Tradition ist der 1572 erstmals erwähnte Memminger **Fischertag** (www.fischertagsverein.de). An einem Samstag Ende Juli, vor der jährlichen Kanal- und Bachreinigung, springen bis zu 1500 Burschen und Männer nach einem Böllerschuss um 8 Uhr morgens in den Stadtbach, ›jucka 'na‹, wie man hier sagt, und fischen mit Netzen die Gewässer leer. Wer den schwersten Fisch an Land zieht, wird *Fischerkönig*, in Memmingen ein außerordentlich begehrter Titel.

Die Aktion selbst dauert etwa 20 Minuten, doch auch das Rahmenprogramm ist sehenswert: Es beginnt um 7 Uhr morgens mit dem Fischerzug, bei dem alle Beteiligten auf dem Marktplatz laut den alten Spruch skandieren: »Schmotz, Schmotz, Dreck auf Dreck, Schella-Kenig, wieschte Sau« (Schmutz, Schmuck, Dreck auf Dreck, Schellenkönig, hässliche Sau). Nach der Wasserschlacht trifft man sich hier zum Wiegen der gefangenen Fische. Nach der Krönung des neuen Fischerkönigs erhält sein Vorgänger einen Rettich und einen Laib Brot und wird anschließend mit einem Fußtritt aus dem Amt gejagt. Nach diesen Förmlichkeiten wird mit Musik, Tanz, Essen und reichlich Trinken gefeiert. Die magerste ›Königsforelle‹ (900 g) wurde übrigens nach dem Zweiten Weltkrieg gefangen, die mit 4700 g bislang schwerste ging in den 1970er-Jahren ins Netz.

Am Donnerstag vor dem Fischertag schlägt beim **Memminger Kinderfest** die große Stunde der Grundschulkinder. Auch sie versammeln sich auf dem Marktplatz und geben dort kleine Theaterstücke, historische Tänze oder Lieder zum Besten. Stets besungen wird der ›Memminger Mau‹, der Mond, dessen Spiegelbild einmal eine Gruppe Betrunkener aus der Memminger Ach fischen wollte. Bunt verkleidet ziehen die Kleinen dann durch die Altstadt, bevor sie ihr Festmahl aus Würstchen, Brezen und Limonade verputzen.

6 Buxheim

Die Glanzpunkte der Klosters sind Barockkirchen, Rokokokapellen und ein opulentes Chorgestühl.

Das kleine Buxheim (3000 Einw.), im Westen vor den Toren Memmingens gelegen, ist wegen seines 1402 gegründeten **Kartäuserklosters** bekannt. Es wurde 1548 als einziges des Ordens in den privilegierten Rang einer kaiserlichen *Reichskartause* erhoben. 1680–1740 wurden Kloster und Kirche unter Mitwirkung von Dominikus und Johann Baptist Zimmermann im Stil des Barock bzw. des Rokoko umgestaltet. Nach der *Säkularisation* Anfang des 19. Jh. fiel das Kloster an die Grafen Waldbott von Bassenheim und wurde 1812 endgültig aufgelöst, Graf Hugo schließlich veräußerte das Inventar.

In einem Bereich der Kartause sind seit Anfang des 20. Jh. ein Gymnasium und ein Internat untergebracht. Der restliche Teil ist als **Kartausenmuseum** (Tel. 083 31/ 618 04, www.kartause-buxheim.de, April–Okt. tgl. 10–17 Uhr, So 14 Uhr Führung, Nov.–März nur mit Führung) zugänglich. Vom Nordwestteil des heute geschlossenen und durchfensterten **Großen Kreuzgangs** gelangt man in die Museumsräume. Im Westen verläuft der Kreuzgang wie eine Art Tunnel mitten durch die **Klosterkirche** und teilt gleich einer voluminösen Chorschranke das Langhaus in den westlichen Brüderchor für die Laienbrüder und den *Priesterchor* im Osten. Dort steht seit dem Rückkauf aus englischem Besitz 1980 und der anschließenden Restaurierung heute wieder das prachtvolle barocke *Chorgestühl* (1687–91) von Ignaz Waibl. Es besteht aus 32 detailfreudig verzierten Sitzen, jeder ein Unikat. Auf einer der Wangen ist z. B. umgeben von Akanthusranken und Putten ein in Andacht versunkener Mönch dargestellt. Bekrönt wird das Gestühl von Figuren der zwölf Apostel, von Propheten und Heiligen. Ebenfalls bemerkenswert ist der frühbarocke *Hochaltar* von 1631. Vom *Brüderchor* aus lohnt sich noch ein Blick in die nördlich angebaute *Marienkapelle* (1709). Hier arbeiteten die Gebrüder Zimmermann zum ersten Mal gemeinsam, von Dominikus stammt der Stuck und von Johann Baptist sind die Fresken, die alttestamentarische Szenen sowie Begebenheiten aus dem Marienleben zeigen. Eine Kopie (17. Jh.) der *Schwarzen Madonna* des Klosters Einsiedeln ziert den viersäuligen Altar.

Im Nordosten des Großen Kreuzganges steht die **Annakapelle**. Die Fassade ist mit einer vielfarbigen Sonnenuhr bemalt. Das *Innere* gestalteten die Brüder Zimmermann 1738–40 kunstvoll im zarten Rokoko um. Marmorsäulen, Stucksimse, raffinierte Trompe-l'oeil-Malerei an der Decke sowie die mit Säulen und Figurennischen verkleideten Wände erzeugen die Raumillusion in einer Rotunde zu stehen, über der sich eine Kuppel öff-

Prächtiges Schnitzwerk zeigt das Chorgestühl in der Klosterkirche der Kartause von Buxheim

Lebensnahe Figuren akzentuieren das barocke Chorgestühl der Buxheimer Klosterkirche

net. Allenthalben sieht man Fresken, vergoldeten oder farbig gefassten Stuck, Putten und andere Figuren. Den säulenflankierten *Hochaltar* ziert ein Gemälde von Johann Baptist Zimmermann. Es zeigt wie die hl. Anna ihrer Tochter Maria die Schrift auslegt.

Auch der einstige **Bibliothekssaal** auf der gegenüberliegenden Seite des Großen Kreuzgangs wurde von den Gebrüdern Zimmermann ausgestaltet. Er ist ebenso zu besichtigen wie drei der **Mönchszellen**, denen jeweils eine Werkstatt und ein Gärtchen angeschlossen waren. Gemäß der Regel des 1084 vom hl. Bruno gegründeten Eremitenorden lebten die Mönche hier die meiste Zeit wie Einsiedler.

Die westlich des Klosters gelegene Pfarrkirche **St. Peter und Paul** (1726–29) wurde gleichfalls von Baumeister und Stuckateur Dominikus Zimmermann gestaltet. Die zarten *Fresken* aus dem Leben Mariens und anderer Heiliger schuf Franz Georg Hermann. Die beiden Seitenaltäre im Langhaus greifen die Gestaltung des barocken *Hochaltars* mit seinen grün marmorierten Säulen auf, das Altarblatt von Hermann zeigt die ›Schlüsselübergabe an Petrus‹. Im linken Seitenaltar zieht die farbig gefasste Terrakottafigur der *Buxheimer Madonna* (um 1420) die Blicke auf sich. Das Werk eines unbekannten Meisters im spätgotischen ›Weichen Stil‹ zeichnet sich durch anmutige Körperhaltung und reich fließenden Faltenwurf

des Gewandes aus. Den rechten Seitenaltar schmückt eine Figur der hl. Barbara, darunter steht die zierliche gotische Skulptur einer Pietà.

Praktische Hinweise

Information

Heimatdienst Buxheim, Ganghofer Str. 5, 87740 Buxheim, Tel. 083 31/618 04, www.heimatdienst-buxheim.de, www.buxheim.de

Freizeit

Buxheimer Weiher. Drei größere und einige kleinere frühere Fischteiche im Wald südlich und westlich von Buxheim erfreuen Badefreunde und Angler. Wanderwege erschließen die Seen und das Illerufer. Außerdem gibt es ein Freibad mit Tretbootverleih.

Restaurant

Seegarten, Am Weiherberg 11, Buxheim, Tel. 083 31/725 22, www.seegarten.de, Ausflugslokal an einem der Buxheimer Weiher mit Biergarten. Kulinarische Spezialitäten sind Fisch und im Herbst Wild. Außerdem lädt der See vor der Tür zum Kahn fahren (Ruder- und Tretboote) und Baden ein (Mi abend und Do geschl.).

Würdevolles Ensemble – Kirche und Kreuzgang der einstigen Reichskartause Buxheim

Auf dem Illerradweg nach Oberstdorf

Zwar beginnt der Illerradweg bereits an der Mündung des Flusses in die Donau in Neu-Ulm. Auf seinen ersten gut 60 km präsentiert sich der Weg allerdings recht eintönig, ist die Iller hier doch gänzlich begradigt.

Ein guter Einstieg ist dagegen Buxheim, das man vom Memminger Bahnhof aus in ca. 5 km über den Iller-Kneipp-Radweg erreicht. Der Illerradweg begleitet den Fluss von nun an auf Kieswegen, meist recht nah am Wasser. Nach 47 km ist Kempten erreicht, anschließend sind es noch 45 km nach Oberstdorf, wo die Iller aus dem Zusammenfluss von Trettach, Stillach und Breitach entsteht. In Oberstdorf besteht Bahnanschluss.

7 Illerbeuren

Kleines Dorf ganz groß – dank seines ambitionierten Freilicht-Bauernhofmuseums.

Dem Flüsschen Iller verdankt die hügelige Auenlandschaft den Namen *Illerwinkel*. In einer leichten Ufersenke liegt das Dorf Illerbeuren mit dem 1955 eröffneten TOP TIPP **Schwäbischen Bauernhofmuseum** (Museumsstr. 8, Tel. 083 94/14 55, www.bauernhofmuseum.de, April–15. Okt. Di–So 9–18, März und 16. Okt.–Nov. Di–So 10–16 Uhr, Führungen jeden 1. So im Monat, 14 Uhr). Auf dem ausgedehnten Freigelände vermittelt es anschaulich und unterhaltsam bäuerliche Architektur, Tradition und Brauchtum des gesamten allgäuer-schwäbischen Raumes.

»Das ist ja winzig!« – Nur mit Mühe findet die vierköpfige Familie in der niedrigen Stube Platz und vor allem die Kinder können kaum glauben, dass hier einmal »echte Menschen gelebt haben«. So eng wie im *Woringer Häusle*, einem Austragshaus mit Kramerladen aus dem Jahr 1823, ging es freilich nicht überall im Allgäu zu, wie ein Blick auf den prächtigen Fachwerkbau des *Grieshofes* (1788) oder den vergleichsweise modernen *Neubauerhof* von 1932–38 zeigt. 30 originalgetreu ausgestattete Gebäude, vom Backhaus bis

In einem solchen Austragshaus verbrachten Bauersleute früher oft ihren Lebensabend

zum Zehentstadel, sind in dem rund 20 ha großen ›Alten Museumsdorf‹ versammelt, auch ein Feuerwehrhaus und eine Kapelle dürfen nicht fehlen. Sonderausstellungen dokumentierten die Geschichte der Häuser, in historischen *Werkstätten* werden traditionelle Handwerkszweige wie Küferei (Fassherstellung), Hafnerei (Kaminbau) oder Bürstenbinderei vorgestellt. Besonders handfest geht es hier während der gelegentlich stattfindenden *Handwerkertage* zu, wenn historisch gekleidete ›Bewohner‹ das Dorf bevölkern. Die Töpferei ist das ganze Jahr über in Betrieb.

Fast nahtlos schließt sich die Baugruppe ›Technik auf dem Land‹ mit Wasserpumpe und Windrad an. Im Osten jenseits einer Unterführung geht der Weg dann vorbei an Apfel- und Birnbäumen, mittelschwäbischen Gehöften und Feldern, auf denen traditionelle Getreidesorten der Region angebaut werden, zum Gasthof im *Schiefen Haus*, einer Torfwirtschaft, und zur Volkratshofener Freiluftkegelbahn (beide 1920).

Im Süden des ›Alten Museumdorfes‹ ist im stattlichen Gromerhof neben dem Eingang die einladende Museumsgaststätte (s.u.) untergebracht. Schräg gegenüber beherbergt der ebenfalls zum Museum gehörende einstige Stadel des Pfarrhofs von Illerbeuren das **Schwäbische Schützenmuseum** (Schlottergasse 2), in dem historische Waffen, Ehrenscheiben, Pokale, Schützenketten und viele weitere Stücke die Geschichte des regionalen Schützenwesens dokumentieren.

Abschließend kann man der Illerbeurer Pfarrkirche **Mariä Himmelfahrt** einen Besuch abstatten. Chor und Sakristei stammen zum Teil noch aus dem 15. Jh., der Unterbau des massigen Tuffsteinturms geht sogar auf das 12. Jh. zurück. Im einschiffigen Kirchenraum zeigt sich ein Stilgemisch, das vom gotischen Portal über die barocken Emporen bis zum neogotischen Hochaltar reicht, der jedoch auch zwei um 1470 wahrscheinlich im Umfeld Ivo Strigels geschaffene gotische Figuren trägt.

Kronburg

Ein Abstecher in das 2 km östlich auf einem Hügel gelegene Dorf Kronburg lohnt aus mehreren Gründen. Auf halber Höhe lockt die **Privatbrauerei Kronburg** mit selbst gebrautem Gerstensaft und aussichtsreichem Biergarten. Auch die erstaunlich prächtig ausgestattete barocke **Dreifaltigkeitskirche** ist sehenswert. Über dem Ort schließlich thront das rundturmbewehrte **Renaissanceschloss Kronburg** (Tel. 083 94/271, www.schlosskronburg.de, Führungen Mai–Okt. nach Vereinbarung). Es geht auf eine um das Jahr 1200 errichtete Burg zurück und befindet sich seit 1619 im Besitz der Familie von Westernach. Theodor Freiherr von Vequel-Westernach oder seine Frau Ulri-

Protzengele (links) und Plärrengele (rechts) behüten das Gnadenbild in Maria Steinbach

ke führen selbst durch das Anwesen, dessen Südtrakt sie bewohnen. Gezeigt werden die historisch möblierten Räume rund um den blumengeschmückten Innenhof, z.B. der *Rote Saal* mit arabeskenbemalter Holzdecke aus dem 16. Jh. oder die barocke *Schlosskapelle*, die für Trauungen und Taufen zur Verfügung steht. Gefeiert werden kann anschließend im *Deutschmeistersaal* mit seiner stilvoll bemalten und stuckierten Decke. Außerdem finden auf Schloss Kronburg klassische Konzerte (Mai–Okt.) und historische Schlosshoffeste statt. Von der Aussichtsterrasse am Schloss reicht der Blick gen Süden bis zu den Alpen – bei Föhn sieht man sogar den Schweizer Berg Säntis (2502 m).

Maria Steinbach

›Kleinod des Rokoko‹ oder ›Perle des oberschwäbischen Barock‹ wird die *Wallfahrtskirche* Maria Steinbach (www.maria-steinbach.de) genannt, die 5 km südöstlich von Illerbeuren auf einer Anhöhe über der Iller thront. Sie heißt eigentlich **Mariä Schmerzen und St. Ulrich** und wurde 1742–55 zu Ehren eines wundertätigen Gnadenbildes, der Statue der *Schmerzensmutter* im Strahlenkranz, erbaut. Damals war Maria Steinbach einer der meistbesuchten Wallfahrtsorte Süddeutschlands. Die elegant geschwungene schmale *Westfassade* wird bekrönt von dem 57 m hohen *Kuppelturm*. Durch das Hauptportal und unter der Empore hervor betritt man den reich geschmückten barocken *Innenraum*. Der Blick fällt sofort auf die Kreuzigungsgruppe vor dem mächtigen zweistöckigen Hochaltar im Chor. In einer Nische links vom Kreuz steht das hoch verehrte Gnadenbild der Schmerzensmutter. Sie kehrt wieder im Gemälde der Himmelfahrt am Hochaltar und in den Deckenfresken. Die teils vergoldeten Stuckaturen schufen Franz Xaver Schmucker und Georg Übelher, letzterer auch die meisten Putten im Kirchenraum. Zu Füßen des Gnadenbildes z.B. sitzen zwei ungewöhnliche und beliebte Putten, das weinende *Plärrengele* und das sich stolz in die Brust werfende *Protz-* oder *Trotzengele*. Eine architektonische Besonderheit Maria Steinbachs sind die umlaufenden *Emporen*, deren Brüstungen sich etwa in der Mitte des Kirchenraumes beiderseits zu marmorierten Kanzeln vorwölben.

Viele der Votivtafeln, welche die zahllosen dankbaren Wallfahrer stifteten, werden im benachbarten **Wallfahrtsmuseum Maria Steinbach** (Tel. 083 94/92 40, auf Voranmeldung) ausgestellt. Ferner sieht man hier die drei Mirakelbücher, in denen die berichteten Wunder genau dokumentiert wurden.

Maria Steinbach vereint mächtig-schwungvolles Barock mit zierlichem Rokoko

Praktische Hinweise

Information

Verwaltungsgemeinschaft Illerwinkel, Marktplatz 1, 87764 Legau, Tel. 083 30/940 10, www.vg-illerwinkel.de

Hotel

Gästehaus Schloss Kronburg, Woringer Str. 5, Kronburg, Tel. 083 94/92 10, www.schloss-kronburg.de. Modernes Landhaus der Schlossherren am Südhang des Schlossberges mit zwölf gediegenen Ferienwohnungen und schöner Aussicht auf die Alpen.

Restaurant

TOP TIPP **Museumsgaststätte Gromerhof**, Museumsstr. 4, Illerbeuren, Tel. 083 94/594, www.gromerhof.de. In dem historischen Bauernhof neben dem Museumseingang wird ausgezeichnete schwäbische Küche serviert. Einladender Biergarten im Hof, sehr stimmungsvoll sitzt man auch in der nach ihren bemalten Wandvertäfelungen benannten Apostelstube.

Westallgäu – zwischen Bodensee und Bergen

Der Westen des Allgäus, wegen seiner Bundeslandzugehörigkeit auch **Württembergisches Allgäu** genannt, besticht durch seine hügelige Voralpenlandschaft, deren grüne Wiesen von dunklen Moorseen, munter plätschernden Flüsschen und stillen Naturschutzgebieten aufgelockert werden. Die wahren Perlen des Westallgäus aber sind seine Städte und Dörfer, reizende mittelalterliche Altstädte und stolze Barockschlösser prägen allenthalben das Bild, hinzu kommen unzählige sehenswerte Kirchen und Kapellen. Nicht umsonst führt die **Oberschwäbische Barockstraße** vom Unterallgäu her kommend mitten durch die Region Richtung Bodensee.

Tatsächlich orientiert sich das Westallgäu stark zum Schwäbischen Meer hin, Lindau und Ravensburg sind die dominanten Bezugspunkte. Sie kommen im ADAC Reiseführer ›Bodensee‹ ausführlich zu ihrem Recht, im Folgenden werden lediglich die Ortschaften im Allgäu vorgestellt. Den Auftakt macht das Moorheilbad **Bad Wurzach**, das mit dem *Wurzacher Ried*, dem größten Hochmoor Mitteleuropas, aufwarten kann. Ein wahres Juwel des Barock ist die Pfarrkirche *St. Katharina* in **Wolfegg**. Mit *Schlosskonzerten*, dem *Automobilmuseum* und dem *Bauernhaus-Museum* zieht der heilklimatische Kurort weitere Besucher aus nah und fern an. Barocke Leichtigkeit prägt in **Kißlegg** die üppig ausgestattete Pfarrkirche *St. Gallus und Ulrich* und das *Neue Schloss*, beide Stationen an der Barockstraße. Bei einem Bummel durch die denkmalgeschützte mittelalterliche Altstadt von **Wangen** entdecken Besucher innerhalb alter Stadtmauern romantische Gassen, prächtig geschmiedete Wirtshausschilder und originell bemalte Tortürme. Ebenfalls ganz reizend ist das Zentrum von **Isny**, der früheren Freien Reichsstadt, die mit der *Prädikantenbibliothek* in der spätgotischen *Nikolaikirche* einen kulturhistorischen Schatz ersten Ranges birgt. **Lindenberg** war vom 18. Jh. bis Mitte des 20. Jh. ein Zentrum der europäischen Hutindustrie. Heute wird es in erster Linie als *familienfreundlicher Luftkurort* geschätzt. Gepflegte Wander- und Radwege, Bade- und Angelseen, schneesichere Loipen, gastfreundliche Urlaubsbauernhöfe und Käsereien lassen hier wie im gesamten Westallgäu keine Langeweile aufkommen.

8 Bad Wurzach

Warme Thermalquelle und einziges Moorheilbad im Allgäu.

Beschaulich plätschert die **Wurzacher Ach** durch die grüne Niederung und den namengebenden Ort im sanfthügeligen baden-württembergischen Allgäu. Das klare Flüsschen entwässert das **Wurzacher Ried**, das mit 1812 ha größte zusammenhängende Hochmoor Mitteleuropas. Die hiesige Vegetation aus Sumpfpflanzen, Heidekräutern und Moorbirken bietet Lebensraum für Libellen, Flusskrebse, Bibern und viele weitere Tiere.

Neben seiner *ökologischen Bedeutung* war und ist das Ried auch ein bedeutender *Wirtschaftsfaktor*. Von der Mitte des 18. Jh. bis in die 1960er-Jahren hinein wurde hier **Torf** gestochen, seitdem liefert das Moor noch Heilschlamm für medizinische Zwecke (*Reicher Moos*). Im Jahr

Oben: *Sanfte Hügel und grüne Weiden prägen die Landschaft bei Weiler-Simmerberg*
Unten: *Auf dem Frauentor von Wangen ›beschützen‹ zwei Kaiser die Muttergottes*

1936 wurde die **therapeutische Wirkung** des ›schwarzen Goldes‹ offiziell anerkannt und das 1333 zur Stadt erhobene Wurzach (14 000 Einw.) darf sich seither ›Bad‹ nennen. Vor allem Rheuma-, Arthrose- und Hautkranke schätzen die wohltuende Wirkung der Moorbäder und Fangopackungen. **Vitalium** (Karl-Wilhelm-Heck-Str. 8, Tel. 075 64/30 42 50, www.vitalium-bad-wurzach.de) heißt das Wurzacher Thermalbad, das mit Saunen und Pools das Kurangebot ergänzt.

Die ersten Anwendungen wurden im 1514 gegründeten **Kloster Rosengarten** im heutigen Ortszentrum verabreicht. Es ist für seine *Rokokohauskapelle* von 1763 berühmt (wg. Renovierung bis mind. 2014 nicht zugänglich).

Nebenan erläutert das **Naturschutzzentrum** (Rosengarten 1, Tel. 075 64/931 20, www.naturschutzzentren-bw.de, Mo–Sa 13.30–17, So 10–12 und 13.30–17 Uhr) mit Panoramen, Schautafeln und Fühlstationen die Entstehungs-, Nutzungs- und Schutzgeschichte des Wurzacher Rieds.

Wurzach war Sitz der Grafen von Waldburg-Wurzach. Truchsess Georg III., bekannt als Bauernjörg, schlug die Bauernaufstände von 1525 mit äußerster Brutalität nieder. Seine Mutter, die Truchsessin Helena († 1515), Mutter liegt in der Stadtpfarrkirche **St. Verena** begraben. Überragt von ihrem eleganten Viereckturm erhebt sich die dreischiffige klassizistische Kirche auf einem Hügel am östlichen Ufer der Wurzacher Ach. Der helle Innenraum ist mit Säulen und Stuck zurückhaltend gestaltet. Umso imposanter wirkt das Deckenfresko (1777) zu Ehren der Kirchenpatronin.

1723–28 ließen die Grafen von Waldburg-Wurzach in der Mitte ihrer Stadt das **Schloss** (Marktstr. 9, www.schloss-badwurzach.de, tgl. 8–18 Uhr) erbauen. Die barocke Dreiflügelanlage wird mittlerweile als Schule für Pflegekräfte genutzt, doch das exquisite ovale *Barocktreppenhaus* mit dem antiken Pantheon als Deckenfresko im Zentralbau ist öffentlich zugänglich. Die kleine *Schlosskapelle* nebenan birgt im Chor eine Madonnenfigur sowie links das sandsteinerne Wandepitaph für Georg I. von Waldburg-Zeil, genannt ›Georg im hübschen Haar‹ († 1467).

Der rückwärtige Schlosspark geht über in den **Landschafts-Kurpark**. Folgt man hier dem Weg Nr. 2, gelangt man über das Obere Ried, die Haidgauer Quellseen und vorbei am Moorwald in den wildromantischen Kernbereich des Rieds, das **Haidgauer Hochmoor**. Hier entfaltet diese ursprüngliche Landschaft ihren ganzen Zauber.

Das von früherem Torfabbau geprägte Obere Ried erreicht man auch vom **Oberschwäbischen Torfmuseum** (Dr. Harry-Wiegand-Straße, Tel. 075 64/31 67, www.oberschwaebisches-torfmuseum.de, April–Okt. jeden 2. So und 4. Sa im Monat) aus. Es befindet sich in den Holzbauten des ehemaligen *Zeiler Torfwerks* und erzählt die Geschichte der lokalen Torfgewinnung. Vom Museum aus führt der etwa 1,5 km lange **Lehrpfad** ›Auf den Spuren der Torfstecher‹ durch renaturiertes Moor entlang des vogelreichen Riedsees. Wer nicht so gut zu Fuß ist, kann im Sommer während der Öffnungszeiten des Museums mit der **Torfbahn** ein kleines Stück ins Ried hineinfahren.

Wohin zuerst? Lehrpfad durchs stille Ried, in dem bis in die 1990er-Jahre Torf gestochen wurde

Das Neue Schloss beim Marienbrunnen ist Bad Wurzachs barocker Stadtmittelpunkt

Ebenfalls außerhalb der früheren Stadtmauer, ein Stück weiter im Südwesten von Bad Wurzach, befindet sich auf einer kleinen Anhöhe das im 13. Jh. gegründete **Leprosenhaus** (Ravensburger Str. 10 www.leprosenhaus.de, April-Okt. Sa/So 14-17 Uhr). In dem großen Fachwerkhaus bewahren Filme, originalgetreu eingerichtete Stuben und Gemälde die Geschichte des Anwesens: als ›Siechenhaus‹ für bis zu 20 Aussätzige, Kriegslazarett während der Befreiungskriege gegen Napoleons Frankreich und Geburtshaus und Atelier des Maler-Dichters *Sepp Mahler* (1901–75).

Bekannt ist auch der Bad Wurzacher **Gottesberg** (Gottesberg 1, www.gottesberg.org) im Südosten der Stadt. Auf seiner Höhe wurde 1709 eine Wallfahrtskirche zu Ehren der hier aufbewahrten Heilig-Blut-Reliquie errichtet, auch ein Salvatorianerkloster gibt es hier. Die Reliquie wird jedes Jahr am zweiten Freitag im Juli in einem *Blutritt*, über die Felder und Fluren getragen. An der feierlichen Reiterprozession nehmen bis zu 1500 Gläubige teil.

Praktische Hinweise

Information

Kurverwaltung, Mühltorstr. 1, 88410 Bad Wurzach, Tel. 075 64/302150, www.bad-wurzach.de, ab Anf. 2013 im Rosengarten

Hotel

Kurhotel am Reischberg, Karl-Wilhelm-Heck-Str. 12, Bad Wurzach, Tel. 075 64/30 40, www.kurhotel-am-reichberg.de. Freundliche Zimmer und Appartments für Kurgäste und Privatreisende. Kur- und Wellnessanwendungen im angeschlossenen Vitalium.

Restaurants

Gasthof Adler, Schlossstr. 8, Bad Wurzach, Tel. 075 64/930 30, www.hotel-adler-bad-wurzach.de. In dem preisgekrönten Hotelrestaurant gegenüber dem Schloss isst man Schlichtes in bester Qualität (Mo und Sa mittag geschl.).

Zum Wurzelsepp, Dr. Harry-Wiegand-Str. 4, Bad Wurzach, Tel. 075 64/94 88 41, www.waldschenke-wurzelsepp.de. ›Waldgaststätte‹ in der früheren Kantine des Zeiler Torfwerks (Mo und Di geschl.).

Zünftige Einkehr nach dem Weg durch das Moor bietet Zum Wurzelsepp am Ried

9 Wolfegg

Adelssitz und Automobile prägen das liebenswerte Städtchen.

Dank seiner reinen Luft darf sich Wolfegg **heilklimatischer Kurort** nennen, die grünen Hügel ringsum sind mit 175 km ausgeschilderten Rad- und Wanderwegen ausgezeichnet erschlossen. Im Winter laden mehrere gespurte Loipen zum Skilanglaufen ein.

Der Ort an der **Oberschwäbischen Barockstraße** blickt auf eine lange Geschichte zurück: Die alamannische Siedlung aus dem 4. Jh. erhielt im Jahr 861 ihre erste Kirche. Sie stand vermutlich an der Stelle, an der sich heute beim südlichen Ortseingang die *Alte Pfarr* erhebt. Dieses 1275 erstmals urkundlich erwähnte Gotteshaus wurde ab 1821 als Scheune genutzt, heute werden hier mitunter klassische Konzerte aufgeführt.

Im 13. Jh. fiel Wolfegg an die Grafen von Waldburg-Wolfegg. Sie errichteten ein Chorherrenstift (1487/1502, s. u.) und das **Schloss Wolfegg**. Auf einer Anhöhe erhebt sich dieser stattliche Vierflügelbau, der 1578 anstelle eines abgebrannten Vorgängers errichtet wurde. Es wird noch von Mitgliedern der Familie Waldburg-Wolfegg und Waldsee bewohnt und ist daher nicht zu besichtigen. Nur anlässlich der *Internationalen Wolfegger Konzerte* (Ende Juni, www.wolfegger-konzerte.de) und der *Wolfegger Wintermusik* (zum Jahreswechsel, www.wolfeggerwintermusik.de) kann man hier in fürstlichem Ambiente klassische Musik genießen. Die Konzerte finden sowohl im Schlosshof als auch im Rittersaal des Schlosses statt. Letzterer nimmt das gesamte Obergeschoss des Westflügels ein und ist mit 24 geschnitzten Ritterfiguren sowie den Gemälden der Ahnengalerie geschmückt. Ein weiterer Aufführungsort ist die Alte Pfarr etwas außerhalb.

Wie ein lockerer Ring umgeben mehrere Wirtschaftsgebäude das Schlossareal. Zwei davon stellte der Fürst dem Stern-Journalisten und Autosammler Fritz B. Busch (1922–2010) für sein **Automobilmuseum** (Tel. 07527/6294, www.automuseum-busch.de, Mai–Sept. tgl. 9.30–17.30, sonst Mitte März–Mitte Nov. 10–17 Uhr) zur Verfügung. Hölzerne Fahrgestelle, aber auch ein Mercedes von 1929 oder Moto-Guzzi-Motorräder ab 1938 sind ausgestellt. Ganz frühe Modelle, etwa eine tiefrote Piccolo-Voiturette von 1907, sind ebenso vertreten wie Gefährte aus der ›Wirtschaftswunderzeit‹. Zu passender Musik à la ›Que sera‹ kann man z. B. über alte Wohnwagen (›Knutschku-

TOP TIPP

Schloss Wolfegg (16. Jh.) und die barocke Pfarrkirche St. Katharina (li.) beherrschen Wolfegg

Das Deckengemälde von St. Katharina zeigt Klosterstifter Truchsess von Waldburg im Kampf

gel‹) schmunzeln oder einen Messerschmidt Kabinenroller von 1962 bzw. das 2-Zylinder-Goggomobil von 1964 bestaunen. Eine Isetta lädt ein, sich zu den Klängen von ›Zwei kleine Italiener‹ nach Italien zu träumen. Auch Motorradfans kommen dank einer Harley-Davidson aus dem Jahr 1930 auf ihre Kosten.

Wenige Meter weiter befindet sich die TOP TIPP prächtige barocke Pfarrkirche **St. Katharina**, die Johann Georg Fischer auf den Fundamenten einer abgebrannten Vorgängerkirche 1733–36 für das Wolfegger Chorherrenstift erbaute. Das beherrschende Element des einschiffigen, 21 x 42 m großen Innenraums ist

Nostalgie – das Automobilmuseum von Wolfegg beherbergt so manchen Traum auf Rädern

zweifellos die komplett ausgemalte Walmdecke. Das gewaltige *Deckengemälde* von Franz Josef Spiegler zeigt die Gründungsgeschichte des Klosters. Der Überlieferung nach gelobte Johannes Truchsess von Waldburg während eines Feldzuges gegen die Republik Venedig im Jahr 1487 dessen Bau, wenn er in einem Zweikampf den Sieg erringen würde. Er gewann und ab 1502 setzte er sein Versprechen um. Das Gemälde reicht über die Deckenwölbung hinab bis zu den hohen Arkadenfenstern. Dort beginnt der feine, in Rosa, Gelb und Lindgrün auf Weiß abgesetzte Wessobrunner Stuck, den Johannes Schütz in spätbarocker Perfektion schuf. Unter der qualitätvollen Ausstattung ist die historische Orgel auf der Empore besonders hervorzuheben, die Jacob Hör mit 28 Registern auf zwei Manualen schuf. Auf dem *Hochaltarbild* hat Rubensschüler Caspar de Crayer die Himmelfahrt Mariens festgehalten. Von Aschermittwoch bis Karsamstag wird dieses Altarbild mit einem Fastentuch aus dem Jahr 1620 verhüllt – einem von vier erhaltenen gebliebenen im süddeutschen Raum. Im Mai nimmt auf dem *Marienaltar* im Langhaus eine silberne Madonnenfigur aus dem Wolfegger Kirchenschatz ihren Platz ein. Nicht weit davon zieren anrührend lebensechte Posaunenengel den Schalldeckel der sehenswerten *Kanzel*.

Stattliche Fachwerkhäuser fanden im Bauernhaus-Museum eine neue Heimat

In einer Talsenke der Wolfegger Ach liegt das **Bauernhaus-Museum Wolfegg** (Tel. 07527/95500, www.bauernhausmuseum-wolfegg.de, März/April, Okt./Nov. Di–So 10–17, Mai–Sept. tgl. 10–18 Uhr; So 14 Uhr Führung oder sonstige Veranstaltung wie z. B. Kochen mit Landfrauen) am südwestlichen Ortsrand. Auf dem 10 ha großen Gelände sind Bauernhäuser aus der weiteren Umgebung aufgebaut, die mitsamt Stallungen und originalgetreu eingerichteten Stuben und Kammern zu besichtigen sind. Zwischen den geschnitzten Holzfassaden, den Fachwerk- und Steingebäuden liegen blumenbunte Bauerngärten, moorige Weiher und artenreiche Streuobstwiesen. Während des sommerlichen Aktionsprogramms können Kinder auch einmal mit der Sichel Gras mähen oder Brot backen, Erwachsene einen Sensen- oder Schlepperkurs (mit Porschemotor!) machen.

Bei schönem Wetter lohnt sich ein Abstecher zur unweit östlich vor dem Ort auf einem Hügel Drumlin gelegenen **Loretokapelle** von 1668. Zum einen wegen der Schwarzen Madonna, die hier als Gnadenbild seit 1707 verehrt wird (tgl. 15 Uhr Rosenkranzgebet), aber auch wegen der wunderbaren Aussicht, die sich von der Hugelkuppe aus nach Süden auf die horizontfüllende Kette der Alpen bietet.

i Praktische Hinweise

Information

Wolfegg Information, Rötenbacher Str. 13, 88364 Wolfegg, Tel. 075 27/96 01 51, www.wolfegg.de

Hotels

Gasthof Pension Jäger, Bahnhofstr. 9, Wolfegg, Tel. 075 27/60 60, www.gasthof-jaeger-wolfegg.de. Ruhige Pension, etwas außerhalb in Bahnhofsnähe, mit sechs Zimmern und gepflegtem, kinderfreundlichen Garten.

Landhotel Allgäuer Hof, Waldseer Str. 36, Alttann (ca. 4 km nördl. von Wolfegg), Tel. 075 27/290, www.landhotel-allgaeuerhof.de. Allgäuer Bauerngasthof-Romantik sucht man hier vergebens, dafür sind die Zimmer modern eingerichtet und das Hotelrestaurant überzeugt mit seinen in Holz gehaltenen Wolfegg Stuben.

Restaurants

Gasthof zur Post, Rötenbacher Str. 5, Wolfegg, Tel. 075 27/961 40, www.hotel-post-wolfegg.com. Bodenständiges Gasthaus, nach hinten mit einladendem Garten. Auf der Speisekarte stehen Pikantes Wildtöpfle oder Saurer Romadur, es gibt aber auch Schonkost.

Museumsgaststätte Fischerhaus, Fischergasse 29, Wolfegg, Tel. 075 27/960 37 90. Die Gaststätte am rückwärtigen Nebeneingang des Bauernhaus-Museums ist in einem stilechten Fachwerkbau untergebracht. Sehr schön sitzt man im Sommer im lindenumstandenen Biergarten am Hausweiher.

10 Kißlegg

Lauschiger Luftkurort an der Oberschwäbischen Barockstraße mit wertvollem Kirchenschatz.

Kißlegg (8500 Einw.) mit seiner ländlich grünen Umgebung zieht nicht nur Aktivurlauber an, inmitten seiner beschaulichen Puppenstubendörflichkeit beherbergt der Ort auch Kunstschätze ersten Ranges.

Im Zentrum stößt der Kunstfreund zunächst auf die prächtige barocke Pfarrkirche **St. Gallus und Ulrich** (Führung April–Okt. Mi 15 Uhr). Ein Vorgängerbau bestand hier schon im 9. Jh., als Kißlegg unter dem Namen *Ratpotiscella* erstmals erwähnt wurde. Der heutige Barockbau geht auf die Umgestaltung einer gotischen Basilika in den Jahren 1734–38 durch Johann Georg Fischer zurück. Damals entstand auch der Chor mit zwei vorgesetzten halbrunden Seitenkapellen und den beiden Abseiten. Das Tonnengewölbe des Langhauses und die knapp 15 m hohe Vierungskuppel malten Franz Anton Erler und Benedikt Gams großflächig aus. Die Fresken wirken etwas düster, denn die Decke erhält nur wenig Licht, doch wird dieser Eindruck durch den luftigen Innenraum und den großzügig angebrachten, gold- und silberfarben auf hellem Grund

Über den malerischen See gleitet der Blick zur Pfarrkirche St. Gallus und Ulrich von Kißlegg

Hinter seiner eher nüchternen Fassade schwelgt das Neue Schloss in barocker Pracht

abgesetzten lebhaften Stuck (Johann Schütz) gemildert. Auch die insgesamt fünf kunstvoll, teils mit durchbrochenen Aufsätzen gestalteten Barockaltäre und die bewegte Rokokokanzel erfüllen den Raum mit Leben. Überregionaler Aufmerksamkeit erfreut sich der *Augsburger Silberschatz* (April–Okt. Mi 15 Uhr im Rahmen der Kirchenführung), der auf der linken Abseite untergebracht ist. Hier können hinter Panzerglas die teils getriebenen, teils gegossenen Silberfiguren der vier Kirchenväter und der zwölf Apostel, zwei Halbfiguren von Jesus und Maria (147 cm hoch) sowie ein Kreuz und zwei Reliquienschreine bewundert werden. Die hochwertigen Stücke wurden Mitte des 18. Jh. in Augsburg gefertigt.

Zwei Schlösser bewachen die Ortsdurchfahrt von Kißlegg. Während sich das burgähnliche *Alte Schloss* am Zellersee in Privatbesitz befindet und deshalb nicht zugänglich ist, lohnt das **Neue Schloss** (April–Okt. Di/Do/Fr 14–17, So 13–17 Uhr, Führung So 15 Uhr) umso mehr einen Besuch. Johann Georg Fischer schuf den ausladenden Zweiflügelbau 1721–27 für die Adelsfamilie derer von Waldburg zu Trauchburg.

Innen ist ebenerdig die Touristeninformation (Eingang Vorderseite) untergebracht. Durch sie gelangt man in das mit Rokokoelementen und Fresken ausgestattete **Treppenhaus**, das zudem *Sibyllen*, acht zartgliedrige Stuckmarmorfiguren (1726/27) von Joseph Anton Feuchtmayer schmücken. Im zweiten Stock ist das Museum Rudolf Wachter eingerichtet Der Bildhauer (1923–2011) formte mit einer Kettensäge aus Baumstämmen Skulpturen. Sie stehen in teils lebhaftem Kontrast zu den barocken Zimmerfluchten, den Kristalllüstern und Ziegelfußböden, den Intarsientüren und Rokokodecken des Schlosses.

Einen etwas einfacheren Eindruck macht die **Heimatstube** (April–Okt. So 14–17 Uhr), die im Ergeschoss des Schlosses vier kleine Räume einnimmt. Zu ihren Ausstellungsstücken gehören ein baro-

Den barocken Wand- und Deckenstuck in St. Gallus und Ulrich schuf Johann Schütz

Im Samsonsaal des Neuen Schlosses kontrastieren Stuckdecke und moderne Kunstwerke

cker Hausaltar und ein Madonnenbild von 1450. Auch ein Himmelbett, ein mit Wäsche gefüllter Aussteuerschrank und andere Gebrauchsgegenstände des bäuerlichen Lebens früherer Jahre sind hier versammelt. Gegenüber dem Eingang zur Heimatstube blickt man durch filigranes Gitterwerk in die zwei Stockwerke hohe, im Stil des Rokoko fresken- und stuckverzierte **Schlosskapelle**.

Um Ostern und im Herbst finden im Neuen Schloss die **Kißlegger Kunstwochen** statt, während derer Künstlerinnen und Künstler Kurse für interessierte Laien geben. Beim **Kißlegger Sommer** (Juli–Anf. Sept. Di) genießen Musikfreunde im Schlosshof qualitätvolle Abendkonzerte.

Am nördlichen Rand von Kißlegg erstreckt sich das **Strandbad Obersee** (Mitte Mai–Mitte Sept. tgl. 9–19 Uhr) am wiesengrünen Ufer des Moorsees. Im abgegrenzten Badebereich sorgen aufblasbare Wellenreiter, ein Sprungturm sowie eine Spielschlange und Rutschbahn für Abwechslung, Kleinkinder- und Warmbadebecken stehen auch zur Verfügung.

i Praktische Hinweise

Information

Gäste- und Bürgerbüro, Schlossstr. 5, Neues Schloss, 88353 Kißlegg, Tel. 075 63/93 61 42, www.kisslegg.de

Hotel

Gasthof Ochsen, Herrenstr. 21, Kißlegg, Tel. 075 63/910 90, www.ochsen-kisslegg.de. Komfortable Hotelzimmer in historischem Gasthof im Zentrum, nach vorne manchmal etwas laut. Weitere Zimmer in kleinem Gästehaus beim Schlosspark.

Restaurant

Gasthof Schlosskeller, Fürst-Maximilian-Str. 3, Kißlegg, Tel. 075 63/180 60, www.schlosskeller-kisslegg.de. In dem Abendrestaurant am südlichen Ortsrand mit lauschigem Garten zur Ach hin isst man frisch und fein (So ab 10 Uhr, Mo geschl.).

11 Wangen

TOP TIPP *Erker, Türmchen, Brunnen und Kopfsteinpflaster verleihen der Altstadt mittelalterliches Flair.*

Den häufig zitierten Spruch »In Wangen bleibt man hangen« verstehen die Wangener zu Recht als Anerkennung ihrer schmucken Heimatstadt. Tatsächlich verlängert so mancher Besucher seinen Aufenthalt in der ehemaligen Freien Reichsstadt, weil er sich in der teils noch von einer Wehrmauer umgebenen, sorgfältig sanierten mittelalterlichen Altstadt im wahrsten Sinne des Wortes verbummelt.

Die Ursprünge Wangens gehen auf die Schenkung des Alamannenanführers Hadubert an das Kloster St. Gallen im Jahr 815 zurück. Die Schweizer Mönche erkannten die verkehrsgünstige Lage des neuen Besitzes zwischen Bodensee und Oberallgäu. Um 1150 gründeten sie hier einen **Markt**, der 1217 unter die Schutzherrschaft von König Friedrich II. gestellt und 1286 gar zur **Freien Reichsstadt** erhoben wurde. Bereits im Jahr 1350 hatten sich die Wangener Bürger eine Zunftverfassung gegeben und ihre blühende Stadt bald darauf mit einem Mauerring befestigt. In ihm konnte, anders als in anderen Allgäuer Reichsstädten, die Reformation nie richtig Fuß fassen, die Mehrzahl der Bevölkerung blieb katholisch.

Die heutige historische Altstadt von Wangen entstand größtenteils beim Wiederaufbau nach dem Stadtbrand von 1539. Nach dem Feuer begann auch die eigentliche Blütezeit Wangens: **Fernhandel**, **Leinenherstellung** und die **Schmiedekunst** sorgten für den Wohlstand der Bürger. Mit dem Niedergang des Leinwandhandels nach dem Dreißigjährigen Krieg wurde es still um den einst so bedeutenden Ort. Eine gewisse Wiederbelebung war zu verzeichnen, als das 1802 bayerisch gewordene Wangen im Jahr 1810 zu Württemberg kam und die Stadt von besseren Handelsbedingungen profitierte. Heute herrscht in den völlig unversehrt gebliebenen mittelalterlichen Gassen der Altstadt geschäftiges Treiben. Zugleich kann sie mit verträumten Winkeln aufwarten, mit munteren Brunnen, bezaubernden kleinen Plätzen und kopfsteingepflasterten Gassen. Mittelpunkt der ausgedehnten Fußgängerzone und seit dem Jahr 1330 jeden Mittwoch Standort des *Wangener Wochenmarktes* ist der **Marktplatz** 1.

Seine Dominante ist die auffällige Barockfassade des **Rathauses** 2 (Innenbesichtigung im Rahmen einer Stadtführung, Do 15.30 Uhr ab Gästeamt), dessen ältester Teil noch aus dem 14. Jh. stammt. Seither wurde es mehrfach um- und ausgebaut. Das kleine *Trauzimmer* weist restaurierte Fresken auf, den historischen *Rathaussaal* ziert eine gemalte Stadtansicht von Johann Andreas Rauch aus dem Jahr 1611, welche Wangen auf der Höhe seines Wohlstands zeigt. Die imposante barocke Hauptfassade schuf Adam Walk im Jahr 1720. Den rückwärtigen Teil des Rathauses, in dem heute das Gästeamt untergebracht ist, beließen die Wangener damals aus Sparsamkeit spätgotisch.

Schräg gegenüber des Rathauses ragt mächtig die Pfarrkirche **St. Martin** 3 aus dem 13. Jh. auf. Von einer späteren Baro-

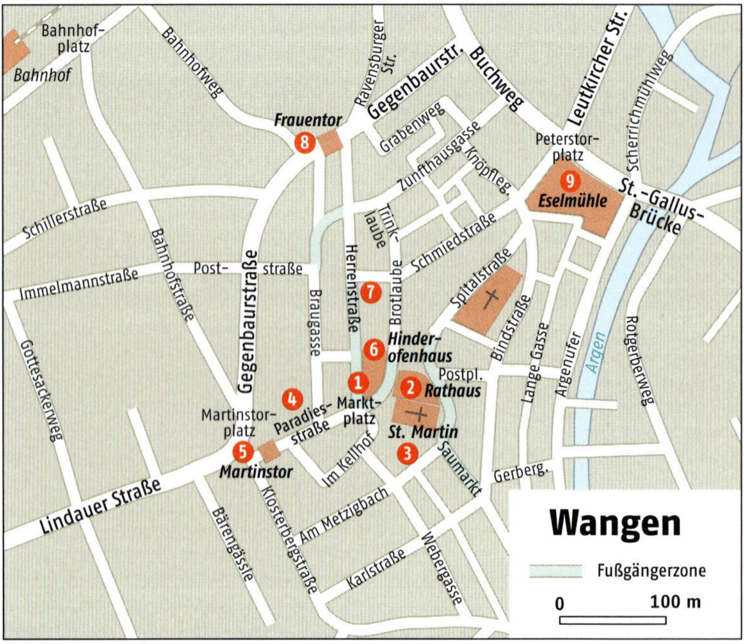

Zum Marktplatz zeigt sich Wangens Rathaus barock, rückwärtig blieb die Fassade spätgotisch

ckisierung zeugen im hohen dreischiffigen Inneren die ausladende Kanzel und qualitätvolle geschnitzte Apostelfiguren. Die modernen Buntglasfenster (Altarraum: Otto Habel, 1960, an der Westwand: Siegfried Haas, 1963) bilden dazu einen interessanten Kontrast.

Von St. Martin aus lohnt sich ein kleiner Abstecher westwärts in die kurze **Paradiesstraße** 4, die früher zum Friedhof vor der Stadtmauer führte und daher ihren Namen erhielt. Hier befindet sich der *Fidelisbäck* (s.u.), eine bereits seit 1505 bestehende Bäckerei. Das Nachbarhaus ziert eine Wandmalerei (Ende des 18. Jh.), die die biblische Geschichte von Jonas erzählt. Dass der Prophet auf den Bildern erst ohne Stiefel vom Wal verschluckt wird, das Tier dann aber mit Fußbekleidung wieder verlässt, wird scherzhaft als ›Wunder von Wangen‹ bezeichnet. Das Ende der Gasse markiert das vierschrötige **Martinstor** 5, auch Lindauer Tor genannt. Es wurde 1347 erstmals als Teil der Stadtbefestigung erwähnt.

Wendet man sich am Marktplatz in die entgegengesetzte Richtung, zieht gleich an der Ecke ein hoch aufragender Renaissancebau die Blicke auf sich. Es handelt sich um das im Jahr 1542 im Stil eines italienischen Palazzo errichtete **Hinderofenhaus** 6, dessen lauschiger Innenhof südländisches Flair verströmt. Sein Bauherr, der Kaufmann Onofrius Hinderofen, ließ sich womöglich auf einer Handelsreise nach Italien von der dortigen Renaissancearchitektur inspirieren. Heute gehört

Brunnen mit Humor – einer der ›Verdruckten Allgäuer‹ spuckt Wasser auf Passanten!

der Palazzo der Stadt Wangen und dient als Hauptamt. Im Erdgeschoss sind die Volkshochschule und ein Café untergebracht, das zweite Obergeschoss beherbergt eine Sammlung (übliche Büroöffnungszeiten Mo–Fr) von Werken des expressiven Realisten Wolfgang von Websky (1895–1992).

Schon beim Hinderofenhaus sieht man, dass Wangen seinem Ruf als ›Stadt der Brunnen‹ gerecht wird, denn rechterhand steht der beliebte Figurenbrunnen **Die verdruckten Allgäuer**. Die etwa 1 m großen Bronzefiguren liegen kreuz und quer übereinander. Der dritte von unten aber, der nach dem vormaligen Oberbürgermeister Leist geformt ist, spuckt alle paar Minuten in weitem Bogen Wasser – zur Verblüffung der ahnungslos vorbei flanierenden Touristen und zur Freude der einheimischen Kinder.

Nur wenige Schritte weiter zählt die **Herrenstraße** 7 zu den schönsten Straßenbildern Süddeutschlands. Sie wird auf ihrer gesamten Länge gesäumt von historischen Bürgerhäusern wie der *Mohren Post*, dem reich mit Fresken bemalten Geburtshaus der Maler August und Josef Braun (Nr. 15), die ihre Hausfassade selbst verzierten, und dem klassizistischen *Ritterhaus* (Nr 34), das 1784–89 erbaut wurde. Letzteres befindet sich neben dem **Frauentor** 8, dessen vier Geschosse über der Durchfahrt gegeneinander abgesetzt und mit figürlichen Fresken und Uhren unterschiedlich gestaltet sind. Das Ganze krönt ein flaches grün patiniertes Haubendach.

Ein Muss ist noch der Besuch der **Eselmühle** 9 (Am Eselberg, Tel. 075 22/91 26 82, April–Okt. Di–So 14–17 Uhr), einem 1568 erbauten, lang gestreckten Gebäudekomplex an der Oberen Argen im Osten der Altstadt. Ein baulich miteinbezogener Rest der Stadtmauer ist über einen Wehrgang ebenfalls zugänglich. In dem historischen Gemäuer sind sechs *Städtische Museen* untergebracht, die alle über den Eingang zur Eselmühle zugänglich sind: Das **Heimatmuseum** mit Narrenstüble, die **Sammlung mechanischer Musikinstrumente** sowie das **Käsereimuseum** sind über den Wehrgang verbunden mit den **Literaturmuseen** von Joseph Freiherr von Eichendorff und Gustav Freytag. Durch den Pulverturm gelangt man am Ende in die **Historische Badstube**. Die große, bauhistorisch bemerkenswerte Kreuzgewölbehalle wurde seit 1589 tatsächlich viele Jahrzehnte lang als öffentliche Badstube genutzt. Heute wird hier anhand von Kupferkesseln und Waschzubern, Barbiermessern und Schröpfköpfen das mittelalterliche Bade- und Gesundheitswesen vorgestellt. Die darüber liegende *Städtische Galerie Kunst in der Badstube* bietet Raum für Wechselausstellungen. Im Gebäude Lange Gasse 3a bewahrt die **Museumsdruckerei** (geöffnet auf Anfrage), Buchdruckmaschinen des 19. und 20. Jh. wie eine Kleindruck-Tiegelpresse aus dem Jahr 1860.

Wangener Wellness – die Badstube des 16. Jh. ist heute ein interessantes Museum

Praktische Hinweise

Information

Tourist Information, Bindstr. 10, 88239 Wangen i. Allgäu, Tel. 075 22/742 11, www.wangen.de. Stadtführungen Do (im Sommer auch Di) 15.30 Uhr.

Hotels

Blaue Traube, Zunfthausgasse 10, Wangen, Tel. 075 22/66 27, www.blaue traube.com. Zweckmäßig und bequem eingerichtete Zimmer, auch für Allergiker, in der nördlichen Altstadt. Radler können ihre Drahtesel sicher parken. Restaurant im Haus (Di geschl.).

Romantikhotel Alte Post, Postplatz 2, Wangen, Tel. 075 22/975 60, www.hotel-alte-post-wangen.de. Schmuckes kleines Hotel im einstigen Kornhaus und späteren Posthalterei. 18 mit Antiquitäten ausgestattete Zimmer inmitten der Altstadt.

Restaurants

Fidelisbäck, Paradiesstr. 3, Wangen, Tel. 075 22/79 59 31, www.fidelisbaeck.de. Berühmt sind die Seelen vom Fidelisbäck,

Türme von Isny – Wassertor (li.), Nikolaikirche (Mi.) und Pfarrkirche St. Georg und Jakobus (re.)

ein Genuss vor allem mit frischem Leberkäs in der hauseigenen Imbissstube.

Gasthaus Lamm, Bindstr. 60, Wangen, Tel. 075 22/66 75, www.lamm-wangen.de. Gemütliche Gastwirtschaft in Wangens ›Fressmeile‹ in der südlichen Altstadt. Die Küche schafft bevorzugt Schwäbisches, auch vegetarisch (Mo geschl.).

12 Isny

TOP TIPP *Reizender heilklimatischer Kurort mit mittelalterlichem Stadtkern inmitten grünhügeliger Landschaft.*

Richtig in den Bergen liegt Isny nicht, das ist wahr. Aber dafür sind es nach Nordwesten zum Bodensee nur 30 km und in der entgegengesetzten Richtung ist auch Kempten schnell erreicht. Diesen günstigen Standort ›zwischen den Regionen‹ sicherten schon die Römer im 3. Jh. mit einem Kastell. 1042 errichtete Graf Wolfrad von Altshausen-Veringen eine Kirche zu Ehren der hll. Jakobus und Georg, damals wurde der Weiler *Villa Ysinensi* erstmals urkundlich erwähnt. Im Jahr 1096 stiftete einer seiner Nachfolger, Graf Manegold, bei dieser Kirche ein **Benediktinerkloster**. 1281 erhielt die daraus entstandene Handelsniederlassung von König Rudolf von Habsburg die **Stadtrechte**. Bereits 1365 kauften sich die Bürger von ihrem Vogtherren, dem Truchsess von Waldburg, frei und Isny wurde zur **Freien Reichsstadt**. Ein weiteres Zeichen für ihren wirtschaftlichen Erfolg, der in erster Linie auf Leinwandhandel beruhte, war die Verleihung des Münzrechts im Jahr 1507. Wie die meisten anderen Allgäuer Reichsstädten schloss sich auch Isny im Jahr 1525 der Reformation an. In den Wirren des Dreißigjährigen Krieges 1618–48 vernichtete im Jahr 1631 ein verheerender **Brand** den Großteil der Stadt. Trotz sofortigen Wiederaufbaus wurde danach die alte Größe nie mehr erreicht. Erst als Isny nach der Säkularisation 1803 an den Reichsgrafen Otto von Quadt-Wykradt fiel, war wieder ein gewisser Aufschwung zu spüren. Der setzte sich auch fort, als Stadt und Land 1806 württembergisch wurden.

Beachtung als **Wintersportort** fand Isny, als 1924 in den Hügeln der Umgebung erstmals die Deutschen Nordischen Skimeisterschaften ausgetragen wurden. Auch die Anerkennung als **Luftkurort** im Jahr 1952 war dem Tourismus förderlich.

Isnys Sehenswürdigkeiten versammeln sich in der Innenstadt. Akzentuiert von mehreren Türmen und Toren umgibt sie ein beinahe geschlossener Ring der teils historischen, teils rekonstruierten **Stadtmauer**. Von Süden her gewährt das **Espantor** Einlass, ein hoher Torturm aus dem Jahr 1413. Der Durchgang ist stadtauswärts als Spitzbogen, stadteinwärts als Rundbogen ausgeführt. Linkerhand sieht man den gedrungeneren **Speicherturm**, der um 1577 als Waffen- und Pulverturm sowie als Gefängnis errichtet wurde. Heute führt in seinem Inneren eine Treppe zum überdachten Wehrgang der Stadtmauer hinauf, dem man ein Stück weit folgen kann. Rechts vom Espantor befindet sich der an seinem Kegeldach kenntliche **Mühlturm** aus dem 16. Jh. In ihm stellt das **Museum am Mühlturm** (Tel. 075 62/97 56 30, www.museum-isny.de, Sa/So 14–17 Uhr) auf 600 m² mit einer bunten Fülle von Exponaten die Stadtgeschichte vor. Schwerpunkte sind Flachsanbau, Weberei und Münzkunde. In einer Münzwerkstatt können sich Besucher gegen Entgelt selbst eine Erinnerungsmünze prägen. Der zweite Stock bietet Raum für Wechselausstellungen.

Geht man nach Durchschreiten des Espantores geradeaus, kommt man nach kurzer Zeit auf den zentralen **Marktplatz**, auf dem jeden Donnerstag Vormittag Wochenmarkt gehalten wird. Der Blick fällt sofort auf den frei stehenden, schlanken **Blaserturm** an seinem Rand, dessen achteckigen Turmaufsatz mit einstiger Wächterstube eine neckische Zwiebelhaube ziert. Der vergleichsweise klobige quaderförmige Unterbau des Turmes beheimatete im 16. Jh. das Stadtarchiv. Das imposante **Paul-Fagius-Haus** gegenüber an der Westseite des Platzes stammt aus dem 15. Jh., doch hatte bereits 1397 eine gewisse Elisabeth Bräwissin einen Vorgängerbau als Hospital zum Heiligen Geist gestiftet. Bis zum Jahr 1971 war in dem historischen Anwesen ein Altersheim untergebracht, heute dient das renovierte gotische Erdgeschoss der Stadt als Ausstellungshalle. Das architektonisch interessante Eckgebäude nebenan ist das **Rathaus**, das die Stadt seit 1733 nutzt. Es besteht aus drei schmalen ehem. Patrizierhäusern, die im Erdgeschoss durch einen Arkadengang verbunden sind. Zentraler Bau ist das *Albrecht'sche Haus*, das im 15. Jh. errichtet und im 17. Jh. frühbarock ausgestattet wurde. Aus dieser Zeit stammt auch das plastische Knorpelschnitzwerk des Tores. Über den ersten und zweiten Stock verläuft ein schmaler runder Erker, den mehrere Rundreliefs sowie die Wappen des Handelsherren Johannes Albrecht (Samson ringt mit dem Löwen) und seiner Gattin Susanna Wachter (Wachtturm) zieren.

Die Geschichte der Flachsverarbeitung ist ein Schwerpunkt im Museum am Mühlturm

Von hier aus lädt die als Fußgängerzone ausgewiesene Wassertorstraße zu einem Bummel ein. Ihr Ende markiert das **Wassertor** (Führung Mai–Okt. Sa 14 Uhr). Der wuchtige Wehr- und Gefängnisturm aus der zweiten Hälfte des 15. Jh. zeigt im Durchgang ein schön ausgearbeitetes Kreuzgratgewölbe.

Nun sollte man rechts der Kanzleistraße leicht bergauf folgen. Gleich zu Beginn ragt die evangelische **Nikolaikirche** auf, eine mächtige Pfeilerbasilika, die auf das Jahr 1284 zurückgeht. Sie wurde später mehrfach erweitert und umgebaut und erhielt etwa Mitte des 15. Jh. ihren spätgotischen *Chor* mit dem eleganten Sternrippengewölbe. Einen reizvollen Kontrast dazu bilden die farbenprächtigen modernen *Glasfenster* in den hohen schlanken Spitzbogenlaibungen. Mut zu ungewöhnlichen Kombinationen beweist auch die *Kreuzigungsgruppe*, die in mehreren Metern Höhe auf einem Balken über dem Choreingang steht. Ulrich Henn schuf die Bronzeskulpturen im Jahr 1973. Ebenfalls ein Meisterwerk, jedoch gut 300 Jahre älter, ist die frühbarocke, aus Holz geschnitzte *Kanzel* aus der Mitte des 17. Jh., deren Schalldeckel eine bewegte Figur von Johannes dem Täufer ziert. Ein besonderes Kleinod birgt die Nikolaikirche im Obergeschoss ihres Kirchturmes über der Sakristei.

Hier ist die etwa 5 x 5 m große **Prädikantenbibliothek** (Tel. 075 62/23 14, www.

Kopien im Schloss – Sammlung Hechelmann zeigt Barberinischen Faun und Laokoon-Gruppe

isny-evangelisch.de, Ostern–Okt. Mi 10.30 Uhr im Rahmen einer Führung) untergebracht, deren Anfänge bis ins 15. Jh. zurück reichen. Damals stiftete der aus Isny stammende Domherr von Konstanz seiner Heimatstadt eine Predigerstelle, die ein gut ausgebildeter Theologe besetzen sollte. Zu seiner Versorgung mit geistiger Nahrung wurde die Bibliothek eingerichtet. Der Zugang führt über eine schmiedeeiserne Gittertür in der Nordwand des Chores und eine steile enge Treppe. Von Isolierglas geschützte Butzenscheibenfenster lassen nur gedämpftes Licht in den kreuzrippenüberwölbten Raum, dessen Decke vollständig mit sorgfältig restaurierten *Fresken* aus dem 15. Jh. ausgemalt ist. Die 1530 in die Gewölbebögen eingepassten Regale sind gefüllt mit bibliothekarischen Kostbarkeiten. So befinden sich unter den rund 1200 Bänden auch 70 Handschriften mittelalterlicher Prediger und 171 Wiegendrucke, dazu Urkunden, Traktate, hebräische Drucke, Sendschreiben und Klageschriften.

In unmittelbarer Nachbarschaft erhebt sich nördlich der Nikolaikirche die katholische Pfarrkirche **St. Georg und Jakobus**, ein Schmuckstück des Rokoko. Ein erster Kirchenbau ist hier für das Jahr 1042 urkundlich bezeugt, seine Nachfolgebauten brannten jedoch mehrfach ab. Zuletzt wurde das Gotteshaus 1666 unter Leitung von Giulio und Pietro Barbieri als dreischiffige Hallenkirche wieder errichtet. Die beeindruckende Innenausstattung kam erst Mitte des 18. Jh. hinzu, das feine, stellenweise vergoldete *Stuckdekor* schuf Johann Georg Gigl, die großen *Deckenfresken* mit Darstellungen der hiesigen Klostergründung, von Heiligen und alttestamentarischen Begebenheiten malte Michael Holzhey. Der gesamte Innenraum führt optisch auf den bis zur Decke reichenden *Hochaltar* hin, den ein frühbarockes Golgathagemälde von Johann Heiß (1610–1701) ziert. Die rotmarmornen Barocksäulen des Aufbaus harmonieren mit dem modernen Altar (Helmut Ulrich) davor, der 1996 in der Mitte des Chores aufgestellt wurde.

Eine wuchtige Eisentür rechts führt in die südlich angebaute *Marienkapelle*. Den rechtwinkligen Raum ziert eine 1680 eingepasste bemalte Holzkassettendecke. Das ebenfalls barocke Chorgestühl mit je zwei Reihen zu beiden Seiten befand sich früher im Betchor der Mönche hinter dem Hochaltar. Ein mannshohes schmiedeeisernes Gitter trennt den eingezogenen Chor der Kapelle ab, dessen barock prunkender Hochaltar nicht so recht zu der edel-zurückhaltenden hochgotischen Figur einer sitzenden Rosenkranzmadonna mit Kind (um 1420) in seinem Zentrum passen will.

Die Vierflügelanlage des Benediktinerklosters südöstlich neben St. Georg nahm

Graf von Quadt-Wykradt nach der Säkularisation als **Schloss** in Besitz. In ihm richtete in der Neuzeit der in Isny geborene Maler und Buchillustrator Friedrich Hechelmann (*1948) die **Kunsthalle im Schloss** (Tel. 075 62/91 41 00, www.kunsthalle-schloss-isny.de, Mi, Do/Fr 14–18, Sa/So 14–18 Uhr) ein. In dessen Räumen sind Arbeiten zu sehen. Hier sind Bilder Hechelmanns zu sehen, aber auch etwa 60 *Marmor- und Bronzerepliken* antiker Originale, darunter der Barberinischen Faun oder die Laokoon-Gruppe. Die weiten Schlossgänge schmücken einige erlesene Porzellan- und Keramikstücke.

Auf den Schwarzen Grat

Wanderer und Radfahrer finden in der wald- und wiesenreichen Hügellandschaft um Isny viele Möglichkeiten für Touren. Beliebt ist beispielsweise der **Heuberg-Allgäu-Weg** (HW 9, einfach 6 km, 395 HM), der vom ruhigen Kurort Großholzleute, 4 km östlich von Isny, auf den 1118 m hohen Schwarzen Grat führt. Auf dessen bewaldeter Kuppe überragt ein 28,5 m hoher hölzerner *Aussichtsturm* die Baumwipfel. Von dessen Panoramaplattform aus können Besucher das ganze Land vom Bodensee bis weit in die Alpen hinein überblicken.

TOP TIPP Eistobel

7 km südlich von Isny verläuft als Vorbote der nahen Alpen die **Adelegg**, ein Höhenzug aus hartem Nagelfluh-Gestein, der mit der *Iberger Kugel* einen beachtlichen, 1069 m hohen Aussichtsgipfel aufweist. Vor mehreren tausend Jahren öffnete ein Erdbeben einen Spalt in der Bergflanke, durch den seitdem die Obere Argen im sogenannten Eistobel (Infopavillon bei der Argentobelbrücke, Tel. 083 83/72 65, www.eistobel.de, Mai–Okt.) ihren Weg nordwärts nimmt.

Ein **Wanderweg** erschließt diese spektakuläre, etwa 3 km lange Schlucht. Er führt in einer knappen Stunde vom Parkplatz bei der Argentobelbrücke zwischen Maierhöfen und Grünenbach zum Schüttentobel. Der Schmelzwasserfluss springt in Gischt sprühenden Kaskaden über Felsbarrieren und zwängt sich durch enge Passagen, verzweigt sich, sickert durch poröses Gestein, sammelt sich in Senken oder sucht sich strudelnd und wirbelnd unter Überhängen seinen Weg. Schachtelhalm und Steinbrech, Alpenheckenkirsche und Frauenschuh entdeckt der Wanderer im Sommer. Besonders beeindruckend ist der gut ausgebaute Tobelweg aber im Winter, wenn das allgegen-

Kühl und klar fließt das Wasser der Oberen Argen durch den im Sommer grünen Eistobel

wärtige Wasser zu bizarren Eisskulpturen gefriert, wenn sich die Uferränder, Wasserfälle und Felswände in eine Fantasiewelt aus Eis und Schnee verwandeln.

i Praktische Hinweise

Information

Gästeinformation, Unterer Grabenweg 18 (Kurhaus am Park), 88316 Isny im Allgäu, Tel. 075 62/97 56 30, www.isny.de

Sport und Freizeit

Isnyer Kinder- und Heimatfest, www.isny-kinderfest.de. Seit 1620 traditioneller Festzug zur Stadtgeschichte mit historisch gekleideten Kindern. Immer vier Tage im Juli, kurz vor den Sommerferien.

Hotels

*****Hohe Linde**, Lindauer Str. 75, Isny, Tel. 075 62/975 97, www.hohe-linde.de. Komfortable Zimmer am Stadtrand, einige mit Balkon zum Garten. Kleines Hallenbad, Whirlpool, Dampfbad und Restaurant ›Allgäuer Stuben‹.

*****Hotel Garni am Rossmarkt**, Rossmarkt 8–10, Isny, Tel. 075 62/97 65 00, www.hotel-garni-isny.de. Zentral in der Altstadt nahe dem Espantor gelegenes biker- und radlerfreundliches Aparthotel. Sauna und Solarium im Haus.

Restaurant

Gasthof Krone, Bahnhofstr. 13, Isny, Tel. 075 62/24 42, www.kroneisny.de. In der holzvertäfelten Gaststube genießt man feine Regionalküche wie Maultäschle in Tomatensugo, Allgäuer Käsknödel auf Blattspinat oder Rumpsteak (Do geschl.).

13 Lindenberg

Die Herstellung von Strohhüten machte den heutigen Höhenluftkurort im 19. und 20. Jh. bekannt.

Lindenberg ist anders: mit 11 000 Einwohnern ist es zwar nicht groß, wirkt aber dennoch weniger ländlich als andere Orte des Allgäus. Der Grund dafür liegt in der langen **Industriegeschichte** Lindenbergs, das im Jahr 857 erstmals urkundlich als *Lintiberc* erwähnt wurde.

Zu größerer Bedeutung gelangte die Ansiedlung aber erst zu Beginn des 17. Jh. Damals fütterten Rosshändler auf den umliegenden Weiden Pferde an, um sie nach einiger Zeit über die Alpen nach

Das Auge isst mit: festlich gedeckte Tafel im Restaurant des Hotels Hohe Linde, Isny

Oberitalien zu verkaufen. Dort erlernte einer der Allgäuer Pferdeknechte die Kunst des Strohhutflechtens und brachte sie mit nach Hause. Seitdem fertigten die Lindenberger Bäuerinnen in Heimarbeit **Strohhüte** und bald wurden ihre Erzeugnisse von fahrenden Händlern an der Haustür und auf Märkten erfolgreich vertrieben. 1815 arbeiteten bereits 300 Familien für die Wagner'sche Hutfabrik. Angesichts ihres Erfolges gab es bald kein Halten mehr: Zahlreiche **Hutfabriken** siedelten sich an, der Anschluss Lindenbergs an das Eisenbahnnetz im Jahr 1853 beflügelte den Absatz der hier hergestellten Hüte weiter. 1890 zählte man im Gemeindegebiet 34 Strohhuthersteller, um 1900 produzierten 2800 Näherinnen 4 Mio. Hüte im Jahr, die in alle Welt verkauft wurden. So war es denn überfällig, dass Lindenberg 1908 zum Markt, 1914 zur Stadt erhoben wurde.

Auch um diesen neu gewonnenen Status zu demonstrieren, wuchs 1912–14 in der Ortsmitte die neobarocke doppeltürmige Pfarrkirche **St. Peter und Paul** empor. Der mächtige, ansonsten jedoch wenig bemerkenswerte Kuppelbau wird ob seiner schieren Größe mitunter auch ›Dom des Allgäus‹ genannt.

Bis in die späten 60er-, frühen 70er-Jahre des 20. Jh. hielt der Hut-Boom an, schon längst war die Produktpalette um Filz-, Pelz- und Dralonhüte erweitert worden. Doch dann verzichteten modebewusste Damen und Herren auf eine Kopfbedeckung. Für die Lindenberger Produktion begann der Niedergang und heute hält nur noch die **Hutfabrik Mayser** (www.mayser-kopfbedeckungen.de, Fabrikverkauf Bismarckstr. 2) die Tradition vor Ort aufrecht.

Die Erinnerung an die große Zeit hält der **Hut-Tag** aufrecht, der jedes Jahr im Mai/Juli gefeiert wird. Alle zwei Jahre wird bei dieser Gelgenheit auch eine *Hutkönigin* gekürt. Auch ein **Hutmuseum** (Brennterwinkel 4, Febr.–Okt. Mi 15–17.30, So 10–12 Uhr, Juli/Aug. Mi 14 Uhr Führung) im Gebäude der ehem. Hutfabrik Mercedes gibt es zu besichtigen. Gemälde, Fotos, Gerätschaften und etwa 250 Hutmodelle dokumentieren die Geschichte der für den Ort einst so wichtigen Industrie.

Heute sind **Milchwirtschaft** und vor allem **Tourismus** die bedeutendsten wirtschaftlichen Standbeine Lindenbergs. Die reizvollen Hügel ringsum scheinen wie geschaffen zum Wandern und Radfahren. Zum Baden lädt der **Waldsee** ein, übrigens Deutschlands höchstgelegener Moorsee (761 m). Im Winter verwandelt er sich in eine Natureisbahn für Schlittschuhläufer und Eisstockschützen.

TOP TIPP Scheidegg

Auf dem Bergrücken des **Pfänder** liegt knappe 4 km südwestlich von Lindenberg in 800–1000 m Höhe der Kneippkurort Scheidegg (4200 Einw.) in aussichtsreicher **Panoramalage**. Der Blick sowohl nach Westen Richtung Bodensee als auch süd- und ostwärts auf mehr als 100 Berggipfel der Allgäuer, Vorarlberger und Schweizer Alpen ist grandios. Zudem ist Scheidegg ein ›heilklimatischer Kurort‹ und die überdurchschnittlich hohe Sonnenscheindauer von 1600–2000 Sonnenstunden pro Jahr bringt bei Gästen weitere Pluspunkte. Wintersportler kommen hier ebenfalls auf ihre Kosten, denn an den Hängen des ›Hausbergs‹ Pfänder gilt im Winter zuverlässig: Langlauf, Rodeln, Snowboard gut ...

Kunstinteressierte besuchen im Ort gern die klassizistische Pfarrkirche **St. Gallus** (1797/98), die mit Schnitzaltären und Rokokostuckaturen geschmückt ist. Dagegen zieht es große und kleine Tierfreunde eher auf der B 308 nordwärts, zu den Echsen im **Reptilien-Zoo** (Gretenmühle 9, Tel. 08381/8917538, www.reptilienzoo-scheidegg.com, Febr.–Nov. Sa–Do 10–18 Uhr).

i Praktische Hinweise

Information

Tourist Information, Stadtplatz 1, 88161 Lindenberg im Allgäu, Tel. 08381/80328, www.lindenberg.de

Scheidegg-Tourismus, Rathausplatz 4, 88175 Scheidegg im Allgäu, Tel. 08381/89555, www.scheidegg.de

Sport und Freizeit

skywalk allgäu, Oberschwenden 25, Scheidegg, Tel. 08381/8961800, www.

›Hut auf‹ heißt es im Hutmuseum in der einstigen Hutfabrik Mercedes von Lindenberg

Absprung vor dramatisch umwölkter Alpenkulisse – Paraglider im Luftkurort Scheidegg

skywalk-allgaeu.de. Baumwipfel-, Waldnaturerlebnis- und Barfußpfad sowie spannender Abenteuerspielplatz

Westallgäuer Flugschule, Allmannsried 61, Scheidegg, Tel. 083 81/62 65, www.westallgaeuer-flugschule.de. Alles fliegt: Drachen-, Gleitschirm, Motorschirmfliegen, Para- und Hanggliding, Trike, UL.

Hotels

Gästehaus Montfort, Höhenweg 4, Scheidegg, Tel. 083 81/14 50, www.gaestehaus-montfort.de. Schöne große Zimmer, im EG mit Terrassen zum Garten. Kleines Schwimmbad im Haus.

TOP TIPP ***Waldsee**, Austr. 41, Lindenberg, Tel. 083 81/926 10, www.hotel-waldsee.de. Feines Hotel im Landhausstil, malerisch am Ufer des tannenbestandenen Waldsees gelegen. Mit Seeterrasse, Café und gutem Restaurant ›Bacalau‹. Ebenfalls im Haus Sauna, Solarium, Fitnessraum und Massageangebot.

Restaurants

Gasthaus zum Hirschen, Kirchstr. 1, Scheidegg, Tel. 083 81/21 19, www.gasthaus-zumhirschen.de. Die gemütliche Gastwirtschaft (seit 1698) bietet vielfältige Allgäuer Küche mit Spezialitäten zu Wild-, Bärlauch- oder Fischwochen (Di ab 14 Uhr, Mi sowie Nov.geschl).

Lindenberger Hof, Hauptstr. 50, Lindenberg, Tel. 083 81/30 40, www.lindenbergerhof.de. Hotelrestaurant mit zeitgemäßer frischer Regionalküche. Küchenchef Herbert Grunert bereitet Leckeres wie Wildkräuterlamm oder Maischolle.

Zu den Scheidegger Wasserfällen

An der B 308 nördlich von Scheidegg in Richtung Lindenberg beginnt am ausgeschilderten Parkplatz der kurze Spazierweg zu den **Scheidegger Wasserfällen** (www.scheidegger-wasserfaelle.de). Zum Auftakt bietet die ›Scheidegger Erlebniswelt‹ einen Kinderspielplatz mit Wasserspielen und hydraulischen Pumpen. Von hier geht es durch schönen Mischwald hügelan. Von der Anhöhe blickt man dann in einen fast kreisrunden Felskessel, in den an der gegenüberliegenden Wand der Rickenbach in zwei Wasserfällen und zahlreichen Rinnsalen über zwei überhängende ›Etagen‹ 18 m und 22 m tief stürzt.

Ostallgäu – Land der Seen und Schlösser

Wahrhaft königliches Vergnügen erwartet den Gast im schönen Ostallgäu. Im **Königswinkel** etwa, an den bewaldeten Ausläufern des Tegelberges in Sichtweite zweier malerisch gelegener Bergseen, ließen sich die bayerischen Könige Maximilian II. und Ludwig II. ihre Traumschlösser errichten. Im Schutze Ehrfurcht gebietender Alpengipfel und mit weiter Aussicht auf das grüne Voralpenland zu ihren Füßen warten **Hohenschwangau** und das Märchenschloss **Neuschwanstein** auf Besucher. Vom Forggensee zwischen Füssen und Schwangau war zum Zeitpunkt ihrer Entstehung freilich noch nichts zu sehen. Er entstand erst in den 1950er-Jahren als Stausee des Lechs. Das von sattem Grün umstandene Wasserreservoir ist heute ein beliebtes Segel- und Surfrevier. Zu so viel landschaftlicher Schönheit kommt in der alten Reichsstadt **Füssen** mit dem Hohen Schloss und dem barocken Prachtbau des Klosters St. Mang auch noch das passende kulturelle Programm. Gern besuchte Kaiser Maximilian I. im frühen 16. Jh. die Handelsstadt, woran jeden Sommer das Kaiserfest erinnert. Das nördlichere **Kaufbeuren** begeht aus demselben Anlass das Tänzelfest. Ansonsten ist die Hauptstadt des Bezirks Ostallgäu vor allem für ihre kirchen- und wehrturmreiche Altstadt sowie die Glas- und Schmuckproduktion im Ortsteil Neugablonz bekannt. Wenige Kilometer vor den Toren Kaufbeurens lohnt das Künstlerdorf **Irsee** mit seiner Handwerks- und Kleinkunstszene und der barocken früheren Klosterkirche einen Besuch.

Auch Sport und Erholung kommen im Ostallgäu nicht zu kurz, dafür sorgen beispielsweise der Kurort **Marktoberdorf**, wo der *Prälaten-Fernwanderweg* beginnt. Auch die Bayerische Musikakademie im hiesigen Kurfürstlichen Schloss erfreut sich überregionalen Renomees. Skifahrer zieht es auf die Loipen und Pisten höher gelegener Feriendomizile wie **Pfronten**, in deren bergiger Umgebung man auch ausgezeichnet wandern und Rad fahren kann.

14 Irsee

Kleines Künstlerdorf mit großartiger Klosterkirche.

7 km nördlich vor den Toren Kaufbeurens liegt Irsee in einem dicht bewaldeten Seitental der Wertach. Überregionale Bedeutung erlangte der an sich beschauliche Marktflecken (1400 Einw.) durch sein **Benediktinerkloster**, das im Jahr 1182 aus einer Einsiedelei entstand. Nach der Säkularisation diente es ab 1849 als ›Schwäbische Kreisirrenanstalt‹. Kein Jahrhundert später setzte das NS-Regime auch hier seine Rassenideologie ins Werk, etwa 1200 geistig behinderte Menschen wurden bis 1945 umgebracht. Inzwischen erinnert ein **Mahnmal** hinter der Klosterkirche an diese Ereignisse. Nachdem die psychiatrische Anstalt 1979 aufgelöst worden war, erfolgte der Umbau zum heutigen Tagungshotel.

Das erste Gotteshaus wurde 1195 geweiht, heute prunkt Irsee mit der reich ausgestatteten barocken Klosterkirche **Mariä Himmelfahrt** und **Peter und Paul** (in der Regel tgl. 8–19 Uhr, Führungen nach Anmeldung, Kirche Tel. 08341/5622, Kloster und Kirche Tel. 08341/90600). Sie entstand 1699–1729 zeitgleich mit der

Oben: *Der Weißensee bei Füssen ist ein beliebter Badeplatz mit schöner Aussicht*
Unten: *Dank nächtlicher Beleuchtung wirkt Hohenschwangau heute noch märchenhafter*

Barockes Meisterwerk ganz in Weiß – die Klosterkirche Mariä Himmelfahrt in Irsee

benachbarten Vierflügelanlage des ehem. Klosters hauptsächlich unter Leitung des Vorarlberger Baumeisters Franz Beer (1660–1726). Dieser schuf einen hellen kreuzförmigen Kirchenraum im sog. *Vorarlberger Wandpfeilerstil* mit einer umlaufenden *Galerie* im Obergeschoss. Die hohe Decke und beide Seitenschiffe sind reich mit dekorativen Stuckaturen von Joseph Schmuzer (1687–1752) geschmückt, die Fresken schuf Bruder Magnus Remy (1674–1734). Obwohl alle Gestaltung der Kirche auf den *Hochaltar* mit einem Bild

Glanzstück der Klosterkirche ist die Schiffskanzel mit dramatisch bewegten Figuren

der Himmelfahrt Mariens ausgerichtet ist, ist doch die sog. *Schiffskanzel* an einem Pfeiler links im Langhaus das kunsthistorisch herausragende Ausstattungsstück. Der Türkheimer Bildhauer Ignaz Hillenbrand schuf sie 1725 in Schiffsform mit blau gefasstem Segel über dem Schalldeckel, vergoldeter Takelage und Putten als himmlischen ›Seeleuten‹, wohl als Wortspiel auf den Ortsnamen Irsee: Himmlische Mächte geleiten die Menschen über das stürmische Meer. Weitere bemerkenswerte Kunstwerke sind die Figur einer Mondsichel-Madonna von 1520 auf dem rechten Seitenaltar sowie das Gestühl von 1705–15 aus Eichenholz.

Heute bietet im ehem. Kloster die **Schwabenakademie Irsee** des Schwäbischen Tagungs- und Bildungszentrums (s. u.) Fortbildungen und kunstorientierte Kurse an. Auch wer nicht hier logiert, sollte einen Blick in das stuckgeschmückte und 1729–35 farbenfroh ausgemalte barocke Treppenhaus werfen, dessen Deckengemälde Franz Anton Erler zugeschrieben wird. Es ist im Rahmen einer Führung (Tel. 08341/90600) zu sehen, die je nach Seminarplan auch durch den einstigen Kapitelsaal, ein kleines Hausmuseum und die Bibliothek führt.

Interessant ist auch das **Brauereimuseum** (Klosterring 1–3, tgl. 9–19 Uhr, Brauereiführungen ab 10 Personen nach Anmeldung, Tel. 08341/432200, www.irsee.com) der Klosterbrauerei. Es zeigt in einer umgebauten alten Tenne allerlei Wissenswertes zur Geschichte der Braukunst und ergänzt die historischen Exponate wie eine frühe Kronkorkenmaschine mit einem Blick durch große Glasscheiben auf moderne Sudkessel.

In Irsee selbst leben zahlreiche Künstler und Kunsthandwerker, bei einem Bummel durch das Dorf entdeckt man im Park beim Rathaus, im Biergarten der lokalen Kleinkunstbühne oder vor einer Schmiedewerkstatt manch skurrile Fantasieskulptur. Auch der große *Töpfer- und Kunsthandwerkermarkt* am letzten Juni- und der *Weihnachtsmarkt* am 3. Adventswochenende ziehen viele Gäste an.

i Praktische Hinweise

Hotel

TOP TIPP **Schwäbisches Tagungs- und Bildungszentrum Irsee**, Klosterring 4, Irsee, Tel. 08341/90600, www.kloster-irsee.de. Eigentlich ein Tagungs- und Seminarhotel in den Räu-

Zünftig geht es während des alljährlichen Tänzelfestes der Kaufbeurer Altstadt zu

men des früheren Klosters, doch auch Privatreisende können an der Rezeption anfragen, ob eines der großen luftigen Zimmer frei ist.

Restaurants

Altbau, Klosterring 9, Irsee, Tel. 083 41/ 27 66, www.irsee.de/altbau. Kneipe, Café, Restaurant, Galerie und Kleinkunstbühne, zentral zwischen Klosterkirche und Rathaus gelegen.

Klosterbräu Braugasthof, Klosterring 1, Irsee, Tel. 083 41/43 22 00, www.irsee.com. In den ausgedehnten Gasträumen in früheren Wirtschaftsgebäuden neben dem Kloster wirf Kräftiges wie Spanferkelkrustenbraten, Grillente oder Topfenstrudel serviert. Darüber bietet das ›Klosterbräu Hotel‹ rustikal eingerichtete, gleichwohl komfortable Zimmern.

15 Kaufbeuren

Mittelalterromantik und das älteste Kinderfest Bayerns mehren den Ruhm der ehem. Reichsstadt.

Schon bei der Anfahrt auf Kaufbeuren (42 000 Einw.) künden die Türme an den Kirchen und entlang der Stadtmauer von der ruhmreichen Vergangenheit des alten Handelszentrums. Apart ragen sie vor der Kulisse der Alpenkette im Süden aus dem bewaldeten Hügelland auf. In dieser reizenden Gegend im Tal der Wertach entstand um 740 ein **fränkischer Reichshof**, von dem aus der umliegende Reichsgutbezirk verwaltet wurde. Ende des 11. Jh. fiel der aufstrebende Ort an die Edelherren von Buron, deren Familie zwar Ende des 12. Jh. ausstarb, Kaufbeuren jedoch ihren Namen hinterließ.

1286 bestätigte König Rudolf von Habsburg den hiesigen Kaufleuten die **Stadtrechte**, eine mächtige Stadtmauer und prachtvolle Bürgerhäuser demonstrierten den Wohlstand auch baulich. Es folgte eine bemerkenswerte Blütezeit: *Kaiser Maximilian I.* (1459–1519) kam oft (14 Mal) und gern zu Besuch, berühmte Künstler wie der viel beschäftigte Holzschnitzer *Jörg Lederer* (um 1475–1550) ließen sich in Kaufbeuren nieder. Gingen die Bauernkriege in der ersten Hälfte des 16. Jh. noch glimpflich vorbei, musste Kaufbeuren während des **Dreißigjährigen Krieges** 1618–48 schlimme Verwüstungen hinnehmen, die zu einem wirtschaftlichen Niedergang führten. Daran änderte auch die ab 1802 einsetzende bayerische Verwaltung nur wenig. Ein Aufschwung setzte erst ein, als sich nach dem Zweiten Weltkrieg *Flüchtlinge* und *Aussiedler* aus dem Riesengebirge in einem Vorort nordöstlich von Kaufbeuren niederließen. Sie kamen größtenteils aus der Gegend um die Glasmacherstadt Gablonz an der Neiße, nannten ihre neue Heimat *Neugablonz* und produzierten auch hier bald überaus erfolgreich **Modeschmuck**.

Heute ist Kaufbeuren ein blühender **Industriestandort** mit sorgfältig restauriertem mittelalterlichen Ortskern, der in Teilen noch von der turmbewehrten Stadtmauer umgeben ist. Überregionale Anziehungskraft übt jedes Jahr in der Woche vor Beginn der Sommerferien das **Tänzelfest** (www.taenzelfest.de) aus, bei dem Kinder in historischen Gewändern den Einzug Kaiser Maximilians I. im Jahr 1497 nachspielen. Den großen Umzug – komplett mit Kutschen und Reiterei – sowie Lagerleben in der ganzen Altstadt ergänzen Musikkapellen, Fanfarenbläser, Fahnenschwinger, Soldatenhaufen und Gaukler.

Eine besonders stimmungsvolle Kulisse für das Tänzelfest bildet die **Kaiser-Max-Straße** 1 inmitten der Altstadt. Prächtige Bürgerhäuser säumen das kopfsteingepflasterte ›Aushängeschild‹ der Stadt, darunter die Geburtshäuser der Autorin *Sophie de la Roche* (1730–1807) und des Schriftstellers *Ludwig Ganghofer* (1855–1920). Angemessener Abschluss der Straße ist das **Rathaus** 2 an ihrem östlichen Ende mit seiner altrosa Neorenaissance-Fassade. Der stolze dreistöckige Bau mit Freitreppe und Balkon entstand 1879–81, Dach und Fassade wurden nach einem Brand im Jahr 1960 nur vereinfacht erneuert. Etwas weiter westlich befindet sich beim *Neptunbrunnen* von 1753 die evangelische **Dreifaltigkeitskirche** 3 (tgl. 8–18 Uhr) mit gelb-weißer Fassade und barock geschwungenem Ziergiebel. Ihr großer einschiffiger Innenraum ist mit barockem Stuck geschmückt, wirkt jedoch recht niedrig. Das deutet auf die ursprüngliche Nutzung des Gebäudes als *Kaiserhalle* hin. Kaiser Maximilian I. hatte sie 1504 als Stadtquartier gekauft. 1604 wurde sie zum Gotteshaus umgebaut. Der markante, 44 m hohe Kirchturm kam erst 1820/21 hinzu.

Schräg gegenüber führt eine schmale Gasse zum verhältnismäßig kleinen Kirchplatz, in dessen Mitte sich die katholische Stadtpfarrkirche **St. Martin** 4 (www.st-martin-kaufbeuren.de, Mai–Okt. Mo/Mi–Fr 8–18, Di 13–18, Sa/So 9–18, sonst bis 17 Uhr) erhebt. Sie geht auf eine romanische Basilika aus dem frühen 13. Jh. zurück, die 1438–43 gotisch erweitert, um 1700 barockisiert

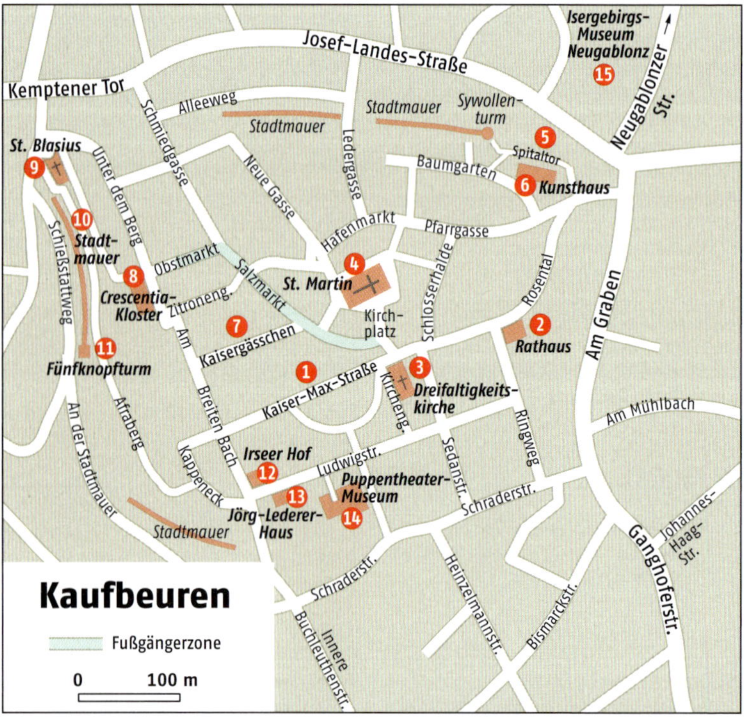

Am schmucken Rathaus endet Kaufbeurens Prachtmeile, die Kaiser-Max-Straße, im Osten

und 1893–99 neogotisch überformt wurde. Der 68 m hohe Kirchturm stammt aus dem Jahr 1403. Unter den im hohen dreischiffigen Innenraum eher spärlich wirkenden Ausstattungsstücken nimmt der *Volksaltar* im Chor eine Sonderstellung ein. Von Weihnachten bis zur Fastenzeit und von Ostern bis Pfingsten zeigt er das spätgotische Schnitzrelief ›Die Anbetung der Heiligen Drei Könige‹ (um 1520) von Hans Kels d. Ä., von Pfingsten bis zum Vortag des ersten Advent das moderne Gemälde ›Das Wirken des Heiligen Geistes‹ (1990) von Otto Knobel.

Vom Kirchplatz in nordöstlicher Richtung weist der leuchtend weiße runde Sywollenturm (um 1420) den Weg zum Platz am **Spitaltor** 5. Hier entstand 1996 in Glas und Beton das **Kunsthaus** 6 (www.kunsthaus-kaufbeuren.de, Di–Fr 10–17, Do 10–20, Sa/So 11–17 Uhr) für Ausstellungen zeitgenössischer Künstler.

Hält man sich von der Martinskirche aus links, gibt es jenseits der Fußgängerzone weitere schmucke Altstadtwinkel zu entdecken. Malerisch ist das **Kaisergässchen** 7. Hier ist in einem historischen Bürgerhaus aus der Mitte des 18. Jh. das bis auf Weiteres geschlossene *Stadtmuseum* (www.stadtmuseum-kaufbeuren.de) zuhause. Nach Wiedereröffnung im Sommer 2013 sind in den neu gestalteten Räumen dann wieder der Eulenpokal, Hinterglasbilder aus protestantischem Umfeld und andere Kostbarkeiten zu sehen.

Nahebei erheben sich die hohen weißen Mauern des **Crescentia-Klosters** 8 (Am Obstmarkt 5, Tel. 08341/9070, www.crescentiakloster.de) der Franziskanerinnen. Es erfreut sich spätestens seit der Heiligsprechung seiner einstigen Äbtissin Sr. Crescentia (1682–1744), geb. Anna Höss, im Jahr 2001 regen Interesses. Im Klosterinneren dokumentiert die *Crescentia-Gedenkstätte* Leben und Wirken der Mystikerin. Am Breiten Bach befindet

Hinterglasbilder und weitere historische Raritäten zeigt das neu gestaltete Stadtmuseum

Der Allgäu-Radweg

Der **Allgäu-Radweg** (119 km) führt, immer in Sichtweite der Alpenkulisse, durch das Voralpenland. Besonders angenehm zu fahren sind jene Teilstücke, die auf ehemaligen Bahntrassen verlaufen. Dazu gehört der Weg von Schongau, dem Startort im Osten (hier gibt es auch einen Bahnhof) nach Kaufbeuren und von Kempten nach Isny, dem westlichen Zielpunkt der Tour. Im Baden-württembergischen ändert der Allgäu-Radweg seinen Namen in **Radwanderweg Allgäu** und führt in einem weiten Rundkurs (weitere ca. 100 km) von Isny über Leutkirch und Altusried zurück nach Kempten. Auch er ist gut zu fahren, da die Strecke ebenfalls ehemalige Bahntrassen nutzt.

sich der Eingang zum rückwärtigen Bereich des Gebäudes, wo in der *Klosterkapelle* (Mo/Mi 6.30–18, Di/Sa 7–17, Do/So 7–18, Fr 11–18 Uhr) die als Reliquien verehrten sterblichen Überreste Crescentias in einem gläsernen Sarg ruhen.

Unweit des Klosters führt der Weg Unter dem Berg teilweise recht steil auf einen lang gestreckten Höhenrücken. Der Aufstieg lohnt sich zum einen wegen der herrlichen **Aussicht** über Stadt und Umland, zum anderen wegen der TOP TIPP spätgotischen Kirche **St. Blasius** 9 (Di–So 10–11 und 14–16 Uhr). Das Gotteshaus blieb seit seiner Entstehung im 15./16. Jh. unverändert erhalten. Sein lichtdurchfluteter Innenraum birgt unter leichtem Spitzgratgewölbe wahre Kunstschätze. So zeigt im Langhaus ein um 1510/20 gewirkter *Bildteppich* den von Tieren umgebenen hl. Blasius, daneben thematisieren 66 *Bildtafeln* aus dem 15. Jh. die Lebensgeschichten von Heiligen und die Aussendung der Apostel. Künstlerische Krönung der Kirche ist aber der dreiteilige, farbig gefasste und reich mit Maßwerk verzierte *Schnitzaltar* (1518) von Jörg Lederer.

Nebenan erstreckt sich entlang des Höhenrückens ein Stück der historischen **Stadtmauer** 10 mit überdachtem Wehrgang, den man im Rahmen einer Stadtführung begehen kann. Folgt man dem Weg am Fuß der Mauer, kommt man zum Wahrzeichen Kaufbeurens, dem **Fünfknopfturm** 11 von 1420. Seinen Namen verdankt er den ›Knöpfen‹ auf den vier kleinen und der großen Turmspitze. Zur Stadt hin zeigt ein mächtiges Holzschild, die Wappen der Mittelmächte des Ersten Weltkriegs (Türkei, Bulgarien, Deutsches Kaiserreich, Österreich-Ungarn).

Anschließend führt der Weg über den Afraberg wieder hinunter in eine besonders lauschige Ecke der Altstadt. Das gelbe Erkerahaus am Treffpunkt der Gasse Am Breiten Bach mit der Ludwigstraße etwa gehört zum Ensemble des **Irseer Hofs** 12, einem ehemaligen Beginenhof, der 1501 an das Kloster Irsee [Nr. 14] fiel. Schräg gegenüber markiert eine Tafel das unscheinbare **Jörg-Lederer-Haus** 13, in dem der Meisterschnitzer (1475–1550) 1507–50 lebte und arbeitete. Und etwas weiter erfreut im rückwärtigen Spielber-

Der gläserne Sarg der hl. Crescentia wird in der Kapelle des Crescentia-Klosters aufbewahrt

gerhof das **Puppentheater-Museum** ⑭ (Ludwigstr. 41 a, www.puppenspielverein.de, Tel. 08341/14121, Do–Sa 10–12 und 14.30–17, So 10–12 Uhr) mit Puppen, Marionetten, Bühnenaufbauten und Theaterplakaten aus Europa und Asien nicht nur junge Besucher.

Im Nordosten Kaufbeurens entstand 1946 durch die Ansiedlung Sudetendeutscher der Stadtteil Neugablonz, die größte Vertriebenensiedlung Deutschlands. Die Flüchtlinge brachten die Kunst der Glasverarbeitung mit ins Allgäu. Im Gablonzer Haus informiert das **Isergebirgs-Museum Neugablonz** ⑮ (Marktgasse 8, Tel. 08341/965018, www.isergebirgs-museum.de, Di–So 14–17 Uhr) an die Geschichte der Neusiedler und die jahrhundertealte Glasmachertradition im Sudetenland. Probierstationen laden ein, selbst Hand anzulegen.

Praktische Hinweise

Information

Tourist Information, Kaiser-Max-Str. 3a, 87600 Kaufbeuren, Tel. 08341/437850, www.kaufbeuren.de/tourismus. Stadtführungen Mai–Okt. Mi/Sa 11, Nov.–April So 14.30 Uhr

Sport und Freizeit

Eisstadion, Berliner Platz 4, Kaufbeuren, Tel. 08341/3300, www.esvk.de. Winterlicher Publikumslauf im Heimstadion des Eishockeyvereins ESV Kaufbeuren.

Hotel

Hotel Hasen, Ganghoferstr. 7–8, Kaufbeuren, Tel. 08341/966190, www.hotel-hasen.com. Unprätentiöse angenehme Gästezimmer in einem umgebauten Vierecklhof am östlichen Altstadtrand. Bodenständiges Restaurant ›Allgäuer Stuben‹.

Restaurant

Weberhaus, Kaiser-Maximilian-Str. 4, Kaufbeuren, Tel. 08341/2504. Traditionsreiches Eckhaus an der Einmündung der Fußgängerzone (Salzmarkt). Unten Café mit eigener Confiserie, im ersten Stock Mittagstisch und kleine Zwischenmahlzeiten. Nicht billig, aber gut.

Café

Kirschkern, Am Spitaltor 2, Kaufbeuren, Tel. 08341/2824, www.kaffeebar-kirschkern.de. Kaffee, Tee oder ein umfangreicherer Imbiss im Kunsthaus in der Altstadt (Mo geschl.).

Der die Stadtmauer überragende Fünfknopfturm ist das Wahrzeichen von Kaufbeuren

16 Marktoberdorf

Lindenallee, Schloss und Rokokokirche in rühriger Kreisstadt.

›MOD‹, wie die Kreisstadt des Landkreises Ostallgäu nach ihrem früheren Autokennzeichen oft noch etwas flapsig genannt wird, fristete nach der Ortsgründung im 6. Jh. lange Zeit ein genügsames Dasein im hier breiten Wertachtal. Seit dem 8. Jh. unterhielten die Franken in der Siedlung einen Reichshof, 1150 ist sie urkundlich als **›oberes Dorf‹** erwähnt. Im Jahr 1299 erhielt das Hochstift Augsburg den Ort als Lehensgut, 1453 erfolgte die Erhebung zum **Markt** Oberdorf. Ab 1774 sorgte der Salzhandel zwischen Reichenhall und der Bodenseeregion für Wohlstand. Zusammen, nämlich Marktoberdorf, schreibt man den Namen erst seit der Ernennung zur **Stadt** 1953. Dies trug dem erheblichen Wachstum Rechnung: Nicht zuletzt wegen dem Zuzug zahlreicher Kriegsflüchtlinge hat sich die Einwohnerzahl von 2800 im Jahr 1945 auf heute rund 18 000 vervielfacht.

Auf einer Anhöhe im Osten überragen ein beeindruckendes Schloss und ein schlanker Zwiebelturm die Altstadt. Letzterer gehört zur Stadtpfarrkirche **St. Martin**, die Johann Georg Fischer 1732 errichtete. Mitte des 8. Jh. hatte sich an dieser Stelle bereits eine Reichshofkirche befunden, die um das Jahr 1200 einem romanischen Gotteshaus wich. Die heutige barocke Pracht des einschiffigen Innenraums wird durch den filigranen Stuck von Abraham Bader und die starkfarbigen Fresken von Franz Georg Hermann noch gesteigert.

Vergleichsweise schlicht geriet Fischer das benachbarte *Schloss*, das er bereits 1723–28 als Jagdschloss für den Augsburger Fürstbischof Wenzeslaus anstelle eines erstmals 1424 erwähnten Vorgängerbaus schuf. In dem 1761 erweiterten, fortan vierflügeligen Barockbau fand die **Bayerische Musikakademie Marktoberdorf** (Kurfürstenstr. 19, Tel. 083 42/961 80, www.modakademie.de) eine stilvolle Heimat.

Ein für das Allgäu ungewöhnliches Naturdenkmal ist die 2 km lange **Lindenallee**, die 1774–80 angelegt wurde und mithin seit bald 250 Jahren Schloss und Stadt verbindet. Hier beginnt auch der *Prälatenweg*, ein 140 km langer Fernwanderweg nach Kochel am See.

In Marktoberdorf selbst beherbergt das baulich nüchterne Martinsheim von 1938/39 in der Eberle-Kögl-Str. 11 auf zwei Stockwerken gleich drei Sammlungen. Das **Stadtmuseum** (Tel. 083 42/419 82, So 10–12 und 14–16, Mi 14–16 Uhr) zeigt Exponate zur Früh- und Stadtgeschichte, zum lokalen Handwerk und zur Industrieentwicklung. Hauskreuze sind zu sehen, traditionelle Trachten und Mobiliar aus dem 18. und 19. Jh., Mausefallen, Trudensteine und historische Fendt-Schlepper. Nebenan erinnert das **Riesengebirgsmuseum** (Tel. 083 42/955 45, Mi und jeden 2. und 4. So im Monat 14–16 Uhr) an die alte Heimat von rund 1800 Flüchtlingen, die sich nach dem Zweiten Weltkrieg in der Region niederließen. Des weiteren beherbergt das Haus im **Paul-Röder-Museum** (Tel. 083 42/419 82, jeder 2. So im Monat 14–16 Uhr) Gemälde, Waffen aus aller Welt und Stilmöbel des Marktoberdorfer Kunstmalers Paul Röder (1896–1962).

Nicht weit davon zeigt das **Künstlerhaus** (Kemptener Str. 5, Tel. 083 42/91 83 37, www.kuenstlerhaus-marktoberdorf.de, bei Ausstellungen: Di–Fr 15–18, Sa/So 14–18 Uhr) im modernen kubischen Klinkerbau schwäbische Kunst des 20. Jh.

Kohlhunden

Archäologisch Interessierte finden bei dem Dorf Kohlhunden, 5 km südlich von Marktoberdorf, die Fundamente eines **Römerbades** (Tel. 083 42/415 88, www.roemerbad-marktoberdorf.de, So 10–12 Uhr, im Winter nur nach telef. Anmeldung) aus dem 2./3. Jh. Die kleine Anlage gehörte

Elegant und lichtdurchflutet präsentiert sich das Innere der Stadtpfarrkirche St. Martin (1732)

Einen prachtvollen Anblick bietet die mehr als 200 Jahre alte Lindenallee in Marktoberdorf

einst zu einer *Villa rustica*. Es ist der größte bislang im Allgäu bekannte römische Gutshof. Nebenan sind Nachbildungen von vor Ort gefundenen Weihegefäßen aus herrlich rot glänzender *Terra sigillata* sowie römische Kuhglocken zu sehen. Zu einem Spaziergang durch die Umgbung um Kuhstall- und Ettwieserweiher lädt der Natur- und Lehrpfad **Terra Nostra & Klobunzele** Jung und Alt ein.

i Praktische Hinweise

Information

Touristikbüro Marktoberdorf, Richard-Wengenmeier-Platz 1, 87616 Marktoberdorf, Tel. 08342/400845, www.touristik-marktoberdorf.de

Hotel

*****Sepp**, Bahnhofstr. 13, Marktoberdorf, Tel. 08342/7090, www.hotelsepp.de. Gegenüber dem Bahnhof gelegenes Hotel. Restaurant, Café, Tagesbar und Kegelbahn im Haus, (Aug. und Fr/So geschl.). Kneipptretanlage im Garten.

Restaurants

Elbseerestaurant, Am Elbsee 1, Aitrang (8 km nordwestl. von Marktoberdorf), Tel. 08343/330, www.restaurant-elbsee.de Herrlich am Ufer des Elbsees gelegenes Ausflugslokal mit Biergarten.

Hirsch, Georg-Fischer-Str. 1, Marktoberdorf, Tel. 08342/2342, www.hotel-hirsch-mod.de. In der rustikalen Gaststube schmecken die Schwäbischen Schupfnudeln, die Rinder-Roulade ›Bürgerlich‹ oder der gebratene Wildschweinrücken ganz vorzüglich.

Voglerwirt, Mühlbichl 24, Leuterschach (5 km südl. von Marktoberdorf), Tel. 08342/2507, www.voglerwirt.de. Speisen aus regionalen Produkten, Wild aus eigener Jagd und Hausschlachtung mit eigener Wursterei (Mo geschl.).

Die Dampflokrunde

Wie der Allgäu-Radweg (s. S. 72) nutzt auch die Dampflokrunde (ca. 80 km) teilweise einstige Bahntrassen, so auf der Strecke von Kaufbeuren zum Sachsenrieder Forst und später von Marktoberdorf zurück nach Kaufbeuren. Fährt man von Kaufbeuren aus zunächst in Richtung Osten, also im Uhrzeigersinn, so ist ab Kaltental ein relativ steiler Anstieg zu bewältigen, der den Radler von ca. 700 m binnen 7 km auf etwa 855 m bringt. Auch im weiteren Verlauf sind einige Anstiege zu überstehen, dem Radlvergnügen schadet das aber nicht.

Auf dem Weg nach Neuschwanstein: Blick auf St. Coloman vor Bergpanorama

17 Schwangau

Vier Seen und ein Märchenschloss am Alpensaum.

Die bayerischen Könige liebten Schwangau, diesen malerischen Flecken Erde unterhalb hoher Alpengipfel. Bekannteste Manifestation dieser Zuneigung ist Schloss Neuschwanstein zu Füßen des Tegelbergs. Uns heutigen bietet der **heilklimatische Kurort** (3400 Einw.) neben dem imposanten Anblick der nahen Königsschlösser dank seiner Nähe zu Alpsee, Schwansee, Bannwaldsee und Forggensee ausgezeichnete *Wassersportmöglichkeiten*. Überdachtes Badevergnügen verspricht die **Königliche Kristall-Therme** (Am Ehberg 16, Tel. 083 62/81 96 30, www.kristalltherme-schwangau.de) am Kurpark. Für Entspannung sorgen Natursole-Heilwasser, Sauna, Meditationsgrotte und Warmwasseraußenbecken mit grandioser Aussicht auf Schloss Neuschwanstein.

Für die allermeisten Besucher ist dieser Anblick auch der Hauptgrund für einen Besuch von Schwangau. Wie kein anderes Bauwerk repräsentieren Neuschwanstein und sein Erbauer Ludwig II. in aller Welt das Bundesland Bayern. Jedoch mießfiel dem Haus Wittelsbach, dessen Angehörige fast 700 Jahre lang als Herzöge oder Könige die Geschicke Bayerns bestimmte, diese Fokusierung auf ein einziges Bauwerk seit jeher. Daher beförderten die Wittelsbacher auch das **Museum der bayerischen Könige** (Alpseestr. 27, Tel. 083 62/926 46 40, www.museumderbayerischenkoenige.com, Okt.–März tgl. 10–18, April–Sept. 9–19 Uhr, Führungen tgl. 11 und 15 Uhr). Hier kommt im traditionsreichen Bau des ehemaligen Hotel Alpenrose direkt am malerischen Alpsee jeder einzelne Herrscher zu seinem Recht. So kommt beispielsweise das Reinheitsgebot zur Sprache und das Pompejanum, zu sehen sind Krönungsornate aus dem 15. Jh. ebenso wie aus dem 20. Jh. ein Porzellanservice.

Etwas außerhalb Schwangaus begeistert der Anblick der Wallfahrtskirche **St. Coloman**. Johannes Schmuzer errichtete das barocke Schmuckstück ab 1673 zu

In Neuschwansteins Thronsaal wollte Ludwig II. den Prunk mittelalterlicher Könige übertreffen

Ehren des irischen Mönchs und Märtyrers. Das Innere ist nur selten zugänglich.

Doch nun zu den **Königsschlössern** Neuschwanstein und Hohenschwangau (Besichtigung nur im Rahmen von Führungen, Eintrittskarten ausschließlich im Ticket-Center Hohenschwangau, Alpseestr. 12, Tel. 08362/930830, www.ticket-center-hohenschwangau.de, Ticketverkauf für Schloss Neuschwanstein April–Sept. tgl. 8–17, Okt.–März 9–15 Uhr; Ticketverkauf für Schloss Hohenschwangau, April–Sept. tgl. 8–17.30, Okt.–März 9–15.30 Uhr, Tournummern und verbindliche Einlasszeiten sind auf den Tickets vermerkt).

Schloss Neuschwanstein

Der Anblick ist fast zu schön um wahr zu sein: Über grünen Baumwipfeln, im Herbst apart getupft von bunt gefärbten Laubkronen, streben weiße zinnenbekrönte Mauern himmelwärts, überragt von schlanken Türmen und Kemenaten, Zugbrücke und Gatter sichern das hohe Einlasstor. Allerdings fehlt Neuschwanstein die Verankerung in der Geschichte, das Schloss ist der Stein gewordene Traum König Ludwigs II. (1845–1886), des bayerischen ›Märchenkönigs‹. Anstelle der Ruinen der Doppelburg Vorder- und Hinterschwangau entstand es ab 1869 auf steiler Felsenhöhe über der Schlucht der rauschenden Pöllat. Eine mittelalterliche Ritterburg nach dem Vorbild der Wartburg sollte es werden, kein Aufwand war dafür zu groß. Doch nach Ludwigs Tod 1886 wurden die Arbeiten an dem unvollendeten Schloss eingestellt. Von den ursprünglich geplanten Bauteilen

Auf den Tegelberg

Die abwechslungsreiche Landschaft um Schwangau gibt sich mal pastoral in der Nähe des Forggensees, mal felsenschroff auf dem Gipfel des

TOP TIPP

Tegelberges. Die Aussicht von oben sollte sich kein Besucher des Königswinkels entgehen lassen.

Hinauf führen die Tegelbergbahn (s. u.) oder eine angenehme Wanderung (einfach 4,5 Std., 900 HM). Letztere beginnt an der Tourist Information von Hohenschwangau und führt zunächst durch die Pöllatschlucht unterhalb von Schloss Neuschwanstein und über den Wasserleitungsweg zum **Gasthaus Bleckenau** (Tel. 08362/81181, www.berggasthaus-bleckenau.de, Frühling–Anf. Nov. tgl. 9–18 Uhr), einst Jagdhütte König Ludwigs. Anschließend führt der Naturlehrpfad **Ahornreitweg** zum Gipfel des Tegelbergs. Natürlich kann man den Weg auch in entgegengesetzter Richtung gehen – die Stationen sind bergab nummeriert. Von und zur Bleckenau verkehrt der Bleckenau-Bus (ab Tourist Info Hohenschwangau tgl. 9, 10, 11, 13, 15.30, letzte Talfahrt 17.30 Uhr).

Tegelbergbahn, Talstation Tegelbergstr. 33, Schwangau, Tel. 08362/98360, www.tegelbergbahn.de. Die Kabinenbahn bringt Wanderer, Gleitschirm- und Drachenflieger auf den aussichtsreichen Tegelberg. Im Sommer sorgt die 760 m lange Rodelbahn (11–17 Uhr) für Schwung.

waren lediglich Torbau und Haupthaus (Palas) fertig gestellt. Entsprechend enttäuscht zeigen sich mitunter Besucher nach dem etwa halbstündigen **Rundgang** durch Schloss Neuschwanstein. Sie hätten sich wohl angesichts der fantastischen Außenansicht eine prächtigere Innengestaltung vorgestellt, obwohl bei der Ausstattung nicht an kostbarem Marmor und edlen Hölzern gespart wurde. Zu sehen sind im Erdgeschoss des Hauptgebäudes *Schlossküche* und Nebenräume, im 3. Stock die Wohnräume des Königs und der *Thronsaal*. In der nach der Tropfsteinhöhle aus dem Tannhäuserzyklus geschaffenen Grotte hinter dem Wohnzimmer des Königs zeigt sich Ludwigs Vorliebe für die germanische Sagenwelt. Gleiches gilt für die Wand- und Deckengemälde in den übrigen Gemächern mit Motiven aus den Geschichten um Sigurd, Parzival, Lohengrin sowie Tristan und Isolde. Im *Sängersaal* im 4. Stock finden im Sommer/Herbst *Schlosskonzerte* (Tourist Information Schwangau, Tel. 08362/ 819831) mit klassischer Musik statt.

TOP TIPP Schloss Hohenschwangau

Dass Ludwig II. den Felsgrat nahe Schwangau als Standort für sein ›Märchenschloss‹ wählte, kam nicht von ungefähr. Immerhin hatte der ›Kini‹ im benachbarten Schloss Hohenschwangau einen Großteil seiner Jugend verbracht. Das stattliche Anwesen geht auf eine

Die Schwarze Madonna erhielt ihr dunkles Inkarnat ursprünglich vom Ruß der Kerzen

Himmlischer Beistand

Wallfahrten haben im ländlichen, katholisch geprägten Allgäu eine lange Tradition. Noch heute besitzt fast jede Gemeinde eine wundertätige Reliquie oder ein **Gnadenbild**. Letzteres bezeichnet allgemein ein Gnaden spendendes Abbild Jesu, Mariens oder eines/einer Heiligen in Form eines Gemäldes oder einer Skulptur. Eine Wallfahrt zu ihnen kann noch heute unter bestimmten Voraussetzungen einen Sündenablass bewirken. Das gilt übrigens auch für Kopien besonders wirksamer Gnadenbilder. In der Mindelheimer Gnadenkapelle etwa wird **Maria Schnee** verehrt, ein Bild der Muttergottes als Halbfigur mit dem Jesusknaben auf dem linken Arm. Die Darstellung folgt der Ikone, der Legende nach ein vom Apostel Lukas gemaltes Porträt Mariens. Erst ein päpstlicher Erlass in den 60er-Jahren des 16. Jh. gab die Erlaubnis, dieses wundertätige Gnadenbild zu kopieren. Die Originalikone ›Salus Populi Romani‹ ziert den Marienaltar der Capella Paolina von Santa Maria Maggiore auf dem Esquilin-Hügel in Rom. Die Kirche selbst war bereits im 4. Jh. aufgrund des sog. Schneewunders gegründet worden.

Auch die **Schwarze** oder **Einsiedel-Madonna** ist im Allgäu häufig zu finden, so in der Klosterkirche von Bad Wörishofen oder in der Marienkapelle der Buxheimer Kartause. Bei ihr handelt es sich um eine stehende Marienfigur mit Kind auf dem Arm, klassischerweise rot gekleidet. Seine dunkle Haut verdankt das vermutlich aus dem 15. Jh. stammende Original in der Wallfahrtskapelle des Benediktinerklosters Einsiedeln zwar dem Ruß der dortigen Votivkerzen, doch wer wollte es den Gläubigen verdenken, dass sie dieses markante Detail an den ebenfalls als wundertätig verehrten Kopien wiederfinden wollten.

Eine dritte weit verbreitete Mariendarstellung ist die der **Maria Trost**, die etwa in der hübsch gelegenen Wallfahrtskapelle von Nesselwang verehrt wird. Sie geht auf einer Marienstatue zurück, die 1104 auf wundersame Weise von einem Blinden in Turin gefunden wurde. Noch heute wird sie als Stadtheilige im für sie erbauten und nach ihr benannten Santuario della Consolata verehrt.

Burg der Edlen von Schwangau aus dem 12. Jh. zurück, die 1535 von einem Augsburger Kaufmann mit Wehrmauern, Zinnen und Türmen ausgebaut worden war. Später erwarb Ludwigs Vater Maximilian II. (1811–1864) das Schloss und ließ es 1832–36 zum Familienwohnsitz umbauen. Die ockergelben Mauern vermitteln trotz der Zinnen und wuchtigen Türme einen ebenso freundlichen wie wehrhaften Eindruck. Auch die prächtig ausgestatteten **Innenräume** beeindrucken durch ihre teils geradezu private Anmutung, etwa in den Gemächern von Königin Marie oder im Schlafzimmer Ludwigs II. Dessen Decke zum Beispiel konnte durch sternförmige Öffnungen von hinten illuminiert werden, was dem Nachthimmel glich. Königlicher Pomp dann im Thronsaal, der einer byzantinischen Kirche nachempfunden ist, und im Schlafzimmer Maximilians, dessen Wände Bilder einer Orientreise des Königs schmücken.

Wieskirche

Kaum ein Besucher des Ostallgäus lässt sich einen Ausflug ins Oberbayerische zur **Rokokoperle** der Wieskirche entgehen. Einige Kilometer östlich von Steingaden erhebt sich im wahrsten Wortsinn ›auf der Wiese‹ die **Wallfahrtskirche zum Gegeißelten Heiland auf der Waldwiese** (Tel. 088 62/93 90, www.wieskirche.de, Sommerzeit tgl. 8–19, Winterzeit 8–17 Uhr). Schon ihr hoher, geschwungener und säulengeschmückter Eingangsbereich stimmt feierlich auf Großes ein, doch trotzdem übertrifft der helle, überreich mit Fresken, Stuckfiguren, Putten, Altären und Säulen geschmückte, perfekt komponierte Rokokoraum alle Erwartungen. Zu Ehren der als Gnadenbild verehrten hölzernen Prozessionsfigur des ›Gegeißelten Heilands‹ (rechts vor dem Chor) schufen Baumeister Dominikus Zimmermann (1685–1766) und sein als Freskant tätiger Bruder Johann Baptist (1680–1758) hier 1746–54 ein hinreißendes Gesamtkunstwerk. Seit 1983 gehört die Wieskirche zum Weltkulturerbe der UNESCO.

i Praktische Hinweise

Information

Tourist Information Schwangau, Münchener Str. 2, 87645 Schwangau, Tel. 083 62/819 80, www.schwangau.de

Infostelle Hohenschwangau, Alpseestr. 2, 87645 Hohenschwangau, Tel. 083 62/ 81 97 65, www.hohenschwangau.de

Als eine der schönsten Schöpfungen des Rokoko gilt die Wieskirche bei Steingaden

Sport und Freizeit

Bavaria Ballonfahrten, Hitzlerieder Str. 15, Seeg, Tel. 083 64/98 60 68, www.bavaria-ballon.de. Billig ist eine Königswinkel-Ballonfahrt oder die Alpenpanoramafahrt nicht, aber was für ein Erlebnis!

Hotels

******Landhotel Guglhupf**, Füssener Str. 107, Schwangau-Horn, Tel. 083 62/93 96 50, www.hotel-schwangau.com. Helle freundliche Nichtraucherzimmer in der ›Country Lodge‹. Feines Restaurant-Café-Bistro im Haus.

*****Schlosshotel Lisl & Villa Jägerhaus**, Neuschwansteinstr. 1–3, Hohenschwangau, Tel. 083 62/88 70, www.lisl.de. Charmantes Traditionshaus mit freiem Panoramablick auf des Königs Schloss.

Restaurants

Gasthof am See, Forggenseestr. 81, Schwangau-Waltenhofen, Tel. 083 62/ 930 30, www.hotelgasthofamsee.de. Ausflugsrestaurant am Forggensee mit regionaler Küche. Die Desserts aus eigener Konditorei sind verführerisch.

Hanselewirt, Mitteldorf 13, Schwangau, Tel. 083 62/82 37, www.hanselewirt.de. Flädlesuppe, Hirschgulasch, Gorgonzola-Rigatoni oder Bauern-Omelette, die Küche bietet für jeden etwas. Die Gästezimmer im Haus sind ebenfalls gut.

18 Füssen

Die barocke Stadt am Forggensee ist die ›Wiege des Lauten- und Geigenbaus‹.

Segeln, Surfen, Ski fahren, Bergwandern, Wasserkuren, Rad fahren, Drachen fliegen – Füssens **Freizeitangebot** ist ebenso vielfältig wie die grandiose Natur ringsum. Bedenkt man dann noch die unmittelbare Nähe zu den Königsschlössern Hohenschwangau und Neuschwanstein wird das rege Treiben verständlich, das in dem hübschen Städtchen (14 000 Einw.) am Forggensee herrscht.

Dabei hatte alles ganz ruhig begonnen, mit einem kleinen **römischen Kastell**, das im Tal des Lech an der wichtigen Nord-Süd-Verbindung der Via Claudia ab dem 1. Jh. den Nachschub für Truppen im Norden sichern sollte. Dieses ›Foetibus‹ wandelte sich im Laufe der Zeit, und als das Stadtwappen mit den drei laufenden Beinen erstmals in Erscheinung trat, hieß der Ort bereits ›Fuezzen‹. Dass es überhaupt so weit kam, verdankt Füssen in erster Linie dem St. Gallener Benediktinermönch Magnus (um 700–750/772), der sich im Jahr 725 hier niederließ. Aus seiner Zelle entstand um die Mitte des 8. Jh. das einflussreiche **Kloster St. Mang**.

Eine weitere treibende Kraft in Füssen waren die **Augsburger Fürstbischöfe**, denen König Heinrich VII. die junge Stadt (Stadtrechte 1295) im Jahr 1310 verpfändete. Da er das Pfand nicht einlöste, blieb Füssen ab 1313 im festen Besitz der Bischöfe. Sie schützten den wichtigen Umschlagplatz für Waren von und nach Italien mit zwei Mauerringen und erweiterten im 15. Jh. eine kleine Wehrburg über dem Ort zum Hohen Schloss. Kaiser Maximilian I. (1459– 1519) gefiel die freundliche Stadt am Lech so gut, dass er sie fast 40 Mal besuchte – stets als Gast des bischöflichen Landesherren. In Erinnerung daran feiert Füssen an einem Wochenende im August das **Kaiserfest** (www.kaiserfest.de) mit Ritterspielen, mittelalterlichem Lagerleben, Landsknecht-, Trommel- und Fanfarenzügen. Schon im 15. und 16. Jh. förderte die Anwesenheit von Kaiser und Hofstaat Kunst und Kultur enorm. So wurde in Füssen 1562 die erste **Lautenmacherzunft** Europas gegründet, in deren Tradition im 17. und 18. Jh. zahlreiche Geigenmachermeister ihre Instrumente hier im Allgäu herstellten und in die ganze Welt lieferten.

Freilich wurde Füssen auch immer wieder durch **Kriege** in seiner Entwicklung zurückgeworfen. Während der Bauernkriege stürmten 1525 Aufständische die Stadt und richteten große Schäden in

St. Mang (links) und Hohes Schloss (rechts) überragen Füssens malerischer Altstadt

Am Hochufer des Lechs erstrecken sich Kloster St. Mang und das Hohe Schloss

den Kirchen an. Ebenso folgenreich war 1546 der Einmarsch Schertlin von Burtenbachs während des Schmalkaldischen Krieges. Im Dreißigjährigen Krieg (1618–48) hatte Füssen unter schwedischen Überfällen zu leiden. Das darauffolgende Jahrhundert brachte den Österreichischen Erbfolgekrieg (1740–45), der für Bayern mit dem Separatfrieden von Füssen endete. Als dann auch noch im 18. und 19. Jh. die Revolutionskriege und die Napoleonischen Kriege über die Stadt hereinbrachen, war von der einstigen wirtschaftlichen Größe Füssens nichts mehr geblieben.

Da traf es sich gut, dass der bayerische Kronprinz und spätere König Maximilian II. bis 1836 und ab 1868 sein Sohn Ludwig II. ihre Liebe zu dem landschaftlich so schön gelegenen Fleckchen Erde mit dem Bau ihrer Schlösser Hohenschwangau und Neuschwanstein in den nahen Bergen manifestierten. Sie schufen die Voraussetzung für jenen bis heute andauernden Besucherstrom, der durch die Eingemeindung des unweit südlich gelegenen Mineral- und Moorheilbades Bad Faulenbach im Jahr 1921 weiter anschwoll. Als ebenso positiv erwies sich ein zunächst sehr skeptisch beurteiltes Großbauvorhaben: Von 1950–54 wuchs bei Rosshaupten der 320 m lange und 41 m hohe Damm aus Moränenkies mit Lehmkern in die Höhe, der nach seiner Vollendung den Lech zum 12 km langen und 3 km breiten **Forggensee** staute. Während des Vollstaus zwischen Juni und Oktober ist er mit 16 km² Fläche viertgrößter bayerischer See und ergänzt die Freizeitpalette Füssens und seiner natürlichen kleineren Seen im Umland aufs Beste. Wer an dessen Ufern ruhigen Urlaub machen möchte, quartiert sich am besten in den sehr ländlichen Füssener Ortsteilen Hopfen am See oder Weißensee ein.

Füssens **Altstadt** liegt südwestlich des Forggensees am Lech und ist teilweise von Mauerresten der mittelalterlichen Stadtbefestigung umgeben. Die historischen Wohn- und Geschäftshäuser hingegen sind größtenteils barock und kontrastieren reizvoll mit der spätgotischen Architektur des **Hohen Schlosses** 1 (Magnusplatz 10), das auf dem Schlossberg im Südwesten über der Stadt thront. Hier, wo einst schon die Römer ihr Kastell errichtet hatten, ließ Herzog Ludwig der Strenge Ende des 13. Jh. eine Festung anlegen, die Fürstbischof Friedrich II. von Zollern 1489–1504 zu einem repräsentativen vierflügligen Wehrschloss ausbaute. Nach der Säkularisation zu Beginn des 19. Jh. wurde die Anlage 1862/63 zu einem Amtsgericht mit Gefängnis umgebaut. In den einstigen Wohn- und Residenzräumen des Bischofs im Nordflügel zeigen **Bayerische Staatsgalerie** und **Städtische Gemäldegalerie Füssen** (Tel. 08362/903146, www.stadt-fuessen.de/gemaeldegalerie.html, April–Okt. Di–So 11–17, Nov.–März Fr–So 13–16 Uhr,) ihre Schätze. Erstere präsentiert vor allem Tafelbilder und

Skulpturen des 14.–16. Jh. aus dem Allgäuer Raum, darunter das detailreiche Gemälde ›Salvator Mundi‹ von 1494. Letztere konzentriert sich auf Werke süddeutscher Künstler des 19. Jh. Vertreten sind etwa Carl Spitzweg mit ›Die Wache‹ oder Adolf Lier mit Landschaftbildern. Auch Arbeiten Füssener Künstler vom 19. Jh. bis zur Gegenwart sind ausgestellt. Ebenfalls sehenswert ist der *Rittersaal*, dessen spätgotische reliefierte Kassettendecke Jörg Lederer schnitzte. Die kunstvollen Glasgemälde stammen von Hans Holbein d. Ä. und Hans Burgkmair d. Ä.

Unterhalb des Schlosses erstreckt sich das zweite dominante Bauwerk Füssens, das prachtvolle barocke **Benediktinerkloster St. Mang** 2. Gegründet wurde es um die Mitte des 8. Jh. am Grab des Allgäu-Apostels Magnus, nach dem es auch benannt ist. Größe und Ausstattung des Klosters entwickelten sich bis zur Säkularisation 1803 beständig fort, die heutige Vierflügelanlage mit der im Westen angebauten Klosterkirche entstand im frühen 18. Jh. unter Leitung von Johann Jakob Herkomer (1652–1717). Heute nutzen das Rathaus und das **Museum der Stadt Füssen** (Lechhalde 1, Eingang durch den Klosterhof, April –Okt. Di–So 11–17, Nov.–März Fr–So 13–16 Uhr) die lichtdurchfluteten, reich mit Stuck verzierten Klosterräume um den weiten Innenhof. Neben der Stadtgeschichte werden Entstehung und Bedeutung des Klosters St. Mang nachgezeichnet, eine weitere Abteilungen widmet sich der Lauten- und Geigenherstellung in Füssen. Besonders prunkvoll ist der *Fürsten-* oder *Kaisersaal* mit Stuck und Fresken ausgeschmückt. Hier finden von Juni bis August die *Kaisersaalkonzerte* mit Jazz oder klassischer Musik statt. Ein nettes architektonisches Detail ist der ovale Durchbruch in der Decke des Speisesaals zur darüber liegenden Bibliothek, womit

TOP TIPP

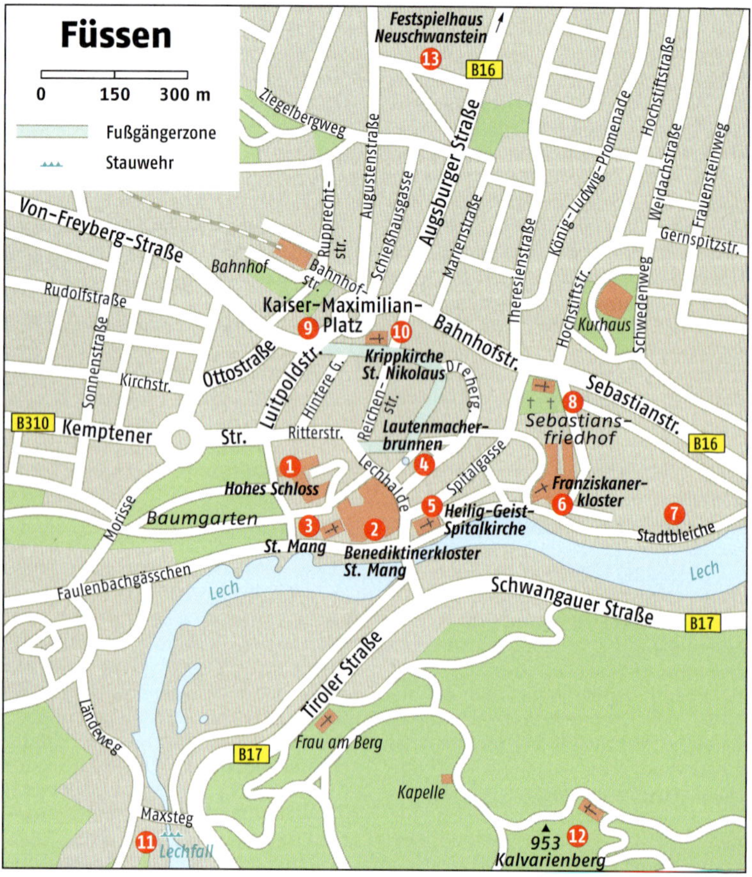

auf den Zusammenhang von leiblicher und geistiger Speise angespielt wurde. Im westlichen Klostertrakt birgt die ursprünglich aus dem 9. Jh. stammende, ebenfalls üppig barock gestaltete **St.-Annakapelle** neben zahlreichen Grabplatten und Epitaphen auch den ältesten erhaltenen *Totentanz-Zyklus* Bayerns. Der ortsansässige Jakob Hiebeler malte im Jahr 1602 die 20 eindrucksvollen Bilder, auf denen Gevatter Tod Arm und Reich, Alt und Jung unnachgiebig auf den Weg ins Jenseits zwingt.

Von der Kapelle aus sind es nur wenige Schritte zum hohen Barockbau der früheren Kloster- und heutigen Stadtpfarrkirche **St. Mang** 3 (Tel. 083 62/61 90, www.stmang.de, tgl. 8.30–18 Uhr, Führung mit Kapelle, Krypta und Mönchsgruft: nach den Sonntagsgottesdiensten und Jan.–April Sa 10.30, Mai–Okt. Di 16, Sa 10.30, Juli/Aug. zusätzlich Do 16 Uhr). Baumeister Johann Jakob Herkomer hatte die Basilika geplant und auch die Innenausstattung übernommen. Sie sollte sein letztes Werk werden, denn 1717 stürzte der große Barockmeister während der Arbeit von einem Gerüst zu Tode. Besonderen Eindruck macht der ausladende Hochaltar mit mehreren Heiligenfiguren aus weißem Marmor von Anton Sturm (um 1722). In Kontrast dazu steht ein darüber aufgehängtes gläsernes Kreuz mit Knochenreliquien des hl. Magnus. Ältester Teil der Kirche ist die *Ost- oder Magnuskrypta* unterhalb des Chores. An ihrer Wand hat sich das älteste Fresko Bayerns erhalten, eine um 980 entstandene Szene aus dem Leben der Hll. Magnus und Gallus im Stil der Reichenauer Schule.

Ober- und Unterwelt im Kloster St. Mang: die Bibliothek öffnet sich über dem Speisesaal

Memento Mori – der Totentanz in der St. Annakapelle des Benediktinerklosters St. Mang

Die Tour de Forggensee

TOP TIPP Radfahrer führt die **Tour de Forggensee** auf 32 km in leichtem, aber stetem Auf und Ab rund um den See. Als Startpunkt kann man den Bootshafen von Füssen wählen. Unterwegs passiert man acht Anlegestellen der Forggenseeschifffahrt, sodass sich immer wieder die Gelegenheit bietet, vom Sattel aufs Wasser zu wechseln.

Beim anschließenden Bummel durch die Altstadt Füssens kann man manch romantischen Winkel entdecken. In der Straße am Brotmarkt nahe des Klostergevierts erinnert der moderne **Lautenmacher-Brunnen** 4 (1990, Josef Michael Neustifter) an Kaspar Tieffenbrucker aus der Roßhauptener Instrumentenmacherfamilie, die im 16. Jh. den Ruhm Füssens als ›Wiege des europäischen Lauten- und Geigenbaus‹ mitbegründete. Nahebei zieht neben der Lechbrücke die bunt bemalte Rokokofassade der **Heilig-Geist-Spitalkirche** 5 die Blicke auf sich. Das einschiffige Gotteshaus wurde 1748/49 anstelle eines abgebrannten Vorgängerbaus von 1465 errichtet und galt lange Zeit als Kirche der Flößer, die hier um Schutz für die nächste Fahrt beteten. Ihr Schutzpatron Christophorus prangt als großflächiges Fresko an der Frontfassade, ihm zur Seite der hl. Florian.

Einen imposanten Anblick bietet der Lechfall bei Ziegelwies südlich von Füssen

Folgt man nun parallel zum Lech der Flößergasse ostwärts, erreicht man bald das etwas erhöht gelegene **Franziskanerkloster** 6, das 1629 im Schutz der hier noch erhaltenen *Stadtmauer* errichtet wurde. Im frühen 18. Jh. erweiterte Johann Jakob Herkommer das Kloster um die barocke Kirche *St. Stephan*, an der übrigens die von Würzburg kommende Romantische Straße endet. Zu beiden Seiten locken liebliche Fleckchen: nach Süden zum Fluss hin die **Stadtbleiche** 7 am Bleichertörle der alten Stadtmauer, im Norden der parkähnliche **Sebastiansfriedhof** 8. Seine unter mächtigen Laub- und Nadelbäumen dahinwitternden Grabsteine gruppieren sich um die ursprünglich spätgotische, im 18. Jh. barockisierte Kirche *St. Sebastian*, die für ihre eindringlichen Gemälde und Fresken mit Abbildungen von Gevatter Tod bekannt ist.

Nahe des **Kaiser-Maximilian-Platzes** 9, Zentrum und gute Stube der Altstadt, lohnt abschließend ein Blick in die **Krippkirche St. Nikolaus** 10. Auch sie geht auf Pläne des rührigen Baumeisters Johann Jakob Herkomer zurück, wurde aber erst nach dessen Tod 1718 von seinem Neffen Johann Georg Fischer vollendet. Höhepunkt der barocken Ausstattung ist der von Dominikus Zimmermann geschaffene Hochaltar.

Mehrere Ausflugsziele liegen im Süden jenseits des Lechs, etwa kurz vor dem Ortsteil Ziegelwies der **Lechfall** 11, auch *Mangfall* genannt. 16 m stürzt der Fluss hier wildromantisch eine enge Schlucht im Lusaltenfelsen hinab. Ein weiteres lohnende Ziel ist der **Kalvarienberg** 12, der östlich zwischen Füssen und Ziegelwies 953 m hoch aufragt. Von seiner Kuppe aus genießt man ein Rundum-Panorama über die Königsschlösser im Süden, Füssen im Norden und den Forggensee. An dessen Westufer fällt inmitten eines Parks das 1998–2000 erbaute **Festspielhaus Neuschwanstein** 13 (Tel. 083 62/507 72 12, www.das-festspielhaus. de, Kasse Fr 9–18 und an Veranstaltungstagen ab 14 Uhr) auf. Der zentrale glasverkleidete Rundbau besitzt eine beeindruckende Bühnentechnik und wird nach zwei misslungenen Musicalproduktionen heute als Veranstaltungsort für Ausstellungen, Tagungen und Konzerte genutzt.

Sommerliches Badevergnügen vor Alpenpanorama ermöglicht der Forggensee bei Füssen

Ausflug

Etwa 5 km Kilometer nördlich von Füssen liegt der glasklare **Hopfensee**, dessen Wasser es im Sommer auf Temperaturen von immerhin 25 Grad bringt. In Hopfen am See führt eine Uferpromenade am Wasser entlang, Bootsstege laden zum Verweilen ein, auch eine Segelschule gibt es. Auf einer eineinhalbstündigen Wanderung kann man den See auf dem Uferweg umrunden, unterwegs begeistert das Bergpanorama des Ammergebirges und der Tannheimer Gruppe.

Praktische Hinweise

Information

Tourist Information, Kaiser-Maximilian-Platz 1, 87629 Füssen, Tel. 083 62/938 50, www.tourismus-fuessen.de. – Uferstr. 21, Hopfen am See, Tel. 083 62/74 58. – Seeweg 4, Weißensee, Tel. 083 62/65 00

Sport und Freizeit

Bundesleistungszentrum für Eishockey (BLZ), Am Kobelhang, Füssen, Tel. 083 62/507 50, www.blz.fuessen.de. Eishockey, Curling, Eisstockschießen, Eistanz, auch öffentlicher Eislauf und Eis-Disco (Mai/Juni geschl.)

Forggensee Yachtschule, Seestr. 10, Rieden-Dietringen (am Westufer), Tel. 083 67/471, www.segeln-info.de. Segeln, Katamaran und Motorboot in Theorie und Praxis für Anfänger und Könner.

Hochseilgarten, Schäfflerstr. 19, Füssen, Tel. 083 22/965 50, www.hochseilgarten-fuessen.de. Indoor-Klettergarten (Mo–Sa).

Städtische Forggensee-Schifffahrt, Weidachstr. 80, Füssen, Tel. 0 83 62/92 13 63, www.forggenseeschifffahrt.de. Juni–Mitte Okt. Dampfer-Seerundfahrten, bei Platz Fahrradmitnahme. 25 Leihboote.

Hotels

**** **Hirsch**, Kaiser-Maximilian-Platz 7, Füssen, Tel. 083 62/939 80, www.hotelfuessen.de. Jugendstil-Erkerhaus von 1904, mit Antiquitäten ausgestattet. Restaurant und Kastanien-Biergarten.

**** **Hotel Kaufmann**, Füssener Str. 44, Roßhaupten, Tel. 083 67/912 30, www.hotel-kaufmann.de. Zeitgemäße Holzfassade, 43 ebensolche Suiten und Zimmer. Mit Restaurant und Spa.

Zur Füssener Hütte

Ein Abstecher mit dem Mountainbike ins österreichische Reintal führt von Füssen über die Alatseestraße über Vils nach Roßschläg. Nach den ersten ca. 15 km Einrollen beginnt hier der eigentliche, sehr steile Anstieg (einfach 9 km, 750 HM) zur **Füssener Hütte** (Tel. 00 43/676/342 32 21, www.fuessener-huette.at, Mai–Okt. Di–So). Zu Fuß in 2,5 h ab Roßschläg (für jedermann) oder Musau (für Geübte).

*** **Sonne**, Reichenstr. 37, Füssen, Tel. 083 62/90 80, www.hotel-sonne.de. Unterkunft am nördlichen Altstadtrand mit 32 unterschiedlich, aber immer freundlich eingerichteten Zimmern.

Restaurant

Gasthof Krone, Schrannengasse 17, Füssen, Tel. 083 62/78 24, www.krone-fuessen.de. In historischem Altstadtgemäuer kommen Rittersteak, Entenbraten oder hausgebeizter Lachs auf den Tisch. Der Clou ist das sechsgängige Rittermahl mit mittelalterlichen Speisen.

19 Pfronten

Weite Streusiedlung in lieblichem Tal, bekannt für die Pfrontener Heukur.

Gleich zu Beginn eine Überraschung: Einen eigenen Ort ›Pfronten‹ gibt es gar nicht, der Name bezeichnet vielmehr die gesamte Gemeinde (8000 Einw.), die aus 13 verstreuten Siedlungen besteht.

Pfronten war die meiste Zeit seines Bestehens freie Landgemeinde, die hiesigen Bauern gehörten also keiner Herrschaft an. Da ihr Tal als Transitstrecke im Fernhandel Oberitalien–Tirol–Bodensee bzw. Augsburg von großer Bedeutung war, verlegten sich die Pfrontener bald auf das einträgliche Fuhrwesen. Dazu kamen Lager, Bierbrauereien und Weinwirtschaften am Weg. Doch nicht nur gegen Bezahlung versorgten die Pfrontener die Durchreisenden: 1473 stiftete die Pfarrgemeinde in Pfronten-Berg eine Herberge für bedürftige Reisende. Mittlerweile dient sie als **Heimathaus** (Kirchsteige 1, Tel. 083 63/71 04, Mo 14–17, im Sommer auch Do 16–18 Uhr) mit Ortsmuseum. Ab dem 16. Jh. produzierten in Pfronten zudem Gipsmühlen für den Stuckbedarf in Kirchen und Schlössern. Der günstigen Wasserkraft aus Bächen und Flüsschen sowie dem ›Mächlertum‹, also dem Tüftelsinn, seiner Einwohner verdankt Pfronten auch seinen guten Ruf als Allgäuer Zentrum der Eisen verarbeitenden und feinmechanischen Industrie.

Das 900 m hoch gelegene Pfronten darf sich **Luftkurort** nennen, seine Spezialität ist die **Heukur**. Dabei erhalten die Gäste Körperwickel mit Heu von ungedüngten kräuterreichen Bergwiesen – eine Schweiß treibende, gleichwohl heilsame Wohltat für Körper und Geist.

Sehr schön ist auch ein Ausflug nach Pfronten-Meilingen zur Ruine der 1047–63 erbauten und 1434 zerstörten **Burgruine Falkenstein**. Die Mauern von Deutschlands höchstgelegener Festung (1267 m) wirken sehr romantisch, das Hotel (s. u.) darunter lädt zur Kaffeepause ein.

Kunstfreunde besuchen auch gern die barocke Pfarrkirche **St. Nikolaus** (Tel. 083 63/288, www.stnikolaus-pfronten.de) in Pfronten-Berg. Sie entstand 1689–96

Löwenzahngelb und Winterweiß: Pfronten im Frühjahr zwischen Wiesen und Bergen

unter Mitwirkung von Johann Jakob Herkomer und ist dank ihres hohen, 1749 aufgestockten Kirchturms mit dem länglichen barocken Doppelhelm nicht zu verfehlen. Den einschiffigen Innenraum schmücken barocke Illusionsmalereien, auch die vermeintliche Kuppel ist ein Trompe l'oeil. Alle Fresken wurden von Pfrontener Künstlern geschaffen.

Praktische Hinweise

Information

Pfronten Tourismus, Vilstalstr. 2, 87459 Pfronten-Ried, Tel. 083 63/698 88, www.pfronten.de

Sport und Freizeit

Alpenbad, Falkensteinweg 14, Pfronten-Meilingen, Tel. 083 63/92 99 90, www.alpenbad-pfronten.de. Hallen- und Freibad am Meilinger Südhang vor Bergpanorama. Dazu 73 m lange Wasserrutsche, Wildwasserkanal, Kaltwasserfall, Heißwasserbecken sowie Sauna.

Hotels

**** **Bavaria**, Kienbergstr. 62, Pfronten-Dorf, Tel. 083 63/90 20, www.hotel-bavaria.com. Nobelalpenländisches Hotel mit schöner Aussicht. Wellness- und Beautybereich, Sauna, Solarium und Whirlpool im Haus, dazu Hallen- und beheiztes Freibad. Außerdem vier Restaurants.

*** **Bergpanorama**, Röfleuter Weg 14, Pfronten-Weißbach, Tel. 083 63/91 19 10, www.bergpanorama.de. Einige der 48 Zimmer sind im 1970er-Jahre-Chic ausgestattet, alle genießen freundlichen Service und herrliche Aussicht. Heukuren im Haus möglich, das Hotelrestaurant bietet u. a. Heuküchen-Gerichte.

Haus Zauberberg, Kolpingstr. 23, Pfronten-Rehbichl, Tel. 083 63/912 60, www.haus-zauberberg.de. Familienfreundliches, daher oft auch lebhaftes Kolping-Ferienhaus in hochgelegenem, ruhigen Ortsteil mit wunderschöner Bergsicht. In den Ferien Kinderprogramm.

Der Blick von der Ruine Falkenstein geht über das Burghotel weit ins Land

Zum Burgenpaar von Eisenberg

Von Eisenberg-Zell (ca. 3 km nordöstl. von Pfronten-Weißbach) aus führt der Wanderweg Nr. 247 in ca. 40 Min. zunächst zur Schlossbergalm und dann zu den auf zwei benachbarten Höhen eines Kalkmassivs errichteten Burgruinen **Eisenberg** (um 1300) und **Hohenfreyberg**. Letztere entstand erst 1418, als die Zeit der Burgen eigentlich schon vorüber war. Trotzdem ließ Friedrich von Freyberg neben die Stammburg seiner Familie hier eine weitere, am Stil der Stauferburgen des Hochmittelalters orientierte Festung errichten. In Eisenberg-Zell zeigt ein kleines **Burgenmuseum** (Dorfstr. 12, www.burgenmuseum-eisenberg.de, Sa/So 14–17 Uhr) interessante Fundstücke aus den beiden Ruinen.

Restaurants

TOP TIPP **Falkenstein über den Wolken**, Auf dem Falkenstein 1, Pfronten-Meilingen, Tel. 08363/914540, www.burghotel-falkenstein.de. Feines Lokal des Burghotels auf dem Falkenstein, 20 m unterhalb der Ruine. Beeindruckend wie die Küche ist die herrliche Aussicht von der Terrasse des Panoramarestaurants

Pronten Dorfwirt, Tiroler Str. 36, Pfronten-Dorf, Tel. 08363/493, www.dorfwirt-pfronten.de. In der gemütlichen Wirtsstube genießt man Allgäuer Spezialitäten wie Laugenbrezensuppe, Buabaspitzle (Schupfnudeln) oder Entengröstel. Auch FeWos und Gästezimmer.

20 Nesselwang

Kunstfreunde und Wintersportler fühlen sich in dem freundlichen Marktflecken gleichermaßen wohl.

Der beliebte **Luftkurort** (3500 Einw.) liegt im grünen Tal der Wertach, pittoresk gerahmt von einer Kette kleinerer Seen im Norden und der 1575 m hohen *Alpspitze* sowie dem dahinter, leicht östlich versetzten 1624 m aufragenden *Edelsberg* im Süden. Am Hang der Alpspitze wurde im 11. Jh. die heute längst verfallene **Nesselburg** erbaut, in deren Schutz sich das nach ihr benannte Dorf entwickelte. 1310 verpfändete König Heinrich VII. die Gegend an die Augsburger Fürstbischöfe, um einen Italienfeldzug zu finanzieren. Da er das Pfand nie einlöste, blieb der Ort bis 1802 in Augsburger Besitz. 1429 stieg die Siedlung zum Markt auf.

Bereits früh im 19. Jh. nahm Nesselwang durch den schnell zunehmenden Fremdenverkehr einen beachtlichen Aufschwung. Seitdem lockt das breit gefächerte **Freizeitangebot** von Angeln und Baden bis Skifahren und Wandern sommers wie winters zahlreiche Urlauber in den Ferienort.

Ebenfalls mit der Vergangenheit befasst sich das **Nesselwanger Heimathaus** (Füssener Str. 13, Mi 16–18 und 1. So im Monat 14–17 Uhr, Tel. 08361/912220), das in einem 1807 erbauten Bauernhof (Handwerkssölde) das Leben lokaler Landwirte in früherer Zeit veranschaulicht. Man erfährt Interessantes über Viehhaltung, Fuhrwesen und die einst hier als Heimgewerbe ansässige Glaserei.

Ebenfalls an der Hauptstraße, aber zur Wertach hin, weist ein schlanker Kirchturm mit auffällig gestreckter Zwiebelturmhaube den Weg zur Pfarrkirche **St. Andreas**. Sie entstand 1904–06 nach Plänen von Ferdinand Schildhauer in italienisch-neobarockem Stil anstelle eines mittelalterlichen Vorgängerbaus. Lediglich der Turm aus dem 16. Jh. blieb davon erhalten. Decke und pilastergeschmückte Seitenwände des Langhauses sind reich mit Stuck versehen, auch die Altäre erfreuen mit beschwingter Rokokoanmutung. Aus dem 17. und 18. Jh. stammen die aufwendig geschnitzten Zunftstangen, die an den Wänden aufgereiht sind.

Mit der Wallfahrtskirche **Maria Trost** besitzt Nesselwang ein weiteres bemerkenswertes Gotteshaus. Es befindet sich in 1123 m Höhe auf einer Waldlichtung auf dem Wanker Berg. Vom Tal aus kann man entweder mit dem Auto auf einer Mautstraße hinauffahren oder zu Fuß über 14 Kreuzwegstationen in etwa einer Stunde aufsteigen. In der 1662 erbauten, 1704 und 1770 erweiterten Barockkirche wird ein Gnadenbild Mariens verehrt, das von Engelsfiguren umrahmt seinen Platz auf dem Hochaltar hat. An den Seitenwänden zeugen zahlreiche Votivtafeln und -bilder von hier erhörten Gebeten.

i Praktische Hinweise

Information

Tourist-Information Nesselwang, Hauptstr. 20, 87484 Nesselwang, Tel. 08361/923040, www.nesselwang-urlaub.de

Nesselwanger Pfarrkirche St. Andreas mit ungewöhnlich lang gestreckter Zwiebelturmhaube

Sport und Freizeit

ABC Alpspitz-Bade-Center, Badeseeweg 11, Nesselwang, Tel. 083 61/92 16 20, www.abc-nesselwang.de. Erlebnisbad mit 115 m langer Reifenrutsche, kleinem Kinder-Piratenschiff, beheiztem Außenbecken, mehreren Saunen und einem Sportbecken.

Alpspitzbahn, Alpspitzweg 5, Nesselwang, Tel. 083 61/12 70, www.alpspitzbahn.de. Die Bahn erschließt zahlreiche Wanderwege, etwa den aussichtsreichen *Ostallgäuer Höhenweg* zur Hochplatte. Wer direkt dem Tal zustrebt, kann die letzten 1000 m mit der *Sommerrodelbahn* zurücklegen. Im Winter lockt eine 4 km lange *Naturrodelbahn*.

Hotel

*** **Alpenrose**, Jupiterstr. 9, Nesselwang, Tel. 083 61/920 40, www.alpenrose.de. Familiär geführtes Haus am Ortsrand mit Allgäu-Chic mit Hotelzimmern und Familiensuiten.

Restaurant

Brauerei-Gasthof Post, Hauptstr. 25, Nesselwang, Tel. 083 61/309 10, www.hotel-post-nesselwang.de. Gute Regionalküche in traditionsreichem Haus. Neben Kässpätzle oder Kesselfleisch gibt es ›Brauer-Schmankerl‹ und deftige Brotzeiten. Gästezimmer stehen in den beiden oberen Etagen bereit.

Auf den Breitenberg

Die Wanderung (Nr. 1, ca. 6 h, 1000 HM) beginnt in Pfronten-Steinach. Von dort windet sich der Pfad allmählich zum Tiroler Stadl empor. Anschließend verläuft der Weg entlang der Schwarzen Wand entlang der Nordwestflanke des Breitenbergs, um dann der Ostlerhütte (Tel. 083 63/424, www.ostlerhuette.de) am Gipfel entgegenzustreben. Zu Tal kann man entweder mit der Breitenbergbahn fahren oder dem Weg Nr. 1 wieder bergab folgen. Zwar ist der Forstweg in Sichtweite der Bergbahn kein optisches Vergnügen, für Mountainbiker im Anstieg aber eine schöne Herausforderung.

Breitenbergbahn, Tiroler Str. 176, Pfronten-Steinach, Tel. 083 63/58 20, www.breitenbergbahn.de. Die Kabinenbahn erschließt das Skigebiet Hochalpe.

Das Höchste
Fellhorn

Oberallgäu – die Welt der Berge

Jeder Urlauber hat seine Lieblingsvorstellung: Für den einen ist sie eine **Wanderung** über würzig duftende Kräuterwiesen vor majestätischen Alpengipfeln, für den anderen eine gut gespurte Loipe durch winterlich weißen Nadelwald. Im Oberallgäu wird jeder dieser Träume erfüllt.

Die Gipfel von *Mädelegabel* (2645 m) und *Hochvogel* (2592 m) sind die ›Spitzenreiter‹ der **Allgäuer Alpen** und begrenzen zugleich die Region im Süden. In ihren Schutz duckt sich **Oberstdorf**, das südlichste Dorf Deutschlands. *Nebelhorn-* und *Fellhornbahn* erschließen die umliegende Bergwelt. Eine zusätzliche Attraktion ist die Schattenbergschanze, auf der das Auftaktspringen der *Vierschanzentournee* ausgetragen wird. Nur ein Katzensprung ist es zum österreichischen **Kleinwalsertal** mit ausgezeichneten Wander- und Wintersportmöglichkeiten. Die nahe **Breitachklamm** begeistert mit spektakulären Felsformationen, der ungeheuren Wassermenge im Sommer und den fantastischen Eisformationen im Winter.

Die Bergflüsse Breitach, Stillach und Trettach vereinen sich zwischen Oberstdorf und Fischen zur **Iller**, die anschließend das Oberallgäu von Süd nach Nord durchfließt. An ihrem Oberlauf finden Kanuten und Rafter Wildwasserpassagen, weiter nördlich eignet sie sich für ruhigere Paddeltouren. Auch bei **Immenstadt** kommen Freunde des nassen Elements voll auf ihre Kosten. Nahe dem bergumstandenen Luftkurort lockt das ausgedehnte Wassersportrevier des Großen und Kleinen Alpsees im Schatten des Immenstädter Horns (1489 m) Segler, Surfer und Schwimmer. Westwärts weitet sich das enge Immenstädter Tal und macht Platz für **Bad Oberstaufen**, die Heimat der Schrothkur.

In westöstlicher Richtung durchquert die **Deutsche Alpenstraße** das Oberallgäu. Sie führt von Bad Oberstaufen über Sonthofen in zahlreichen Kehren zum aussichtsreichen **Oberjoch** hinauf. Ihm zu Füßen liegt der heilklimatische Kneippkurort **Bad Hindelang**, der als ›umweltfreundlicher Ferienort‹ ausgezeichnet wurde und überdies mit einem kunstvoll geschnitzten Jörg-Lederer-Altar aufwarten kann. Auch **Kempten**, das ›Tor zum Oberallgäu‹, hat kulturell viel zu bieten: die frühbarocke *St. Lorenz-Basilika* und das benachbarte *Fürstabtstift*, die gotische Altstadt sowie eine stolze Vergangenheit als römische Provinzhauptstadt Cambodunum.

Mit Stolz und Begeisterung pflegen die Allgäuer **Brauchtum** wie *Alphornblasen* oder die herbstliche *Viehscheid*, bei der Kühe und Jungtiere nach einem Sommer auf den hochgelegenen Alpweiden bunt mit Blumen geschmückt ins Tal zurückgetrieben werden. Ebenfalls überregional bekannt sind **kulturelle Highlights** wie der *Kemptener Jazzfrühling* oder die Theateraufführungen des Sommerfestivals auf der *Freilichtbühne von Altusried.*

Oben: *Vor einer solchen majestätischen Bergkulisse wird der Abstieg vom Nebelhorn zu einem unvergesslichen Erlebnis*
Unten: *Aus dem gelegentlich noch wolkenverhangenen Tal bringt die Fellhornbahn Wintersportler in sonnenreiche Gefilde auf die aussichtsreichen Höhen des Oberstdorfer Hausberges*

Abendstimmung am Marktplatz von Kempten, im Zentrum das keck-elegante Rathaus

21 Kempten

Einst Hauptstadt der römischen Provinz Rätien, heute wirtschaftliches Zentrum des Allgäus.

Etwa 62 000 Menschen leben in Kempten, der größten Stadt des Allgäus. Die verkehrsgünstige Lage an der Iller, die ab Kempten flussabwärts schiffbar ist, bewog schon vor mehr als 2000 Jahren die keltischen **Estionen**, hier eine Stadt zu gründen, die sie *Kambodounon*, ›befestigter Platz an der Flussmündung‹, nannten. Der griechische Historiker Strabon erwähnt sie um 18 n. Chr. in seiner ›Geographica‹. Überreste der keltischen Ansiedlung wurden bislang aber nicht ausgegraben. Wenig später bauten die **Römer** die Siedlung am rechten Illerufer zur Provinzhauptstadt des gerade eroberten Rätien aus und nannten sie *Cambodunum*. Diese Führungsrolle ging jedoch bereits in der ersten Hälfte des 1. Jh. n. Chr. an das zentraler gelegene Augusta Vindelicum, das heutige Augsburg, über.

Einen weiteren Rückschlag erlitt Cambodunum, als ab dem Jahr 233 kriegerische Alamannen die Stadt mehrmals zerstörten und schließlich einnahmen. Sie wurden jedoch ihrerseits Ende des 5. Jh. von den Franken unterworfen, unter denen die Christianisierung der Region begann. Die aus der Schweiz kommenden Benediktinermönche Magnus, Theodor und Tozzo missionierten in Kempten und gründeten hier 752 ein Kloster für adlige Chorherren. Im 9. Jh. kam die Kirche **St. Mang** zu Ehren des Apostels des Allgäu hinzu. Händler und Handwerker siedelten sich an, die ihre nunmehrige Heimat auch nicht verließen, als plündernde Ungarn im 10. Jh. Kloster und Kirche zerstörten. Das Gotteshaus wurde damals an alter Stelle wieder errichtet, doch das **Benediktinerkloster** entstand etwas weiter westlich auf einer höher gelegenen Illerterrasse etwa im Bereich der heutigen Residenz neu.

Die tiefer gelegene **Altstadt** besaß also Kirche und Rathaus und erhielt 1289 von König Rudolf von Habsburg die Stadtrechte. Gleichzeitig zog auch das Kloster auf der Anhöhe zahlreiche Siedler an und wurde so zum Nukleus der **Neustadt**. Diese räumliche Trennung von Stadt und Stift wurde bedeutsam, als sich 1520 die ummauerte ›alte‹ Reichsstadt zur Reformation bekannte, das benachbarte Stift jedoch katholisch blieb. Während der **Bauernkriege** 1525 musste der Fürstabt des Klosters Zuflucht in der Stadt suchen. Diese für den Abt unerquickliche Situation nutzten die Altstädter und nötigten ihn zum ›Großen Kauf‹: Gegen die Zahlung der enormen Summe von 30 000 Gulden erhielten sie die Freiheit von allen Pflichten gegen das Stift. In den folgenden Jahren wuchs die Rivalität zwischen der Reichs- und der Stiftsstadt Kempten. Offene Feindschaft brach im **Dreißigjährigen Krieg** 1618–48 aus, als die protestantischen Schweden das Kloster samt der Kirche St. Lorenz, die katholischen Kaiserlichen im Gegenzug die Reichsstadt völlig zerstörten.

Letztere erholte sich von diesem Schlag nie mehr vollständig. Dagegen blühte nach dem Wiederaufbau das Gemeinwesen um das Kloster und erhielt 1728 sogar das kaiserliche Stadtprivileg. Erst mit der **Säkularisation** fielen im Jahr 1803 beide Kempten an Bayern, das 1811 eine gemeinsame Verwaltung und 1818 die Zusammenlegung anordnete.

Am Stadtbild kann man die frühere **Zweiteilung** noch erkennen, gibt es doch einen städtischen Mittelpunkt am cafégesäumten Rathausplatz nahe der St. Mang-Kirche und einen weiteren in der früheren Stiftsstadt am *Hildegardmarkt* vor der Basilika. Hier findet übrigens im Dezember der **Weihnachtsmarkt** statt. Ebenso große Anziehungskraft übt der **Kemptener Jazzfrühling** (www.klecks.de) aus, zu dem sich Ende April/Anfang Mai hochkarätige Musiker aus aller Welt versammeln.

Am besten beginnt man einen Spaziergang durch Kempten auf der **Burghalde** 1, einem baumbestandenen Hügel im Südosten der Altstadt. Auf der Kuppe bilden Ziegelsteinmauern eine mittelalterliche Burg nach, die 1705 im Zuge des Spanischen Erbfolgekriegs zerstört wurde. Im neogotischen Wärterhäuschen am Eingang informieren ›Zeitfenster‹ im kleinen *Burgenmuseum* (Sa/So 10–16 Uhr, Tel. 08 31/512 14 68, www.allgaeuer-burgenmuseum.de) über das Leben in Wehranlagen und den Burgenbau des 12.–16. Jh. Auf der halbrunden *Freilichtbühne* (Tel. 08 31/520 87 08, nur bei Veranstaltungen) inmitten der Anlage finden im Sommer Konzerte und Theateraufführungen statt.

Vorbei an Resten der Stadtmauer und entlang historischer Handwerks- und Handelshäuser in der Altstadt – sehr stimmungsvoll etwa in der **Bäckerstraße** 2 zu sehen – führt der Weg nun zur protestantischen Kirche **St. Mang** 3 (Tel. 08 31/253 86 23, Mo–Fr 8–18, Sa 9–18, So 13–18 Uhr, Führungen Juli–Sept. Mi 18 Uhr). Die gotische Kirche entstand 1426–40 auf den Überresten eines romanischen Vorgängerbaus aus dem 10. Jh. Das dreischiffige *Innere* wirkt auf den ersten Blick eher nüchtern, was noch auf den Bildersturm von 1533 zurückzuführen ist. Das Tonnengewölbe des Mittelschiffes mit den Engeln auf dem Gesims entstand ab 1768 während der Restaurierung der im Dreißigjährigen Krieg arg in Mitleidenschaft gezogenen Kirche. Seit der Renovierung 1968–72 versammelt sich die Gemeinde um den Barockaltar in der Mitte neben dem stuckverzierten Taufstein. Der Schnitzaltar im *Chor* erinnert an Arbeiten von Tilman Riemenschneider, entstand aber erst für die Weltausstellung in Chicago im Jahre 1894, wenngleich der Memminger Kunstschreiner Leonhard Vogt Entwürfe des mittelalterlichen Meisters verwandte.

Auf dem Platz an der Südseite der Kirche steht ein dank seiner vier Säulen wie ein Tempel wirkender **Jugendstilbrunnen** 4 von 1905. Die vier bronzenen Reiter symbolisieren die vier Elemente, die steinernen Tiere am Dach stehen für die vier Temperamente. Die Brunnenfigur in seinem Inneren stellt den hl. Magnus dar.

Westwärts geht es vorbei an schmucken historischen Gebäuden wie dem *Londoner Hof* mit gelb-weißer Rokokofassade aus dem 18. Jh. und dem etwas älteren *Fürstenhof*, direkt auf das frei stehende, weiße **Rathaus** 5 zu. Der längliche zweistöckige Bau wurde erstmals 1368 als Kornschranne aus Holz errichtet und 1474 in Stein erneuert. Seine Doppelfunktion als Rathaus und Kornspeicher behielt er bis 1906. An der schmalen Ostfassade prangen unter einem neckisch aufgesetzten Glockentürmchen mit Zwiebelkuppel die Wappen von acht Familien, die über die Jahrhunderte Bürgermeister der Stadt stellten.

Von der sich westlich anschließenden Fußgängerzone führen die 47 Stufen der **Freitreppe** 6 hinauf zur ehemaligen Stiftsstadt. Hier engte keine Befestigungsmauer die Architekten ein, die Häuser und Plätze sind großzügiger als in der Altstadt. Schöne Beispiele dafür sind das *Schlössle* von 1593 oben an der Treppe oder die *Bürgerhäuser* aus dem 18. und 19. Jh. linkerhand entlang der Fischerstraße. Wendet man sich nach rechts, kommt man bald an den sehr weitläufigen Platz um die **Residenz** 7 (Tel. 08 31/25 62 51, www.schloesser.bayern.de, Führungen alle 45 Min.: April–Sept. Di–So 9–16, Okt. Di–So 10–16, Nov. und Jan.–März Sa 10–16, im Dez. wechselnde Öffnungszeiten, z. B. während des Weihnachtsmarktes tgl. 12.15–16 Uhr). Der junge Fürstabt Giel von Gielsberg hatte die etwa 160 x 100 m große barocke Vierflügelanlage mit Doppelhof 1651–74 nach den Zerstörungen des Dreißigjährigen Krieges von Michael Beer und Johann Serro erbauen lassen. Fürstabt Anselm von Reichlin-Meldegg ließ im Südflügel ab 1732 sechs Räume in spätem Régence und bayerischem Rokoko gestalten. Durch die Hofkanzlei betritt man die Flucht von Schlaf-, Arbeits-, Audienz- und Vorzimmer sowie Festsaal und anschließendem Thronsaal. Kunstfreunde können hier edle Stuckdecken, Kristalllüster, Wandgemälde und monumentale Spiegel bewundern.

Südlich gegenüber der Residenz fällt das allein stehende klassizistische *Zumsteinhaus* mit dem **Römischen und Naturkundlichen Museum** 8 (Residenzplatz 31, Tel. 08 31/252 53 69, www.museen-kempten.de, April–Okt. So/Do 10–12

Der Londoner Hof mit seiner freundlichen Rokokofassade gehört heute zum Hotel Fürstenhof

Vorbild der Kemptener Residenz waren die ›Schönen Räume‹ in der Münchener Residenz

und 14–16 Uhr) auf. Die aus Savoyen eingewanderte Familie de la Pierre (eingedeutscht: zum Stein) errichtete es 1802 als Handels- und Wohnhaus. Unter den Exponate finden sich außergewöhnliche Stücke wie etwa ein filigran gearbeitetes, 12,5 cm hohes bronzenes Schnellwaagengewicht in Form eines Merkurkopfes oder ein ›Fluchtäfelchen‹ mit römischen Verwunschungen.

Mittelpunkt der Stiftsstadt ist die mächtige Basilika **St. Lorenz** 9 (www.stlorenz.de), die auf einem Hügel im Westen der Residenz aufragt. Die markanten Doppeltürme sind 65 m hoch, im Osten schließt eine achteckige Kuppel den äußerlich klar gegliederten Bau ab. Die dreischiffige Basilika entstand 1652–73 im Zuge des Neuaufbaus nach dem Dreißigjährigen Krieg. Stuck und Fresken im *Inneren* sind vom aufkommenden Barock geprägt, mit dem die fein komponierten Stuckmarmoraltäre in den Seitenschiffen und Kapellen gut harmonieren. Sie wurden von Wessobrunner Stuckateuren Mitte des 18. Jh. im Stil des Rokoko geschaffen. Die Wände des hellen fünfjochigen Langhauses sind von unten nach oben in Arkaden-, Emporen- und Fensterzone gegliedert, eine Einteilung, die sich auch im *Chor* wiederholt. Dieser wirkt trotz der lichten Gestaltung in Weiß und Gold etwas eng, denn 1681 wurden unter dem Triumphbogen zwei Musikemporen sowie in den Seitenarmen des Chores Erker eingebaut. Darunter befindet sich das reich geschnitzte Chorgestühl, dessen kunsthistorische Besonderheit die exqui

Das klassizistische Zumsteinhaus beherbergt das Römische und Naturkundliche Museum

Die Basilika St. Lorenz zeigt Selbstbewusstsein und Reichtum der Kemptener Fürstäbte

siten *Scagliola-Tafeln* in den Rückenlehnen sind. Die farbigen Stuckmarmor-Intarsien zeigen Landschaften und Gebäude im Wechsel der Jahreszeiten, geschaffen wurden sie – ebenfalls außergewöhnlich – ab 1672 von ›Frau Stuckhatorin‹ Barbara Hackl. Ein eingearbeitetes Wappen nimmt Bezug auf Hildegard (758–783), die Ehefrau Karls des Großen. Die schwäbische Adlige wird als Wohltäterin des Klosters, wenn nicht gar als Stifterin verehrt. Ihr erweist auch das Bild im *Castulusaltar* im südlichen Chorarm Reverenz, in dem der kniende Fürstabt Rupert von Bodman das Stift dem Schutz des als Heilige verehrten Herrscherpaares Karl und Hildegard unterstellt. Die gesamte Ostwand nimmt der *Hochaltar* aus rotbraunem Stuckmarmor ein, das Altarbild von 1780–84 zeigt ›Mariä Himmelfahrt‹. Der schwarz-goldene Ablösealtar im Norden entstand um 1669 und thematisiert die Kreuzabnahme. Das älteste Ausstattungsstück der Kirche ist ein ausdrucksstarkes gotisches *Astkreuz* (um 1350) am Ende des südlichen Seitenschiffes.

Gegenüber der Basilika hat im einstigen Kornhaus des Stiftes das **Allgäu-Museum** 10 (Großer Kornhausplatz 1, Tel. 08 31/540 21 20, www.allgaeu-museum.de, Di–So 10–16, Juni–Aug. Di–Fr 10–16, Sa/So 10–17 Uhr) großzügige Ausstellungsräume gefunden. Hier kann man anhand von Exponaten, Panoramen, Modellen und Mitmachstationen die Geschichte Kemptens und seines Umlands vom 16. bis 20. Jh. nachvollziehen. Flachs- und Milchwirtschaft werden ebenso vorgestellt wie die Allgäuer Wallfahrtstradition. Etwas weiter südlich die Straße hinauf schließt sich die frühere Stiftsmälzerei von 1788 an. In den hohen Kreuzgewölben ihres Untergeschosses bietet die **Kunsthalle Kempten** 11 (Tel. 08 31/252 52 00, www.kunsthallekempten.de, bei Ausstellungen meist Di– So 10–16 Uhr) Allgäuer Künstlern ein öffentliches Forum.

Auch der einstige Marstall dient heute der Kultur, beherbergt er doch in seinen drei Etagen **Alpinmuseum und Alpenländische Galerie** 12 (Landwehrstr. 4, Tel. 08 31/252 57 40, www.bayerisches-nationalmuseum.de, März–Mitte Nov. Di–So 10–16 Uhr). Beeindruckend sind die erlesenen sakralen Kunstwerke der Galerie im Erdgeschoss. Hier sind Kostbarkeiten zu sehen wie ein Nothelferaltar, den Jakob Schick 1515 für eine Kapelle in Oberstdorf schuf, oder die um 1345 aus einem Baumstamm geschnitzte Skulptur ›Maria im Wochenbett‹. Was immer mit den Bergen zu tun hat, ist Thema des *AlpinMuseums* in den beiden Stockwerken darüber. Man erfährt Interessantes über den Wildbachschutz im Allgäu, über heilige Berge und Bergbauern oder kann historische Bergsteigerausrüstungen begutachten.

TOP TIPP

Den stimmungsvollen Abschluss eines Stadtrundgangs bildet der hübsche, rabattengeschmückte **Hofgarten** 13, den im Norden der etwas tiefer liegende weiße Zweiflügelbau der früheren **Orangerie** 14 (heute Stadtbibliothek, Di–Fr 10–18 Uhr) begrenzt.

Den geschichtlichen Kreis schließt ein Besuch des **Archäologischen Parks Cambodunum** 15 (APC, www.apc-kempten.de, Mai–Okt. Di–So 10–17, Nov. und März/April Di–So 10–16.30 Uhr, Führungen So 11 Uhr) auf der Höhe des östlichen Illerufers. Erster von drei Teilen der Anlage ist ein rekonstruierter gallorömischer Tempelbezirk. In den auf Originalfundamenten errichteten Mauern einer U-förmigen Doppelhalle sind 13 Tempelmodelle, archäologische Fundstücke und interessante Videofilme zum römischen Provinzalltag vor rund 2000 Jahren zu sehen. Dann führen in den überdachten kleinen Thermen Stege und Glasböden über die offen gelassene Ausgrabung der einstigen Badeanlage des römischen Statthalters aus dem 2. Jh. n. Chr. In einem öffentlichen Park zwischen Tempeln und Thermen sind im Gras die hervorgehobenen Grundmauern von Gebäuden der ersten römischen Siedlung zu erkennen. Ein Modell erklärt die Lage von Basilika, Forum und Gefängnis.

Das Alpinmuseum erinnert an Zeiten, in denen Trekking noch Bergwandern hieß

Sulzberg

An der Landstraße, 8 km südlich von Kempten, bietet sich der Erholungsort Sulzberg (www.sulzberg.de) als Station an. Hier kann man vor prächtiger Alpenkulisse im Öschle- oder Rottachsee ein kühles Bad nehmen oder die Ruine der **Burg Sulzberg** besuchen. Die malerischen Mauerreste auf einem Felskegel gehen auf das 12. Jh. zurück. Im 24 m hohen Burgfried stellt das kleine *Burg-*

Heute beherbergt die fürstäbtliche Orangerie am Rande des Hofgartens die Stadtbibliothek

Mord und Totschlag in den Bergen: Kommissar Kluftingers Allgäu

Wenn Kommissar Kluftinger sich aufregt röten sich seinen Wangen, an den Anblick von Toten wird er sich nie gewöhnen und Respekt hat er eigentlich nur vor seiner Frau Erika: Der vom Autorenduo Volker Klüpfel und Michael Kobr ersonnene Ermittler von der Kemptener Polizei ist wohl gerade deshalb so erfolgreich, weil er kein cooler Besserwisser ist, sondern ein ganz normaler, sympathischer Spießbürger. Bei seinen Ermittlungen muss ›Klufti‹ sich vor der Kulisse seiner Allgäuer Heimat mit Käsefabrikanten, Laienschauspielern und Hoteliers anlegen. Trost findet er oft nur in seiner geliebten Nervennahrung: Kässpatzen mit extra vielen Zwiebeln ... Die acht bisher erschienenen Kluftinger-Krimis verkauften sich über zwei Millionen Mal. Mehrere Filme mit Herbert Knaup festigten den Ruhm. Fans können sich in Kluftis Heimatort **Altusried** (jeden 2. Fr 16 Uhr, Tel. 08373/7051) oder an seinem Dienstsitz **Kempten** (Führungen Mai–Okt. 1. Fr/Monat 16 Uhr ab Residenz) auf seine Spuren begeben (www.kommissar-kluftinger.de).

Sie erfanden Klufti: Allgäuer Autorenduo Michael Kobr (li.) und Volker Klüpfel

museum (Mai–Okt. So/Fei 13.30–16.30 Uhr) das Leben im Mittelalter vor. Mitunter werden auch Ritterabenteuer für die ganze Familie veranstaltet.

Praktische Hinweise

Information

Tourist-Information, Rathausplatz 24, 87435 Kempten, Tel. 08 31/252 52 37, www.kempten.de

Wo Römer baden gingen: die kleinen Thermen im Archäologischen Park Cambodunum

Allgäuer Seenland, Rathausplatz 4, 87477 Sulzberg, Tel. 083 76/92 01 19, www.allgaeuerseenland.de

Sport und Freizeit

CamboMare, Aybühlweg 58, Kempten, Tel. 08 31/58 12 10, www.cambomare.de. Freizeitbad in Form einer Lagune, mit Sprudelgrotte, temperiertem Außenbecken und Black-Hole-Röhrenrutsche, Kräutersud- und Rauchsauna.

Kletterwand, Engelhaldepark, Auskunft über Deutscher Alpenverein, Sektion Allgäu-Kempten, Tel. 08 31/209 27. 700 m^2 Kletterwand im Freien, 18 m hoch, III–XI.

Hotels

****Bayerischer Hof**, Füssener Str. 96, Kempten, Tel. 08 31/57 18 0, www.bayerischerhof-kempten.de. Freundliches Hotel am Rande der Altstadt mit 50 bequem eingerichteten Zimmern in historischem Gebäude. Sauna und kostenloser Fahrradverleih für Gäste.

Fürstenhof, Rathausplatz 8, Kempten, Tel. 08 31/25 36-0, www.fuerstenhof-kempten.de. Feines, nicht klassifiziertes Haus in traditionsreichem Patrizierhaus aus dem frühen 17. Jh. 56 große Zimmer, mal modern, mal in altenglischem Stil eingerichtet, einzelne Gasträume auch im historischen Londoner Hof nebenan.

****Park Hotel Kempten, Bahnhofstr. 1, Kempten, Tel. 08 31/252 75, www.parkhotelkempten.de. Glasverkleideter Hotelturm mit 13 Stockwerken am Rand der Altstadt. Einige der 40 zweckmäßig-elegant eingerichteten Zimmer bieten einen schönen Panoramablick über die Dächer Kemptens.

Restaurants

Haubenschloss, Haubenschlossstr. 37, Kempten, Tel. 08 31/235 10, www.haubenschloss-ke.de. Angenehmes Restaurant-Café mit feiner gutbürgerlicher Küche. Sehr schön sitzt man auf der Terrasse im Schlosspark (Mo/Di geschl.).

Meckatzer Bräu-Engel, Prälat-Götz-Str. 17, Kempten, Tel. 08 31/565 64 89, www.meckatzer-braeu-engel.de. Gemütliche Gaststätte in einem historischen Traufseitbau aus dem 18. Jh. Es gibt traditionelle Gerichte wie Biergulasch mit Brezenknödel, aber auch Zeitgemäßes wie gebratenen Garnelen im Kartoffelnest (Mo geschl.).

Rendez-vous à Quiberon, Rathausstr. 2, Kempten, Tel. 08 31/520 81 16. Charmantes Restaurant mit Café und Crêperie im Zentrum der Altstadt. Der kleine Innenraum ist mit Netzen und Schiffsschrauben maritim dekoriert. Hier isst man Galettes und andere französische Speisen wie Coq au Cidre (So/Fei geschl.).

22 Wiggensbach

Ruhiger Ferienort inmitten abwechslungsreicher grünhügeliger Voralpenlandschaft.

Die friedliche Marktgemeinde ist Heimat von rund 4800 Menschen. Die ländliche Umgebung lädt im Sommer mit blumenbunten Wiesen, dunklen Tannenwäldchen, sanften Hügeln, friedlich grasenden Kühen und blumengeschmückten Bauernhöfen zum Wandern und Fahrrad fahren, im Winter zum Skilanglaufen ein.

TOP TIPP Von besonderer Schönheit ist die Pfarrkirche **St. Pankratius** (www.pfarrei-wiggensbach.de) auf einer Anhöhe inmitten des Ortes. Sie wendet ihre mit Holzschindeln verkleidete Westseite dem Marktplatz zu. Johann Georg Specht schuf das Gotteshaus 1770–77 in spätem Rokoko als Erweiterung einer renovierungsbedürftigen mittelalterlichen Kirche. Damals entstand der heutige Grundriss in Form eines griechischen Kreuzes mit gleich breitem Längs- und Querschiff. Ungewöhnlich ist die Flach-

Die Vierungskuppel in St. Pankratius zeigt Esther am persischen Hof als Fürbitterin für ihr Volk

Die kahle Bergkuppe des Grünten (Bildmitte) überragt Immenstadt am Kleinen Alpsee

decke, die lediglich über viertelkreisförmige Kehlen auf den Wänden sitzt. Über der Vierung wölbt sich eine flache *Kuppel* mit ebenem Scheitel, die ebenso wie die stuckgerahmten Kartuschen in der Querhausdecke mit Szenen aus dem Alten Testament ausgemalt ist, Meisterwerke von Franz Joseph Hermann. An der Nordostecke der Vierung fand die mit vergoldeten Schnitzreliefs verzierte *Kanzel* von 1772 Platz, deren Schalldeckel ein übergroßer Engel mit Posaune ziert. Zwischen den beiden schmalen seitlichen Eckaltären aus grauem Stuckmarmor öffnet sich der eingezogene *Chor*. Er ist ganz auf den in zwei Etagen aufgebauten Hochaltar ausgerichtet. Eine Konsole erhöht das säulenflankierte Altarbild, auf dem Johann Michael Koneberg 1772 darstellte, wie die Muttergottes dem hl. Dominikus den Rosenkranz überreicht. Auch die längsovale *Chorkuppel* ist vollständig ausgemalt, die Bilder zeigen Jesus als Kirchengründer und die Schlüsselübergabe an Petrus.

Unweit der Kirche sind im Rathaus das *Wiggensbacher Informationszentrum* und das **Heimatmuseum** (Marktplatz 3, Tel. 08370/8435, Mo–Fr 10–12, Mai–Okt. auch So 10–12 Uhr, nachmittags nach Vereinbarung) untergebracht. Letzteres zeigt eine lokalgeschichtlichen Sammlung zum bäuerlichen Leben.

Altusried

An manchen Sommerabenden finden sich bis zu 2500 Besucher im Tal südlich von Altusried ein. Krimifreunden ist es seit einiger Zeit bekannt als Heimat des ewig grantelnden Kriminalkommissars A. Ignatius Kluftinger [s. S. 98]. Ein weiterer Grund ist die hiesige **Freilichtbühne** (Kartenbüro Altusried Tel. 0180/592200, www.freilicht buehne-altusried.de), um die Felsen, ein Teich und ein stimmungsvolles Tannenwäldchen eine großartige Naturkulisse bilden. Die Zuschauertribünen gegenüber überspannt eine kühn geschwungene Holzdachkonstruktion.

Im Ort selbst fällt an der Hauptstraße ein reich bemaltes Wohnhaus auf, in dem neben dem Verkehrsamt auch das **Käse- und Flachsmuseum** (Tel. 08373/7051, Mo–Mi und Fr 9–12, Do 16–18 Uhr) Platz gefunden hat. Hier kann man sich in zwei niedrigen Stuben über traditionelle Käseherstellung sowie den früher im Allgäu so bedeutenden Anbau und die Verarbeitung von Flachs kundig machen.

i Praktische Hinweise

Information

Amt für Kultur und Tourismus, Kempter Str. 3, 87487 Wiggensbach, Tel. 08370/8435, www.markt-wiggensbach.de

Sport und Freizeit

Golfclub Waldegg-Wiggensbach, Hof Waldegg, Wiggensbach, Tel. 08370/93073, www.golf-wiggensbach.com. Putten vor großartiger Alpenkulisse. Bei Tee 5 der 27-Loch-Anlage liegt Deutschlands höchster Abschlag (1011 m).

Hotels

****__Landhotel Goldenes Kreuz__, Marktplatz 1, Wiggensbach, Tel. 08370/8090, www.landhotelgoldeneskreuz.de. Gediegenes Hotel mit 23 Zimmern in historischem Bauernhof. Golf-Arrangements.

TOP TIPP ***__Residenz Hofgut Kürnach__, Unterkürnach 2, Wiggensbach, Tel. 08370/8070, www.hofgut-kuernach.de. In den properen Fachwerkhäusern der einstigen Jagd- und Sommerresidenz der Fürstäbte zu Kempten befinden sich heute 78 Gästezimmer,

dazu Bäder-, Wellness- und Kosmetikbereich. Familienfreundlich mit Kindergarten, Streichelzoo und Ponys.

Restaurants

Gasthof Zum Hirsch, Rohrachstr. 7, Wiggensbach, Tel. 08370/253, www.gasthof-hirsch-wiggensbach.de. Mehr als 300 Jahre Gasthof-Tradition verpflichten: In Gaststube oder Biergarten genießt man Allgäuer Mehlspeisen und Wildspezialitäten (Mo und Di geschl.).

Zum Kapitel, Marktplatz 5, Wiggensbach, Tel. 08370/922 64 04, www.zum-kapitel.de. Originelles Aushängeschild: Das Fahrrad in der Dorflinde vor dem Gasthof kennzeichnet das gemütliche Haus als Radler-Einkehr. Zur Stärkung gibt es Kräftiges wie Schweinsbraten ebenso wie leichte Salate. Mi geschl.

23 Immenstadt

Zwei malerische Alpseen und die Berge sorgen für geschäftiges Treiben in der einstigen Residenzstadt.

Immenstadt (14 000 Einw.) liegt eng umschlossen von waldreichen Höhen im hier schmalen Tal der Iller und erstreckt sich mit seinem Gemeindeteil Bühl nach Westen in das breitere Tal des Kleinen und Großen Alpsees hinein.

Allzu hoch sind die umliegenden Gipfel nicht, der Hausberg *Mittag* im Süden erreicht gerade 1451 m. In seinen Schatten ducken sich die Häuser der 1275 erstmals erwähnten Siedlung *Ymendorf*. 1360 verlieh der Landesherr Heinrich Graf zu Montfort dem Ort im Auftrag Kaiser Karls IV. die Stadtrechte. *Ymmenstatt*, wie es nun hieß, erhielt eine Stadtmauer und wuchs durch Salz- und Leinwandhandel. 1567 ging die Herrschaft an die Freiherren zu Königsegg über. Diese bauten die Stadt im 17. Jh. trotz Dreißigjährigem Krieg und Pest zu ihrer Residenz aus. Die Stadtmauer fiel wenig später dem Expansionsdrang der blühenden Handels- und Gewerbestadt zum Opfer. Auch mehrere verheerende Brände, der letzte im Jahr 1844, konnten ihn nicht stoppen. Mitte des 19. Jh. empfahl sich Immenstadt durch günstige Energie aus Wasserkraft als Standort für die Baumwolle verarbeitende Industrie, wovon noch heute zahlreiche Fabrikantenvillen zeugen.

Ein Rundgang könnte am zentralen **Marienplatz** beginnen, an dessen Südende sich die Mariensäule von 1773 über ein achteckiges Brunnenbecken aus dem

Wanderungen um den Mittag

Eine **Doppelsesselbahn** (Mittagstr. 30, Immenstadt, Tel. 08323/6149, www.mittagbahn.de) bringt Skiläufer und Wanderer auf den **Mittag**. Ab dem Gipfel sind mehrere Wege ausgeschildert, etwa in einer Viertelstunde zur Alpe Oberberg (Tel. 08323/6784), in der Bergkäse hergestellt wird, oder zum 1463 m hohen Bärenkopf. Etwas länger dauert der Gang ins zauberhafte *Gunzesrieder Tal* (1,5–2 Std.) und den ganzen Tag ist man über die Nagelfluhkette zum Hochgrat unterwegs (7 Std.), von wo man mit der Hochgratbahn wieder ins Tal fahren kann.

Jahr 1988 erhebt. Die bronzenen Figuren Hütebub, Zimmermann, Weberin und Strumpfformerin verkörpern typische Immenstädter Gewerbe.

Das 1550 erbaute **Schloss** der Freiherren zu Königsegg begrenzt die Westseite des Platzes. Von der einstigen Zweiflügelanlage ist lediglich der türmchenbekrönte Hauptteil erhalten. In dem selbstbewusst aufragenden Bau mit altrosa Fassade ist auch die Gästeinformation untergebracht. Einige historische Bürger- und Geschäftshäuser säumen den Marienplatz im Süden, darunter das **Rathaus** von 1640. Hier fanden 1753–1820 die bedeutenden Immenstädter Leinwandschauen statt, zu denen Kaiser Karl V. 1536 die Erlaubnis erteilt hatte. Seine heutige Gestalt mit Spitzgiebel und rundem Glöckchenturm am Dachfirst erhielt das 1864–66 neogotisch umgebaute Haus nach einem Brand 1912.

Immenstadt-Idylle – Mariensäule am Marienplatz, dahinter der Turm von St. Nikolaus

Hinter der kurzen Häuserfront im Osten ragt der barocke Zwiebelturm der Pfarrkirche **St. Nikolaus** auf. Die zu Beginn des 18. Jh. errichtete Kirche wurde 1907/08 neoklassizistisch umgestaltet. Der kreuzförmige Bau ist innen reich mit *Fresken* geschmückt, die Vierungskuppel malte 1911/12 Xaver Dietrich mit Szenen aus dem Leben des Kirchenpatrons aus. Unter den Ausstattungsstücken aus unterschiedlichen Epochen sind zwei besonders hervorzuheben: Die spätgotische Figurengruppe *Madonna mit Kind* an der Südseite des Langhauses und die um 1520 entstandenen Figuren der beiden Pestheiligen St. Sebastian und St. Rochus im Chor.

Im Norden der Pfarrkirche erinnert der **Klostergarten** an das 1984 abgerissene Kapuzinerkonvent, das seit 1650 bestanden hatte. Zum Kloster gehörte die erhalten gebliebene Kirche **St. Josef**, die 1653 auch als Grablege der Grafen zu Königsegg-Rothenfels errichtet worden war. Ihr neobarocker Schaugiebel zum Klosterplatz wurde 1903 vorgebaut. Bereits 1730 war das schlichte Kirchlein im Norden um eine Kapelle zu Ehren des Kapuzinermärtyrers Fidelis erweitert worden.

Ein kurzer Spaziergang führt nun nach Westen zur Aach, an dessen Ufer das **Museum Hofmühle** (Tel. 08323/3663, www.museum-hofmuehle.de, Mi–So 14–17 Uhr) liegt. In der einstigen Gräflichen Hofmühle von 1767 wird die Geschichte der Stadt bis zum 20. Jh. erzählt. Eine Gemäldegalerie zeigt Kunst des 18. und 19. Jh., im Maschinensaal sind mehrere historische Maschinen zur Hanfverarbeitung sowie zwei der von 1947 bis 1951 in Immenstadt produzierten Motorräder namens ›Riedel-Immen‹ zu sehen.

Am anderen, südlichen Ende der Stadt befinden sich jenseits der Bahnlinie einige der bereits erwähnten Fabrikantenvillen aus dem 19. und 20. Jh. Zu ihnen gehört auch die **Villa Edelweiß** (Adolph-Probst-Str. 6) von 1884, die heute eine Musikschule beherbergt und deren Park einige interessante Skulpturen zieren.

Bühl

2 km westlich von Immenstadt weitet sich das Tal der Iller, die bewaldeten Hän-

Wohnen am Wasser – Blick vom Bühler Kurpark auf den Großen Alpsee samt Fischerhäuschen

ge werden flacher und lassen Raum für den **Kleinen Alpsee** und den **Großen Alpsee**. Ersterer lockt im Sommer mit Angelplätzen und einem Freibad, letzterer lädt auf seinen 2,4 km^2 Wasserfläche zum Segeln und Surfen ein. Nördlich des Sees führt ein auf dem ersten Kilometer gepflasterter Hohlweg, dann ein Feldweg in einer guten halben Stunde zu den Burgruinen *Rothenfels* und *Hugofels*.

Im Luftkurort **Bühl** am Südostufer des Großen Alpsees lädt ein gepflegter Kurpark mit Blick auf einige alte Fischerhäuser am Ufer zum Flanieren ein. Ebenfalls am See sind im **Alpseehaus** (Seestr. 10, www.alpseehaus.de, tgl. 10–18 Uhr) die Gästeinformation untergebracht, eine Filiale der Bergkäserei Diepolz (s. u.), die Geschäftsstellen von Naturpark Nagelfluhkette und Bund Naturschutz sowie das für Jung und Alt spannende **Naturerlebniszentrum Allgäu** (Tel. 083 23/998 87 60, www.nez-allgaeu.de).

NIcht weit davon krönt bei der Ortseinfahrt das sogenannte Vier-Kirchen-Ensemble die Anhöhe *Bühel*. Mitte des 17. Jh. hatte Hugo von Königsegg-Rothenfels hier den Neubau einer Wallfahrtskapelle anstelle der alten St. Stephan-Kirche und deren Wiedererrichtung einige Meter weiter befohlen. Diese 1666/67 neu errichtete Pfarrkirche **St.-Stephan** besitzt mit der **Salvator- oder Heilig-Grab-Kirche** eine kleine Unterkirche. Nur gebückt kann man den tonnenüberwölbten Innenraum betreten, dessen kleiner Chor fast vollständig von einer frei stehenden holzgeschnitzten Nachbildung (1620) des Heiligen Grabes in Jerusalem ausgefüllt ist. Bemerkenswert ist auch die Pietà am linken Seitenaltar vor dem Chor. Die Brust der Muttergottes wird von sieben Schwertern durchbohrt.

Die **Maria-Loreto-Wallfahrtskapelle** wurde 1666 auf den Grundmauern der alten St.-Stephan-Kirche errichtet. Sie ist der ›Casa Santa‹, dem angeblichen Haus Marias in Nazareth – heute in Loreto bei Ancona – nachempfunden. Mittelpunkt des in Weiß und Gold gehaltenen klassizistischen Altars ist eine Standfigur unter geschnitztem Baldachin mit Draperie, das Gnadenbild der Maria mit Kind. Bis zu 30 000 Gläubige sollen Ende des 17. Jh. jährlich hierher gepilgert sein. 1716 wurde ihr die **St. Anna-Kapelle** angeschlossen.

Folgt man von Bühl aus der B 308, so erreicht man nach gut 4 km die **Alpsee Bergwelt** (Ratholz 24, Tel. 083 25/252, www.alpsee-bergwelt.de, April–Nov.). Hier kann man AlpseeCoaster fahren oder mit der *Sommerrodelbahn* gut 3 km weit zu Tal sausen. Nahe der Bergstation der Sesselbahn befindet sich der zugehörige *Kletterwald Bärenfalle* (Tel. 083 23/96 80 50, www.kletterwald-baerenfalle.de).

Diepolz

10 km nordwestlich von Immenstadt liegt Diepolz im hügeligen Bergstättgebiet. An einem Hang mitten im Dorf erstreckt sich das **Allgäuer Bergbauernmuseum** (Tel. 083 20/70 96 70, www.bergbauernmuseum.de, Anf. April–Mitte Nov. tgl. 10–18 Uhr). Zu sehen sind ein Bauernhof mit Kräutergarten, eine Imkerei und eine historische Dorfsennerei mitsamt Käsküche, alle originalgetreu eingerichtet. Jüngere Besucher begeistern sich vor allem für die Kühe, Stein- und Bergschafe, Hühner, Schweine und Katzen zum Streicheln. 20 m weiter an der Hauptstraße verkauft die *Bergkäserei Diepolz* (Tel. 083 20/480, www.bergkaeserei-diepolz.de) ihre Molkereiprodukte. Morgens kann man hier auf Anfrage bei der Herstellung von frischem Käse und Butter zuschauen.

i Praktische Hinweise

Information

Gästeinformation Immenstadt, Marienplatz 12 (im Schloss), 87509 Immenstadt, Tel. 083 23/99 88 77, www.immenstadt.de

Gästeinformation Bühl am Alpsee, Seestr. 10 (Alpseehaus), Bühl, Tel. 083 23/ 99 88 77

Einkaufen

Fischerstadl, Julius-Kunert-Str. 13, Immenstadt, Tel. 083 23/98 77 96. Angelbedarf und Antiquitäten mit auffälliger Auslage vom Wolpertinger bis zu Geweihen.

Herstellerverkauf, Julius-Kunert-Str. 44, Tel. 083 23/122 75, Immenstadt, www.bau5.de, Mo–Fr 10–18.30, Sa 10–16 Uhr. Günstige Strumpfwaren, Wäsche und Outdoorkleidung von Kunert, 2117, Götzburg u.a.

Sport und Freizeit

Faszinatour, Alleestr. 1, Immenstadt, Tel. 083 23/965 60, www.faszinatour.de. Klettergarten, Canyoning, Rafting und Abseiling im weiteren Alpenraum.

Freibad Kleiner Alpsee, Immenstadt, Tel. 083 23/87 20, Mitte Mai–Anfang Sept. tgl. 9–19 bzw. 20 Uhr. Natursee und beheiztes Freibad, Sprungturm, Abenteuerspielplatz und Beach-Volleyball-Platz.

Wasserski- und Wakeboardlift Allgäu, Hofen 13/Inselsee, Blaichach (5 km südöstl. Immenstadt), Tel. 083 23/96 89 98, www.inselsee-allgaeu.de, Mai–Sept. tgl. 12– 19 Uhr, April/Okt. Sa/So. Sommerspaß auf der einzigen Anlage im Allgäu.

Wassersportschule Oberallgäu, Seepromenade 15, Kurpark am Großen Alpsee (Bootshäuser hinter Minigolfanlage), Bühl, Tel. 083 23/522 00, www.wassersportschule-oberallgaeu. de. Kiel-, Tret- und Ruderboote, Jollen, Katamarane, Surfbretter und Kiteschirme. Auch Kurse.

Hotels

******Hotel Krone**, Rottachbergstr. 1, Stein (ca. 4 km nordöstl. von Immenstadt), Tel. 083 23/966 10, www.hotel-krone-stein.de. Alteingesessenes Haus im Grünen.

*****Rothenfels**, Missener Str. 60, Bühl, Tel. 083 23/91 90, www.hotel-rothenfels.de. 2011 komplett renoviertes Terrassenhotel am Nordufer des Großen Alpsees mit Hallenbad und Sauna. Unübertrefflicher Blick über See und Konstanzer Tal.

Den Erlebnishunger stillt eine Wildwasser-Raftingtour auf einem der Gebirgsflüsse der Alpen

Sommerwiesen um Bad Oberstaufen, im Winter wird hier Skisport groß geschrieben

Restaurants

TOP TIPP **Bergstätter Hof**, Knottenried (ca. 8 km nördlich von Immenstadt), Haus Nr. 17, Tel. 083 20/92 30, www.bergstaetter-hof.de. Ambitionierte junge Küche mit frischen Zutaten aus der Region, z. B. Käsesuppe mit Nüssen oder gebratener Kaninchenrücken (Mo und Di Mittag geschl.). 21 Gästezimmer und eine Ferienwohnung im Haus.

Drei König, Marienplatz 11, Immenstadt, Tel. 083 23/86 28, www.drei-koenig.de. Bodenständiger Gasthof auf der Südseite des autofreien Platzes. Regionale Küche, z. B. Renken oder Käseschnitzel.

Gasthof zum Alpsee, Seestr. 14, Bühl, Tel. 083 23/63 21. Alteingesessenes Wirtshaus am Bootshafen, genau richtig für deftige regionalübliche Brotzeiten, also Braten, Schnitzel oder Fisch (Di geschl.).

24 Oberstaufen

Schrothkur und Skizirkus bringen reichlich Besucher in das Bergdorf.

Die Lage des **heilklimatischen Kurortes** ist beinah zu schön um wahr zu sein: Nach Nordwesten öffnen sich die grünen Hügel des Alpenvorlandes zum Bodensee, im Süden beginnt die Bergwelt der Alpen. Ringsum locken Spazier- und Radwanderwege, Wintersportler haben die Wahl zwischen insgesamt 100 km Loipen und zahlreichen Abfahrten.

Dörfliche Beschaulichkeit darf man in dem um das Jahr 1000 gegründeten Ort nicht erwarten, dafür ist die Marktgemeinde mit ihren 7100 Einwohnern bei Urlaubsgästen zu beliebt. Viel trägt dazu die **Schrothkur** bei. Ihre Grundlagen sind neben einer eiweiß-, fett- und salzarmen Diät Ganzkörperwickel und mäßiges Trinken von Kurwein. So sollen der Stoffwechsel angeregt und das Wohlbefinden gesteigert werden. Der Fuhrmann *Johannes Schroth* (1798–1856) hatte das nach ihm benannte Naturheilverfahren entwickelt, der Arzt *Dr. Hermann Brosig* (1906–1994) führte es Mitte des 20. Jh. in Oberstaufen ein. Der Ort verfügte damals bereits über einen Ruf als Kneippkurort, doch der große Ansturm begann erst mit den ›Schrothlern‹. Bis heute ist Oberstaufen Deutschlands einziger anerkannter Schrothkurort.

Oberstaufen selbst besticht durch gute *Einkaufs-* und *Ausgehmöglichkeiten*. Im Ortszentrum sind einige ansehnliche holzschindelverkleidete Bauernhäuser aus dem 18. und 19. Jh. erhalten. In einem von ihnen, erbaut 1788, ist das **Heimatmuseum Beim Strumpfar** (Jugetweg 10, Tel. 083 86/13 00, Jan.–Okt. Mi/Fr 15–17, So

Das Oberstaufer Erlebnisbades Aquaria ist ein großer Spaß nicht nur für kleine Wasserratten

10–12 Uhr) untergebracht, das Ausstattung und Tracht der früheren bäuerlichen Bevölkerung vorstellt. Auch ein Kaufladen und eine Heimkäserei sind so aufgebaut, wie sie noch bis ins 20. Jh. hinein in der Gegend zu finden waren. Im Keller sind Küferwerkstatt, Mosterei und Schnapsbrennerei untergebracht.

Unweit des Ortskerns befindet sich das Hallen- und Freibad **Aquaria** (Alpenstr. 5, Oberstaufen, Tel. 083 86/931 30, www.aquaria.de, tgl. 9–22 Uhr). Das Erlebnisbad kann mit Sprungtürmen, Geysiren, Luftsprudler und Massagedüsen aufwarten, im Winter finden Saunnächte statt.

Vom Hündle zu den Bucheneggerr Wasserfällen

An der Bergstation der Hündlebahn beginnt der nur konditionsstarken Wanderern zu empfehlende Rundweg (Beschilderung Wildes Wasser, 3,5 Std., ca. 11 km, 526 HM) durch die Weißachschlucht zu den Buchenegger Wasserfällen. Über zwei Kaskaden stürzt hier das Wasser der Weißach in einen tief ausgespülten Gumpen. Umgeben wird er vom urwaldartigen Naturwaldreservat Achrain. Wer nicht mit der Hündlebahn auffahren will, erreicht die Wasserfälle auch von Steibis aus über die Alpe Neugschwend.

Hündle Erlebnisbahnen, Parkplatz an der B 308, Oberstaufen, Tel. 083 86/27 20, www. huendle.de. Auf halber Höhe der Sesselbahn lädt die Sommerrodelbahn zu 850 m rasanter Talfahrt ein.

Steibis

860–1880 m hoch liegt das Wander- und Skigebiet des Oberstaufener Ortsteils Steibis. Mehrere Lifte führen von hier in die Bergregion an der Grenze zu Österreich. Steibis gilt als ›Tor‹ zum größten zusammenhängenden Senn- und Galtalpgebiet Deutschlands, auf etwa 120 km^2 zählt man rund 160 meist bewirtschaftete Alpen, die Tourenmöglichkeiten scheinen unerschöpflich.

i Praktische Hinweise

Information

Tourist-Information, Hugo-von-Königsegg-Str. 8 (Haus des Gastes), 87534 Bad Oberstaufen, Tel. 083 86/930 00, www.oberstaufen.de

Sport und Freizeit

Imbergbahn & Ski-Arena Steibis, In der Au 19, Oberstaufen-Steibis, Tel. 083 86/81 12, www.imbergbahn.de. Die Gondelbahn erschließt das Wander- und Skigebiet Nagelfluhkette im Süden. Anfahrt von Oberstaufen aus mit Gästebus.

Hotels

******Bayerischer Hof**, Hochgratstr. 2, Bad Oberstaufen, Tel. 083 86/49 50, www.bayer-hof.de. Eines der ersten

Schrothkur-Häuser vor Ort. 166 Zimmer im historischen Stammhaus von 1827, der ›Residenz‹ in Südlage mit Bergblick und im Gästehaus Leopold.

***Hotel **Mühlenhof**, Mühlenstr. 13, Oberstaufen, Tel. 083 86/932 60, www.hotel-muehlenhof.de. Gemütliche Zimmer am Ortsrand. Der große Garten ist ideal für Kinder.

Schratt, Sägmühle 19, Oberstaufen-Steibis, Tel. 083 86/980 10, www.biohotel-schratt.de. Familiäres Kurhotel am Rand von Steibis. Schrothkur möglich, vegetarische Vollwertküche im Restaurant. Massagen, Bäder und Sauna.

Restaurants

Adler, Kirchplatz 6, Oberstaufen, Tel. 083 86/932 10, www.adler-oberstaufen.de. Der Traditionsgasthof am brunnengeschmückten Platz gegenüber der Kirche bietet feine, innovative ›Neue deutsche Küche‹.

Adler, Haus Nr. 7, Aach (7 km südl. von Oberstaufen), Tel. 083 86/21 50, www.adler-in-aach.de. In dem bodenständigen Ausflugsgasthof mit holzgetäfelter Jägerstube wird gutbürgerliche Küche serviert, auch Wild aus eigener Jagd (Mo und Di geschl.). Auch Gästezimmer im Haus.

Sennstuben, Kirchdorfer Str. 7, Oberstaufen-Thalkirchdorf, Tel. 083 25/95 80, www.dorfhaus.de. Uriger Gasthof mit stylische Erweiterung, passend zu den klassischen und modernen Allgäuer Spezialitäten, von Kässuppe bis Felchenfilet. Im selben Haus gibt es noch eine Töpferei, eine *Käseschule* und den *Dorfladen* für regionale Produkte.

Wirtshaus im Park, Argenstr. 3 (Kurhaus), Oberstaufen, Tel. 083 86/27 08, www.wirtshausimpark.de. Candlelight-Dinner oder Tanztee am Rand des Kurparks. Die kulinarische Palette reicht von Kässpatzen bis zu raffiniert zubereitetem Fisch (werktags ab 14, So ab 11 Uhr, Do geschl.)

25 Sonthofen

Südlichste Stadt Deutschlands mit dem Grünten, dem ›Wächter des Allgäus‹, vor der Haustür.

Wer vom Norden in die Allgäuer Alpen fährt kommt an Sonthofen (21 000 Einw.) nicht vorbei. Kein Wunder also, dass es in der Stadt im Tal der Iller geschäftig zugeht. Bereits im Jahr 839 wurde an dieser verkehrsgünstigen Stelle eine Siedlung namens *Nordhouvn* erwähnt, aus der in einer Schenkungsurkunde 1122 *Suntho-*

Auf den Grünten

TOP TIPP Mehrere Wege führen auf den **Grünten**, den 1738 m hohen ›Wächter des Allgäus‹, dessen bekannte Kuppe der nicht minder markante 92 m hohe Sendeturm des Bayerischen Rundfunks ziert. Ausgangspunkt ist immer der kleine **Markt Rettenberg** am nördlichen Fuß des Berges. Vom Ortsteil Altach fährt die *Grüntenseilbahn* (ab 2013 wieder Ende Mai–Okt. Do 9–16 Uhr, Reservierung für die Bergfahrt erbeten: Tel. 083 27/930 40, www.gruenten-seilbahn.de) hinauf. Fußgänger erreichen den kahlen Gipfel vom Tal aus nach einer leichten, einfach 2,5 Std. dauernden und auch für Kinder geeigneten Tour. Über Wiesen und durch Wäldchen geht es dabei zunächst zur Alp Kammeregg (Tel. 083 27/10 49, www.alpe-kammeregg.de) auf 1200 m. Auf dem Grat erreicht man dann das Gipfelkreuz. Lohn der Aufstiegsmühen ist ein herrlicher Panoramablick: Nach Norden und Süden weit ins Illertal hinein, im Westen glitzert der Immenstädter Alpsee, an klaren Tagen sieht man von der Donau bis zur Zugspitze.

Nur die Funkwellen des Sendemasts auf dem Grünten reichen weiter als der Blick

Den harten Kampf ums Dasein illustrieren die von Falten zerfurchten Egga-Spiel-Masken

Heidnische Bocksprünge

Alle drei Jahre führen am Faschingswochenende 17 Buben und Männer auf dem Platz vor dem Sonthofener Rathaus das **Egga-Spiel** (nächstes 2015) auf. Im Jahr 1955 ließ man diesen uralten Brauch wieder aufleben, bei dem pantomimisch der Kampf des Menschen mit der Natur dargestellt wird. Dabei pflügen und eggen zunächst einige Mitwirkende ein aufgeschüttetes Feld. Vor die alten und kaputten Geräte sind Burschen mit Rinder- und Pferdemasken gespannt, die ›Bauern‹ tragen alte, zerlumpte Kleidung. Bei ihren redlichen Bemühungen werden sie von einer **Hexe** gestört, die unter wildesten Verrenkungen um sie herum springt, die ›Pferde‹ auseinandertreibt, das Saatgut ausschüttet, die Brotzeit isst, das Werkzeug unbrauchbar macht – kurz, stört, wo sie nur kann und damit ›überall an-eggt‹. Nach einiger Zeit entdecken die Menschen das hinderliche Treiben, sie jagen die Hexe über den ganzen Platz, werden ihrer schließlich habhaft und sperren sie in die *Saudrucke*, eine Art Käfig für Schweine. Das Spiel endet fröhlich – im nächsten Wirtshaus bei reichlich Essen und Trinken.

ven wurde. Die Erhebung zum Markt ließ bis 1429 auf sich warten. 1525 trafen sich hier am Vorabend der Bauernkriege die aufständischen Allgäuer Bauern mit dem Grafen Wolf von Montfort. Allerdings konnte der ›Sonthofer Tag‹ die blutigen Kämpfe nicht verhindern.

In den folgenden Jahrhunderten blühte der Ort durch den *Salzhandel* mit Tirol auf. Wirtschaftlich ähnlich wichtig war nur der *Erzabbau* am Grünten, der bereits im 15. Jh. begonnen hatte. In seinem Gefolge siedelten sich in Sonthofen zahlreiche Eisen verarbeitende Industrien, vor allem *Waffenschmieden*, an. 1934 ließ Adolf Hitler auf dem Kalvarienberg im Osten der Stadt die ›NS-Ordensburg Sonthofen‹ als Schulungszentrum der NSDAP errichten, einen mächtigen dunklen Backsteinbau, der heute General-Oberst-Beck-Kaserne heißt. Industrie und Truppenkontingente veranlassten die Alliierten dazu, Sonthofen während des Zweiten Weltkriegs immer wieder aus der Luft anzugreifen. Ein Großteil der historischen Gebäude wurde dabei zerstört.

Nach dem Krieg sorgten Textil und Metall verarbeitende *Industrie* sowie der *Tourismus* für wirtschaftliches Wachstum. Auch die Bundeswehr, die drei Kasernen am Ort unterhielt, sorgte für Beschäftigung. Bis Mitte der 2010er-Jahre wurden zwar zwei von ihnen geschlossen, die Beck-Kaserne aber aufwändig modernisiert.

Sonthofens heutiges Zentrum entstand im Wesentlichen nach dem Zweiten Weltkrieg, die Häuser sind groß und meist dreistöckig. Darum ist beim Bummel durch die Innenstadt auch nicht von überall der Kirchturm zu sehen, der sich in anderen Allgäuer Orten als Orientierungshilfe anbietet. Das mag aber auch daran liegen, dass er die Pfarrkirche **St. Michael** trotz seiner geschwungenen Haube nur um wenige Meter überragt. Das einschiffige Gotteshaus wurde im Krieg stark zerstört und 1945–51 in Anlehnung an den neoromanischen Vorgängerbau neu errichtet. So entstanden denn auch die *Deckenfresken* erst in den Jahren 1988–91. Ihre moderne Anmutung kontrastiert reizvoll mit dem originalgetreu rekonstruierten Barockstuck und den erhaltenen älteren Ausstattungsstücken. Der *Hochaltar* aus marmoriertem Holz im Chor stammt von 1758, das Altarblatt mit dem hl. Michael malte Waldemar Kolmsperger 1892, die Figuren der Kirchenväter werden Anton Sturm zugeschrieben. Hell leuchtet darunter das in Weiß und Gold gefasste Tabernakel. Barock bewegt zeigen sich auch die beiden teilweise rekonstruierten Seitenaltäre und die Kanzel im Langhaus.

Relativ unbeschadet überstand die unmittelbar südlich neben der Pfarrkirche stehende, Ende des 17. Jh. erbaute **Frauenkapelle** die Bombardements. So kann man heute in ihrem Inneren an der

Längswand neben dem nördlichen Seitenaltar ein ausdrucksstarkes Flachrelief der Heiligen Familie von 1520 bewundern. Die farbig gefasste Madonna neben dem südlichen Seitenaltar ist ein um 1515 entstandenes Werk Jörg Lederers. Den tonnenüberwölbten Chor dominiert der sechssäulige *Hochaltar* von 1704/05, in dessen zentraler Nische eine prächtig gekleidete und bekrönte Mondsichelmadonna mit Jesuskind milde lächelt.

Nur wenige Meter entfernt zeigt das **Heimathaus Sonthofen** (Sonnenstr. 1, Tel. 08321/3300, Dez.–Okt. Di–Do, Sa/So 15–18 Uhr) in einem Bauernhof aus dem 16. Jh. regionale Wohnkultur und Ethnografie. Eine komplett eingerichtete Küche ist zu sehen, Musikinstrumente, Sakralkunst und alamannische Grabbeigaben. Der Keller birgt eine Sammlung zu traditionellem Handwerk und Brauchtum, u. a. mit mehreren Egga-Spiel-Masken.

Die stadtauswärts gelegene **mini-mobil Modellausstellung** (Oberstdorfer Str. 10, Tel. 08321/87717, www.minimobil-museum.de, tgl. 11–17 Uhr, 10./11. und 48.–50. KW geschl.) verfügt über die weltgrößte H0-Sammlung. Von den 40 000 Modellen im Maßstab 1:87 sind stets mehr als 18 000 Stück zu sehen, darunter Eisenbahnen, Schiffe und Raketen. Im Obergeschoss ist Paris nachgebaut, wie es sich vom Tower des Flughafens Orly aus darbietet.

Mitten in der Stadt, nur wenig nordwestlich der Fußgängerzone, versorgt die traditionsreiche Brauerei **Hirschbräu** (Führungen Mo + Mi 9.30 Uhr, Tel. 08321/663344, mit anschließender Bierprobe, www.hirschbraeu.de) durstige Gäste. Von hier aus ist es nicht weit nach Süden zum **Rathaus** mit Gästeamt an der Hauptstraße. Über seinem Eingang ist eine Gruppe ungewöhnlicher Bronzeskulpturen versammelt, pferde- und stierköpfige Gestalten, eine dreschflegelschwingende Frau, ein vorwitziger Hütebub. Sie stellen die Figuren des Egga-Spieles dar.

Durch die Starzlachklamm

Zwischen Grünten und Wertacher Horn entspringt die Starzlach. Kurz vor der Mündung in die Ostrach zwängen sich ihre Wasser in der

TOP TIPP

wildromantischen **Starzlachklamm** (Mai–Okt., je nach Wetter, www.starzlachklamm.de, Klammwirt Tel. 08321/88988) durch steil aufragende Felsengen und strudeln durch kesselförmige Wassermühlen. Der Einstieg in die Klamm befindet sich beim Parkplatz im Sonthofener Ortsteil Winkel, die Wanderung selbst dauert 30 Min. Am Ende der Klamm kann man vor der Starzlachbrücke links in weiteren 30 Min. zur Alpe Topfen bzw. zum Bergasthof Alpenblick aufsteigen, der Rückweg führt dann über den Nothaldeweg (ca. 1 Std.).

So lebte die Allgäuer Landbevölkerung – traditionelle Bauernstube im Heimathaus Sonthofen

Praktische Hinweise

Information

Gästeamt Sonthofen, Rathausplatz 1, 87527 Sonthofen, Tel. 08321/615291, www.sonthofen.de

Gästeamt Rettenberg, Bichelweg 2, 87549 Rettenberg, Tel. 08327/93040, www.rettenberg.de

Einkaufen

Enzianbrennerei Turra, Hochstr. 10, Sonthofen, Tel. 08321/3346. Der kleine Laden in der Fußgängerzone führt allerlei Hochprozentiges, darunter auch hausgebrannte Spezialitäten wie Kuhmilch-Schnaps.

Sport und Freizeit

Wonnemar, Stadionweg 5, Sonthofen, Tel. 08321/780970, www.wonnemar.de. Freizeithallen- und Erlebnisbad mit Rutschen, Sprudel- und Whirlpools, Außenbecken, Sauna- und Fitnessbereich.

Hotels

AllgäuStern, Buchfinkenweg 2, Sonthofen, Tel. 08321/2790, www.allgaeustern.de. Größer geht's im Allgäu kaum: 398 Zimmer und 28 Suiten etwas außerhalb an einem Hang mit schöner Bergsicht. Die Ausstattung hält mit: sieben Restaurants und Bars, Aqua-, Wellness- und Fitnesspark, Bowling, Billard, Beachvolleyball, Skischule, Beauty.

Schwäbele Eck, Hindelanger Str. 9, Sonthofen, Tel. 08321/67200, www.schwaebele-eck.de. 25 ruhige Zimmer im bodenständigen Hotel-Gasthof am Stadtrand mit einladender Gartenterrasse. Radler sind willkommen, Fahrradgarage vorhanden.

Restaurants

Brauereigasthof Hirsch, Hirschstr. 2, Sonthofen, Tel. 08321/6728, www.brauereigasthof-hirsch.com In der hellen Stube werden bayerisch-schwäbische Schmankerl nebst österreichischen Süß- und Mehlspeisen serviert (Di geschl.).

Brauereigasthof Adler Post, Burgberger Str. 8, Rettenberg, Tel. 08327/226, www.brauereigasthof-adler-post.de. Einige der kräftigen schmackhaften Gerichte sind mit Bier der ortsansässigen Privat-Brauerei Zötler zubereitet (Mi geschl.).

Zum Illerursprung

Jenseits des Grundbaches beginnt Fischens Kurpark, der in den **Weidach-Naturpark** entlang der Iller übergeht. Eine Wanderung führt etwa 3 km am Fluss entlang zum *Illerursprung*, wo sich Breitach, Stilllach und Trettach zur Iller vereinen. Dort steht auch eine Bronzeskulptur aus drei liegenden Frauen des Oberstdorfer Künstlers Walter Kalot (1909–1996).

26 Fischen

Freundlicher heilklimatischer Kurort und größtes der fünf Hörnerdörfer.

Wie im Bilderbuch liegt das 3000-Seelen-Dorf im lauschigen Tal der Iller, eingebettet in grüne Wiesen und dichten Mischwald. Eine Siedlung namens *Viskingun* wird hier erstmals im Jahr 860 urkundlich erwähnt. Der im 10. Jh. daraus entstandenen Bezeichnung *Fiskina* für Fischen verdankt das **Kurhaus Fiskina** seinen Namen. Der moderne muschelförmige Bau aus Holz und Glas liegt in einem bachdurchflossenen Park am westlichen Ortsrand. Von hier ist es nicht weit zur **Obermühle-Säge** (Mühlenstr. 22, Führungen mit Mühlbetrieb Mai–Okt. Fr 17 Uhr), die erstmals 1508 erwähnt wurde.

Flaniert man vom Kurhaus ortseinwärts, erreicht man nach wenigen Schritten das **Fischinger Heimathaus mit Skimuseum** (Hauptstr. 3, www.skimuseum-fischen.de, Di/Do 15–17 Uhr). In dem regionaltypischen Bauernhaus aus dem 17. Jh. können sich Besucher in die gemütlichen Bauernstube setzen oder im einstigen Kuhstall über den Gebrauch von Klauenschuh und Huintzenbock sinnieren. Im Obergeschoss ist neben Ausstellungen zu Brauchtum, Trachten und Uhrmacherhandwerk auch eine Skisammlung untergebracht. Sie zeigt u. a. frühe Skimodelle aus Fassdauben, finnische Kandahar-Ski oder 3 m lange nordische Flachlaufski zum Überqueren von Gletscherspalten. Olympiaplakate, Fotos, Medaillen wie von Bob-Weltmeisterin Sandra Schmid und signierte Ski der Allgäuer Champions Gerhard Gehring und Ossi Reichert sind auch dabei.

Wer im Ort bleibt, sollte einen Blick in die Pfarrkirche **St. Verena** an der Hauptstraße werfen. Bereits zu Beginn des 12. Jh. ist hier die Existenz einer Kirche überliefert, der heutige Bau stammt aus der Mitte des 15. Jh. Auffällig ist der schlanke spätgotische Spitzhelm des Turmes. Den *Chor* dominiert der ursprünglich barocke

Ungewöhnliches Kirchturmpaar – die Frauenkapelle (links) und St. Verena in Fischen

Hochaltar aus rotem Stuckmarmor, der im frühen 19. Jh. klassizistisch verändert wurde und statt eines Altarblattes ein barockes Kruzifix und zwei Engelskulpturen mit Marterwerkzeugen zeigt. Akzente setzen die Skulpturen der zwölf Apostel (18. Jh.) an den Längswänden sowie die Figur der Mondsichelmadonna im Strahlenkranz (1641) am nördlichen Seitenaltar.

Nebenan auf dem Friedhof ist die 1670 geweihte, barocke **Frauenkapelle** von Baumeister Michael Beer kunsthistorisch bedeutsam. Langhaus und zwei angebaute Kreuzarme im Chor sind mit hohen Spitzdächern gedeckt, über der so entstandenen Pseudo-Vierung ragt ein breiter achteckiger Turm mit Kuppelhaube empor. Nach dem Eintritt durch das Westportal an der Schmalseite sieht man direkt auf den Chor. Die hochgewölbte Trennwand schmücken zum Langhaus hin zwei *Seitenaltäre* (1698) mit gedrehten Säulen und dunklen Aufsätzen. Sie leiten optisch auf den in feierlichem Schwarz gefassten *Hochaltar* von 1654 hin. Dessen Predella zeigt ein um 1440 entstandenes *Gnadenbild* der schmerzhaften Muttergottes, eine überaus anrührende Skulptur. Auf dem Altarblatt (1680) darüber übergibt Maria dem hl. Dominikus und der hl. Katharina von Siena den Rosenkranz. Sehr schön sind auch die beiden das Altarblatt flankierenden lebensgroßen Figuren der hl. Katharina (mit Schwert und Rad) und der hl. Barbara (mit Kelch). Die Kreuzarme des Chors sind ebenfalls mit barocken Altären (1673) ausgestattet, ihre Wände schmücken zahlreichen Votivtafeln. Weitere dieser Danksagungen sind an der Westwand des Langhauses zu sehen.

Das Schimuseum blickt zurück in eine Zeit, in der Skier noch aus Holz gefertigt wurden

Hörnerdörfer

Fischen ist das größte der fünf *Hörnerdörfer*. Die Bezeichnung weist auf einige der markanten Gipfel um die Orte Fischen, Bolsterlang, Balderschwang, Obermaiselstein und Ofterschwang, die alle die Bezeichnung ›Horn‹ tragen. So führen etwa von Bolsterlang aus die Gondeln der **Hörnerbahn** (Tel. 08326/9091, www.hoernerbahn.de) auf 1540 m zum Bolsterlanger Horn (1586 m) hinauf. Von oben folgt der Blick dem Lauf der Iller von Sonthofen bis Oberstdorf, im Süden begrenzen die Allgäuer und Lechtaler Alpen die Aussicht. Von der Bergstation aus machen sich Gleitschirmflieger und Wanderer gleichermaßen auf zurück ins Tal, die einen durch die Lüfte, die anderen über einen der zahlreichen Wanderwege. Freunde des alpinen Wintersports kommen dagegen gern in das Bergdorf **Balderschwang** und nutzen hier abseits der Pisten die ausgewiesenen Tiefschnee- und Freeridereviere.

TOP TIPP

Sturmannshöhle

Rund 2 km westlich von Obermaiselstein erhebt sich der dicht bewaldete, felsige Höhenzug des *Schwarzenstein*. Hier liegt etwa auf halber Höhe am Hang der Eingang zur **Sturmannshöhle** (Tel. 08326/38309, www.sturmannshoehle.de, Mai–Okt. tgl. 9.30–16.30, 26. Dez.–März tgl. 11–16 Uhr, stdl. Führungen, Tickets unterhalb der Höhle am Parkplatz). In der Höhle sind markante Felsformationen als ›Gletschermühle‹, ›Drachentor‹ oder ›Kristallrinne‹ beschildert. Am Ende des Wegs schimmert unterhalb einer Besucherplattform das Wasser eines ›Sees‹. Er ist im Sommer kaum der Rede wert, kann jedoch während der Schneeschmelze ansteigen und die Höhle bis zur Hälfte füllen.

Wer lieber zu Fuß kommen möchte: Ein Wanderweg mit fünf beschilderten Sagenstationen führt vom nahen *Hirschsprung*, einem Felsdurchbruch im Süden, am Fuß des Schwarzbergs entlang in etwa 30 Min. hierher. Der Wanderparkplatz befindet sich an der Straße von Obermaiselstein nach Tiefenbach.

Man muss kein König sein, um im Gasthof Krone von Fischen speisen zu können

TOP TIPP

Die Hörnertour

Die gern gegangene Hörnertour führt von der Bergstation der Hörnerbahn über Balderschwang als Kammwanderung über Weiherkopf (1665 m), Rangiswanger Horn (1615 m), Sigiswanger und Ofterschwanger Horn zur Bergstation der Weltcup-Express Vierersesselbahn (www.go-ofterschwang.de). Mit ihr kann man nach Ofterschwang abfahren, dann mit dem Bus (RVA Oberstdorf, Tel. 08322/96770, www.rvo-bus.de) zurück nach Balderschwang.

Praktische Hinweise

Information

Tourismus Hörnerdörfer, Am Anger 15, 87538 Fischen/Allgäu, Tel. 08326/36460, www.fischen.de

Sport und Freizeit

GO Bergbahnen Gunzesried-Ofterschwang, Panoramaweg 7, Ofterschwang, Tel. 08321/670333, www.go-ofterschwang.de. Vierer- und Doppelsesselbahn für Skifahrer, Wanderer, Biker (Mitte Mai-Anf. Nov. + Dez.–Anf. April).

Oase Gleitschirm Flugschule, Am Auwald 1, Obermaiselstein, Tel. 08326/38036, www.oase-paragliding.de. Ausrüstungsverleih, Kurse und Tandemflüge.

Hotels

******Hotel Hubertus**, Dorf 5, Balderschwang, Tel. 08328/9200, www.hotel-hubertus.de. Frisches Hotel, eingerichtet als Lodge in modernem Alpen-Schick. Dazu AlpinSpa und feines Restaurant.

*****Oberdorfer Stuben**, Oberdorf 4, Obermaiselstein, Tel. 083 26/36 45 20, www.oberdorfer-stuben.de. In ruhiger Lage am Ortsrand, alle Zimmer mit Aussicht und Balkon. Restaurant und Sonnenterrasse auch für Wanderer; Busstation vor dem Haus.

*****Rosenstock**, Berger Weg 14, Fischen, Tel. 083 26/36 45 60, www.hotel-rosen stock.de. Ruhiges Hotel am östlichen Ortsrand, alle 43 Zimmer mit Balkon. Hallenbad, Sauna und Solarium im Haus.

Schwabenhof, Schwabenhof 23, Balderschwang, Tel. 083 28/92 40 60, www. schwabenhof.com. Gemütlicher Alpengasthof mit schöner Sonnenterrasse, Wohnmobilstellplätze anbei.

Restaurants

Gasthof Krone, Auf der Insel 1, Fischen, Tel. 083 26/287, www.krone-fischen.de. Feine alpenländische Küche, von geschmelzten Maultaschen über frische Pfifferlinge bis zu zarter Regenbogenforelle. Fr ab 17.30 Uhr Bayerischer Abend mit zünftigem Essen und Live-Musik (Mo geschl.). Gästezimmer im Haus.

TOP TIPP **Zum Heuwirt**, Niederdorf 11, Obermaiselstein, Tel. 083 26/363 30, www.berwangerhof.de. Im Hotelrestaurant des Berwanger Hofs kann man Regionalspezialitäten und innovative »Heuküche« probieren, etwa Lammfilet in Unkraut-Bett oder Heusuppe mit Champagner und Blüten. Und zum Nachtisch vielleicht einen hausgebrannten Heuschnaps? Sehr schön isst man übrigens auf der Südterrasse mit Bergblick (Do und Nov.–Mitte Dez. geschl.).

27 Oberstdorf

Wanderer und Wintersportler sorgen für viel Rummel in Deutschlands südlichstem Dorf.

Jedes Jahr kommen rund 340 000 Erholungssuchende in das südlichste Dorf Deutschlands (10 000 Einw.), das malerisch in einem 813 m hoch gelegenen Talkessel inmitten der Allgäuer Alpen liegt. Diese erhabene Bergkulisse macht Oberstdorf als Ferienziel das ganze Jahr über attraktiv. Wanderer und Radfahrer schätzen die Vielzahl an Touren im abwechslungsreichen Umland, Wintersportler das ausgedehnte, teils grenzübergreifende Skigebiet.

Ein guter Ausgangspunkt für einen Rundgang durch das fast vollständig für

Hübsche Bauernhäuser und der Kirchturm von St. Johannes im Zentrum von Oberstdorf

den Autoverkehr gesperrte Dorf ist der aus Holz und Glas errichtete **Bahnhof** am nordwestlichen Zentrumsrand. Die Fußgängerzone zeugt mit ihren oft blumengeschmückten Geschäfts- und Wohnhäusern von beachtlichem Wohlstand. Dass der Ortskern so gar nicht dörflich aussieht, liegt auch am Großen Brand von 1865, bei dem viele der alten Bauernhäuser zerstört wurden. Eine Ausnahme ist das außen mit einer modernen Wandmalerei geschmückte *Alte Rathaus* am Marktplatz, das 1476 erstmals als Dorfgericht und Tanzhalle erwähnt wurde. In seinem Erdgeschoss ist die **Bergschau 813 m** (www.bergschau.com, Mo–Fr 10–12.30 und 14.30–18, Sa/So 10–12.30 Uhr) untergebracht, erste von vier Stationen einer ›Wander-Ausstellung‹ über die umliegende Bergwelt. Sie zeigt hier u. a. ein 114 m² großes Reliefmodell der Region und erklärt auf Infotafeln und Bildschirmen Wissenswertes zu lokaler Flora und Fauna. Die drei anderen Stationen befinden sich am unteren Zugang zur Breitachklamm, im Kleinwalsertal und in der Gipfelstation der Fellhornbahn.

Die neogotische Pfarrkirche **St. Johannes Baptist** gegenüber dem Rathaus ersetzte den 1865 abgebrannten Vorgängerbau aus dem 10. Jh. Eines der ursprünglichen Ausstattungsstücke ist eine holzgeschnitzte gotische Figurengruppe mit Anna und Maria als Kind aus dem Jahr 1340. Bemerkenswert ist auch die Madonna im Strahlenkranz aus dem späten 15. Jh. in der Apsis, die den Beinamen ›Die schöne Oberstdorferin‹ trägt.

Etwas bergan lockt in der belebten Oststraße das **Oberstdorfer Heimatmuseum** (Tel. 083 22/5470, www.oberstdorf-heimatmuseum.de, Jan.–Okt. Di–Sa 10–12 und 14–17.30 Uhr, bei Regen auch So, Führungen Di 16 Uhr, April/Mai eingeschränkte Öffnungszeiten). Das stattliche Bauernhaus von 1620 hat nicht weniger als 38 Räume. Zu sehen sind neben Wohn- und Arbeitszimmern des 18. und 19. Jh., etwa Bauernstube und Sennküche, auch allerlei liebevoll zusammengestellte Exponate wie historische Ski- und Alpinausrüstungen, ein Modell der Sennalpe Dietersbach, historische Musikinstrumente oder Schützenscheiben.

Frühherbst in Oberstdorf – der erste Schnee hat die Berggipfel über dem Ort weiß gefärbt

Nur wenige Meter weiter beginnen die Großraumgondeln der **Nebelhornbahn** (www.das-hoechste.de, Mitte Mai–Anf. Nov., Mitte Dez.–April tgl. 8.30/9 –16.15/16.30 Uhr) ihre Bergfahrt. Sie führt in der Senke zwischen Schattenberg und Geißfuß über zwei Umsteigestationen (Seealpe, 1280 m, und Höfatsblick, 1930 m) auf den 2224 m hohen Gipfel des

TOP TIPP

Nebelhorns. Oben sieht sich der Naturfreund von einer majestätischen Bergwelt umgeben. In weitem Dreiviertelkreis ragen mehr als *400 Alpengipfel* auf, hinter jeder Bergkette erblickt man noch höhere, noch schroffere Felsgrate. Für Bergwanderer öffnet sich hier ein wahres Paradies gepflegter Wege. Südlich führt der Hindelanger Klettersteig zum Großen Daumen (2280 m), der meist schneebedeckte Krottenkopf (2657 m) ragt neben dem Kreuzeck (2376 m) auf. *Paraglider* starten von der Gipfelstation in das zunächst schmale Tal Richtung Oberstdorf. Wie bunte Riesenvögel kreisen sie dann im tiefblauen Himmel über den waldbedeckten Hängen des Kühbergs, an dem vorbei die Nebelhornbahn verläuft. 44 m hoch ragt an seinem Fuß der Schanzenturm der **Schattenberg-Skisprungschanze** (April–Okt. und Mitte Dez.-Ende März tgl. 10–17/18 Uhr) empor, auf der jedes Jahr Ende Dezember das Auftaktspringen zur Vierschanzentournee stattfindet. Der Turm kann für sich und im Rahmen einer Führung (tgl. 11 und 15.30 Uhr) durch die **Erdinger Arena** (tgl. 10–18 Uhr, Tel. 083 22/809 03 60, www.

Eine herrliche Wanderung führt vom Edmund-Probst-Haus auf das Nebelhorn

erdinger-arena.de) besichtigt werden, von deren Besucherrängen bis zu 27000 Gäste den winterlichen Sportevents folgen können. Die Geschichte des hiesigen Skisports erzählt das kleine *Skimuseum* im ersten Stock des Haupthauses.

Auch wer nicht gar so hoch hinaus will, findet in und um Oberstdorf lohnende Ausflugsziele, etwa die drei **Lorettokapellen** südlich vor dem Ort. Die *Appachkapelle* stammt aus dem Jahr 1493 und ist damit das älteste der properen weißen Kirchlein. Ihre Innenwände sind reich mit bunten *Fresken* zum Leben mehrerer Heiliger geschmückt. Unweit davon entstanden in der zweiten Hälfte des 17. Jh. zunächst die *Marien-*, kurz darauf die angebaute *Josephskapelle*. Erstere besticht durch einen reizenden Rokokoaltar um ein Marien-Gnadenbild aus Ton. Letztere zeichnet sich durch *Altargemälde* von Claudius Schraudolph aus.

Ein zwanzigminütiger Spaziergang führt von dort am Moorsee vorbei hinauf zum **Moorbad** (Am Rauhen 3, Tel. 08322/4863, Mai–Mitte Sept.) mit naturbelassenen Plansch- und Schwimmerbecken.

Spaziert man von den Lorettokapellen aus hinein ins Trettachtal, so erreicht man nach gut 4 km den kleinen Christlessee mit einem Ausflugslokal. Nach weiteren 3,5 km lädt der **Berggasthof Spielmannsau** (Tel. 08322/3015, www.spielmannsau.de) nahe des Talschlusses zur Rast. Da es nur mäßig bergan geht, ist dieser Weg auch für Radler geeignet.

Winterromantik – in Oberstdorf werden Träume von weißer Weihnacht wahr

Stillachtal

Weiter südwärts geht es ins Tal der Stillach. Bereits nach wenigen hundert Metern erhebt sich rechterhand unübersehbar die **Heini-Klopfer-Skiflugschanze** (www.skiflug schanze.de). Ihr frei auskragender Turm ist 72 m hoch, die Anlaufbahn bis zum Schanzentisch 139 m lang. Neben dem Aufsprunghang bringt die Sesselbahn des **Höllwieslifts** (Tel. 08322/2855, www.familienberg-soellereck.de, Mai–Okt. tgl. 9.15–17 bzw. 17.30 Uhr) Besucher zum Fuß der Schanze. Anschließend führt im Turm ein Aufzug zum Ausstellungsbereich in der oberen Plattform, von wo sich ein weites Bergpanorama öffnet. Viele Urlauber nutzen von der Bergstation der Sesselbahn aus einen der *Wanderwege* auf der baumreichen Höhe: zum nahen walddunkel gesäumten Freibergsee (928 m) etwa, über die Hochleite zur 1350 m hoch gelegenen Bergstation der Söllereckbahn oder über den Weiler Karatsbichl zurück nach Oberstdorf. Ansprechend ist auch der Aufstieg zu den Bauernhöfen von **Schwand**. Hier kann man beim Besler (Tel. 08322/4140, www.beslers-schwand.de) hiesigen Käse kaufen. Vor- oder nachher ist auch der **Freibergsee** ein lohnendes Ziel.

Bergan im Südosten erstreckt sich das Wegenetz um die beiden **Fellhornbahnen** (www.das-hoechste.de, Mitte Mai–Okt. tgl. 9–16.15 Uhr, ab Juli 8.30–16.45 Uhr wenn schneefrei in den Hochlagen), deren Talstation Faistenoy sich etwa in der Mitte des Stillachtals befindet. Auf dem Weg nach oben steigt man an der Mittelstation (1780 m) um. Von hier lohnt die kleine Wanderung zum *Schlappoldsee*. In der Gipfelstation auf 1967 m Höhe ist in einem Aussichtsraum die **Bergschau 2037 m** (Tel. 08322/96000, www.bergschau.com, Mo–Sa 8.30–16.30 Uhr) eingerichtet, die die Ausstellungen zur Welt der Berge in Oberstdorf und im Kleinwalsertal ergänzt. Ein Panoramabild benennt die Höhen ringsum, dazu kommen 3-D-Bilder und Gesteinsproben.

Doch die meisten Besucher zieht es zunächst zum Gipfelkreuz des Fellhorn in 2037 m Höhe. Dort reicht das großartige **Bergpanorama** vom *Widderstein* (2533 m) über den markanten Dreispitz der *Mädelegabel* (2645 m) bis zum *Nebelhorn* (2224 m) im Nordwesten. Das Skigebiet mit mehreren Liften um den Höhenzug aus **Fellhorn und Kanzelwand** zum Kleinwalsertal hin lässt weder für Abfahrer noch für Snowboar-

TOP TIPP

Die Kapelle St. Katharina in Einödsbach liegt am Wanderweg durch das Stillachtal

der Wünsche offen. Die einen können genussvoll zu Tal wedeln, die anderen nutzen Halfpipes und Tables. [s. S. 121].

Außerhalb der Skisaison bieten sich von der Gipfelstation aus mehrere Bergwanderungen an. Besonders beliebt sind die **Gratwanderung** über den Schlappoldkopf (1968 m) hinab zum Söllereck (1706 m) und weiter zur Bergstation der Söllereckbahn sowie der Abstieg nach Riezlern im Kleinwalsertal. Letzterer heißt ab Schrattenwang **Alp-Weg** und informiert unterwegs auf fünf Stationen über die Alpwirtschaft in den Bergen. Er ist neben Fellhorn-, Wald-, Zaferna- und Schwarzwasser-Weg einer von fünf *Erlebnispfaden* des grenzüberschreitenden Natur-Infosystems Bergschau Oberstdorf und Kleinwalsertal.

TOP TIPP Breitachklamm

Wenige Kilometer westlich von Oberstdorf birgt die Breitachklamm (Tel. 08322/4887, www.breitachklamm.com, Sommer tgl. 9–17, Winter 9–16 Uhr) ein großartiges **Naturschauspiel**. Auf 1,6 km Länge zwängt sich hier die Breitach auf ihrem Weg zur Oib durch eine bis zu 100 m tiefe Schlucht im Schrattenkalk. An der engsten Stelle, der *Zwing*, stehen die scharfkantigen Felswände nur 2 m auseinander. Auch sonst ist die Klamm mit ihren tosenden Wasserwirbeln und schäumenden Kaskaden sehr beeindrukkend. Während der Schneeschmelze im Frühjahr ist der gut ausgebaute und auch für Kinder leicht zu bewältigende Klammweg allerdings geschlossen.

Die meisten Besucher beginnen ihre Tour ›unten‹ nahe dem Oberstdorfer Ortsteil Tiefenbach-Wasach, denn flussaufwärts gesehen bzw. gegangen wirkt die Klamm noch gewaltiger. Am Eingang zur Schlucht fand in den Räumen des **Naturkundlichen Informationszentrums** die **Bergschau 830 m** (www.bergschau.com, Mo–Sa 8–19, So 8–16 Uhr) Platz. Sie zeigt u.a. ein naturgetreu nachgebautes Modell der Breitachklamm im Maßstab 1:300. Der obere Zugang befindet sich bei der *Walsersschanze* am Eingang des Kleinwalsertals. Beide Einstiege verfügen über große kostenpflichtige Parkplätze, werden aber auch von den Allgäu-Walser-Bussen angefahren. Man läuft unten etwa eine Viertelstunde, oben eine knappe Stunde zur Klamm.

Ein einstündiger, alternativer *Rückweg* führt in weitem Bogen über den felsigen Höhenrücken auf der Nordseite der Klamm. Er verläuft zwischen oberem und unterem Wärterhäuschen über die Dornach- und die Sesselalpe und überquert als Höhepunkt den Zwingsteg, der in gut 100 m Höhe die Klamm überspannt.

Praktische Hinweise

Information

Tourist Information, Pinzregentenplatz 1 (Oberstdorf Haus), 87561 Oberstdorf, Tel. 083 22/70 00, www.oberstdorf.de. Hier kann man auch das für 7 oder 14 Tage gültige *Grenzenlos Urlaubs Ticket* (GUT) kaufen, das die Nutzung mehrerer Bergbahnen und Attraktionen in der Oberstdorfer und Kleinwalsertaler Region einschließt. Außerdem im Haus: Touren- und Wetterinformationen beim **Alpinberater**, Tel. 083 22/70 02 00

Wetter- und Seilbahnformationen: Fellhornbahn Tel. 083 22/30 35, Nebelhornbahn Tel. 07 00/55 53 36 66, www.das-hoechste.de, Söllereckbahn Tel. 083 22/57 57, www.familienberg-soellereck.de

Sport und Freizeit

Eissportzentrum, Roßbichlstr. 2–6, Oberstdorf, Tel. 083 22/91 51 17, www.ec-oberstdorf.de. Der Olympiastützpunkt ist auch offen für Publikumsläufe. Nebenan 15 m hohe Indoor-Kletteranlage.

Erste Skischule Oberstdorf (mit Skischule Fellhorn), Freiherr-von-Brutscher-Str. 4, Oberstdorf, Tel. 083 22/31 10, www.skischule-oberstdorf.de. Alpin, Carving, Snowboard, Langlauf, Telemark.

Nur die Natur schafft so atemberaubende Szenerien wie die Breitachklamm

Weißes Winterwunderland im Kleinwalsertal – hier Mittelberg mit der Kirche St. Jodok

Oberstdorf Therme, Promenadestr. 3 (am Kurpark), Oberstdorf, Tel. 083 22/60 69 60, www.oberstdorf-therme.de. Wellenbad, Thermalsolebecken, Sauna.

Hotels

****Filser Hotel**, Freibergstr. 15, Oberstdorf, Tel. 083 22/70 80, www.filserhotel.de. Große Kur- und Ferienhotelanlage am südwestlichen Ortsrand. Im Haupthaus u. a. Hallenbad, Fitnessraum, Sauna, Bäderabteilung ...

***Naturhotel Waldesruhe**, Alte Walserstr. 20, Oberstdorf, Tel. 083 22/60 10, www.hotel-waldesruhe.de. Nichtraucher-Hotel in aussichtsreicher Hanglage mit Schwimmbad, Edelsteinsauna und offenem Kamin. Traditionelle Zimmer sowie ein Yin-Yang-Apartment mit rundem Bett. ›Energie-Restaurant-Café Gaumenschmaus‹ ebenfalls im Haus.

***Traube**, Hauptstr. 6, Oberstdorf, Tel. 083 22/80 99 40, www.hotel-traube.de. Komfortable Zimmer, mit viel hellem Holz eingerichtet. Trotz der Lage im belebten Zentrum versprechen die Himmelbetten erholsamen Schlaf. Gleichnamiges Wirtshaus anbei.

Restaurants

Berggasthof Seeweg, Kornau-Wanne 9, Oberstdorf, Tel. 083 22/22 45, www.seeweg.de. Gemütliche Einkehr mit großer Sonnenterasse an der Talstation der Söllereckbahn. Wer zu viel Germknödel oder Kaiserschmarrn gegessen hat um weiterzugehen, kann in großen Gästezimmern übernachten.

Dampfbierbrauerei, Bahnhofplatz 6–8, Oberstdorf, Tel. 083 22/89 08, www.dampfbierbrauerei.de. Rustikale Wirtschaft neben dem Bahnhof: selbstgebraute Biere und deftige Speisen wie Schlachtplatte oder Spanferkel auf den Tisch. Oft volkstümliche Livemusik.

Gasthaus Breitachklamm, Klammstr. 1 (nahe dem unteren Eingang zur Klamm), Oberstdorf-Tiefenbach, Tel. 083 22/46 43, www.gasthaus-breitachklamm.de. Kräftige Krautspatzen, Kartoffelrösti, Currywurst, frische Forellen oder die Hausspezialität ›Felssturzspieß‹ (Mi geschl.).

Weinklause, Prinzenstr. 10, Oberstdorf, Tel. 083 22/969 30, www.weinklause.de. Restaurant mit Weinstube und Gartenterrasse neben dem Kurhaus. Serviert wird Bodenständiges wie Kräuter- und Wilderer-Menü, abends mitunter Haxn-Essen bei Zithermusik.

28 Kleinwalsertal

Bezauberndes Bergtal in den Allgäuer Alpen mit hervorragendem Wintersportangebot.

Das Kleinwalsertal gehört zum österreichischen Bundesland Vorarlberg, ist aber nur von Deutschland aus zugänglich. Die einzige Straße führt von Oberstdorf herauf. Das Tal ist 16 km lang, 3–4 km breit und steigt von 1050 auf 1260 m Höhe an. Rund 30 Berggipfel schließen es ein, jeder davon 1800 bis gut 2500 m hoch: Nach Osten und Südosten hin die Lechtaler Alpen, nach Westen und Norden die Vorarlberger Gipfel. Herausragend ist am Talende der Große Widderstein mit 2536 m. Im Talgrund reihen sich die Ortschaften Riezlern, Hirschegg und Mittelberg aneinander.

In **Riezlern**, dem ersten Ort am Taleingang, sind viele wichtige Einrichtungen versammelt. Das **Freibad** (Juni–Sept. 9–20 Uhr) etwa oder das **Spielcasino** (Tel. 00 43/(0)55 17/502 32 40, www.kleinwalsertal.casinos.at, tgl. ab 16 Uhr), das gleich an der Hauptstraße mit Automatenspielen, Roulette, Black Jack, Baccara, Poker aber auch mit Schafkopfturnieren lockt.

Gegenüber der Apotheke, in deren Schaufenster zahlreiche regionale Heilkräuter zu sehen sind, lädt die neoromanische Pfarrkirche **Maria Opferung** zu einem Besuch ein. Die einschiffige Hallenkirche ersetzte 1890/91 ein Gotteshaus aus dem 15. Jh. Das *Kircheninnere* beeindruckt durch reiche Wand- und Deckenmalereien, die der Münchner Prof. Martin von Feuerstein 1903/04 schuf. Besonders auffällig sind die alttestamentarischen Figurenbilder an den Seiten des Langhauses, die Vorfahren der Gottesmutter wie Sara, Rebekka, David oder Salomon darstellen, und das monumentale Apsisgemälde zur Krönung Mariens, das das Hochaltarbild ›Mariä Tempelgang‹ überwölbt. Kulturell Interessierte suchen wenige Meter weiter auch das **Walsermuseum** (www.vorarlbergmuseen.at, Mai–Okt. und Weihnachten–Ostern Mo–Sa 14–17, Fr 9–12 Uhr) über der Touristeninformation auf. Es führt mit historischen Ausstellungsstücken, Fotos und Filmen in die Welt der Walser ein.

Bei Riezlern befindet sich auch die Talstation der **Kanzelwandbahn** (www.kanzelwandbahn.de), die hier gemeinsam mit der Fellhornbahn jenseits des Bergzugs die österreichisch-deutsche Gipfelregion erschließt. In der Bergstation auf 1957 m informiert der Infopunkt ›Bergschau 2058‹ zu ›Wetter und Klima‹.

Höher im Tal erreicht man nach einer kurzen, aber steilen Auffahrt Hirschegg. An einer weiten Linkskurve in der Ortsmitte erhebt sich das **Walserhaus** in Holz und Glas. Im Erdgeschoss befindet sich neben der Zentrale der Touristeninformation auch die **Bergschau 1122 m** (www.bergschau.com, Mo– Sa 8–19, So 8–16 Uhr). Wie ihre drei Schwesterstationen an der Breitachklamm, in Oberstdorf

Sie trotzen seit Jahrhunderten Wind und Wetter – Walserhäuser im Kleinwalsertal

Erfolgreiche Auswanderer

Bis zum Beginn des 14. Jh. nutzten das unzugängliche **Kleinwalsertal** lediglich die schwäbischen Herren von Rettenberg als Jagdrevier. Dann siedelten sich Bauern aus dem oberen Wallis in der unwirtlichen Bergregion an und machten im Großen und Kleinen Walsertal die Wildnis urbar. Bis auf den heutigen Tag bewahrten die Einwanderer ihre **kulturelle Eigenständigkeit**. Mit Stolz pflegen sie ihren Dialekt, feiern traditionelle Feste und tragen ihre althergebrachten bunten Trachten. Bekannt wurden ihre sog. **Walserhäuser**, solide flache Bauten aus massigen Holzbalken auf einem meist eingeschossigen Unterbau aus Stein.

Bis 1451 genossen die Walser in ihren neuen Siedlungsgebieten freie Gerichtsbarkeit. Doch dann eroberte Herzog Sigmund von Tirol ihr Land, das so 1453 an Österreich kam und bis heute Teil der Alpenrepublik ist. Lediglich 1805–14 gehörte das österreichische Bundesland **Vorarlberg** und damit auch das Kleinwalsertal gemäß den Bestimmungen des Preßburger Friedens nach dem 3. Koalitionskrieg zu Bayern.

Bereits im ausklingenden 19. Jh. gewann neben der Landwirtschaft der **Tourismus** in dem naturschönen Hochtal immer mehr an Bedeutung. Allerdings erwies es sich als erhebliches Wirtschaftshemmnis, dass ein österreichisches Tal nur über beschwerliche Saumpfade oder über das deutsche Ausland zu erreichen war. Abhilfe schaffte 1891 der **Zollanschlussvertrag**. Urlauber können seitdem ohne Grenzkontrollen über die einzige Zufahrtstraße ab Oberstdorf einreisen, im Kleinwalsertal gab es schon vor der Einführung des Euro keine Währungsprobleme, denn man zahlte in DM. Die Umsatzsteuer wird ans deutsche Finanzamt abgeführt und Bayern erkennt die Kleinwalser Schulabschlüsse an. Auch wenn nach dem EU-Beitritt Österreichs viele dieser Regeln hinfällig geworden sind, wird der Vertrag an sich wohl bestehen bleiben.

Freestylern auf die Sprünge helfen

Ski- und Snowboard-Freestyler finden im Kleinwalsertal am Fuß der Kanzelwand im **Crystal Ground Snowpark** (www.crystalground.com) von Riezlern Spitzen-Setups im Talgrund. Backcountry-Freunden bietet der **Smith Optics Wood Ground** im Wäldchen neben dem Kessler-Lift Obstacles, die vollständig aus grobem Holz gebaut sind.

Am Westhang, zum Stillachtal hin, können Könner und Anfänger im **Almdudler Fellhornpark** und daneben im **Easypark** (www.fellhornpark.de) unterhalb der Fellhornbahn-Mittelstation nach Herzenslust jibben und bonken, bailen und grinden.

Und nicht zuletzt lockt in Oberstdorf am Nebelhorn unterhalb der Bergstation Höfatsblick die **Nebelhornpipe 1930** mit wettbewerbsfähigen Maßen von 90 m Länge, 17 m Breite und 6 m hohen Seitenwänden.

und am Fellhorn stellt sie die hiesige Bergwelt vor. Hier im Kleinwalsertal zum Thema ›Stein‹, von archäologischen Funden aus der Steinzeit über Riech-, Hör- und Fühl-Stationen bis zu dem anschaulichen Reliefmodell des Tals. Im 1. und 2. Stock darüber zeigt das **Skimuseum** (Mo–Sa 8.30–17.30, So 9–15 Uhr) seine Wintersport-Sammlung.

Anders als die anderen Gotteshäuser im Tal ist die Kirche *St. Jodok* von **Mittelberg** barock ausgestattet. Schon von weitem weist der 33 m hohe Viereckturm aus unverputztem Felsmauerwerk Gläubigen und Kunstfreunden den Weg. In einen Mauerstein außen am Chor ist die Jahreszahl 1302 eingeritzt, daher gilt die Kirche als älteste des Tals. Ihre Innenwände zeigen noch Reste spätgotischer Fresken von 1470/71. Gleich gegenüber dem Kirchenportal fand auf dem umliegenden Friedhof die 1897 gestiftete, bildhübsche *Lourdeskapelle* Platz.

Doch eigentlich lockt das Kleinwalsertal mehr mit wunderbarer **Natur** als mit kunsthistorischen Raffinessen. An den Talhängen kann man ausgedehnte Spaziergänge unternehmen, Kanzelwandbahn, Walmendingerhornbahn, Ifen- und Zaferna-Sesselbahn führen Wanderer und Skifahrer das ganze Jahr über in höhere Lagen. Zu den beliebtesten **Ausflügen** im Sommerhalbjahr zählt etwa eine Käsewanderung (Mai–Sept. Fr 14 Uhr ab Casino) auf die Mittelalpe, der Aufstieg zur Schwarzwasserhütte mit Besuch der Alpe Melköde, der Rundwanderweg von Baad durch das Derratal oder das botanisch interessante Gottesackerplateau auf knapp 2000 m Höhe. Für ausdauernde Bergwanderer ist auch der Große Widderstein ein erreichbares Ziel. Man kann sich aber auch am nicht ganz einfachen Mindelheimer Klettersteig über die Schafalpköpfe versuchen oder eine der ausgewiesenen Bike-Touren abfahren. Wintersportler erwarten 45 km präparierte Langlauf- und Skaterloipen sowie 74 Pisten für Alpinskifahrer und Snowboarder (www.skihoch2.de).

Über Bad Hindelang schmilzt der letzte Schnee, während im Tal die Bäume blühen

Praktische Hinweise

Information

Kleinwalsertal Tourismus, Walserstr. 264 (Walserhaus), A-6992/D-87568 Hirschegg, Tel. 00 43/(0)55 17/511 40, www.kleinwalsertal.com, Zweigstelle in jedem Ort im Tal. Hier kann man auch das 7 oder 14 Tage gültige *Grenzenlos Urlaubs Ticket* (GUT) kaufen für die Nutzung mehrerer Bergbahnen und Attraktionen in der Kleinwalsertaler und Oberstdorfer Region.

Sport und Freizeit

Bergschule Kleinwalsertal, Walserstr. 62, Hirschegg, Tel. 00 43/(0)55 17/302 45, www.bergschule-kleinwalsertal.de. Wander-, Berg-, Ski- und Canyoning- und Schneeschuhtouren und -kurse im Alpenraum.

Die Skischule Außer-Hirschegg, Oberseitestr. 8, Hirschegg, Tel. 00 43(0)55 17/54 69, www.die-skischule.at. Alpin, Langlauf, Snowboard, Schneeschuhwandern.

WalserBikeTours, Walserstr. 9, Riezlern, Mobil-Tel. 00 43/(0)67 67/56 29 09, www.walserbiketours.com. Ausrüstung, Technikschulung (Bike Camps) und Trails.

Hotels

Haus Alpenecho, Jörihalde 11, Mittelberg-Bödmen, Tel. 00 43/(0)55 17/65 97, www.haus-alpenecho.de. Gästezimmer und Ferienwohnungen in modernem Haus in Südlage. Der Hausherr ist Bergführer und Skilehrer und gibt gern Tipps für besonders schöne Abfahrten.

*****Naturhotel Lärchenhof**, Schützabühl 2, Mittelberg, Tel. 00 43/(0)55 17/65 56, www.naturhotel-laerchenhof.at. Acht Zimmer und Apartments in aussichtsreichen 1250 m Höhe. Ausstattung mit Naturmaterialien. Hausgäste genießen zudem die köstliche Vollwertküche aus heimischen Produkten.

******Riezler Hof**, Walserstr. 57, Riezlern, Tel. 0043/(0)55 17/537 70, www.riezlerhof.at. Komforthotel mit Zimmern im Landhausstil, allerdings direkt an der Durchgangsstraße gelegen. Im Haus sehr gutes Restaurant mit österreichischer Küche.

Restaurants

Eberlehof, Mahdtalweg 8, Riezlern, Tel. 00 43/(0)55 17/700 73, www.eberlehof.com. Gemütliche Einkehr in hölzernem Walserhaus nahe der Talstation der Kanzelwandbahn. Während die Großen auf der Sonnenterrasse Schnitzel oder Tafelspitz genießen, zieht es die Kleinen zum Kleintierstall oder zum Ponyreiten (Di/Mi geschl., werktags ab 17 Uhr).

Gasthof Traube, Walserstr. 56, Riezlern, Tel. 00 43/(0)55 17/520 70, www.hotel-gasthof-traube.de. Es wird einheimische Küche in große Portionen serviert,. Umfangreiche Weinkarte. Die einladenden Gästezimmer sind wegen der Lage an der Hauptstraße nicht immer ruhig.

Starzelhaus, Starzelweg 12, Mittelberg-Baad, Tel. 00 43/(0)55 17/206 62, www.star

zelhaus.de. Die Gasthof-Wirtin selbst bereitet Spätzlepfanne, Hirschgulasch, Vollkorn-Gemüse-Bratlinge oder Kaiserschmarrn zu, dafür lohnt sich auch die Viertelstunde Fußweg von Baad aus.

29 Bad Hindelang

Umweltbewusster heilklimatischer Kneippkur- und Wintersportort im schönen Ostrachtal.

Nicht weniger als 20 Zweitausender laden rings um Hindelang zum *Bergsteigen* und *-wandern* ein, der höchste ist mit 2593 m der **Hochvogel**. Von Dezember bis in den April bieten die *Skireviere* von Ober- und Unterjoch Wintersportlern ausgezeichnete Bedingungen, zumal die Region eng mit den österreichischen Nachbarn in Jungholz und im Tannheimer Tal zusammenarbeitet. Das *Bäderwesen* begründete eine bereits Mitte des 19. Jh. gefasste Heilquelle im Ortsteil Bad Oberdorf.

Der geruhsame Hauptort, Hindelang, erstreckt sich vom Talgrund aus etwas hangaufwärts. Die neogotische Pfarrkirche **Johannes der Täufer** von 1865–67 beherbergt im eingezogenen Chor einen ebenfalls neogotischen *Hochaltar* mit einer Statue des Kirchenpatrons. Vor dem Chor, neben dem linken Seitenaltar im Langhaus, fällt ein filigran mit Wappen und vier Löwen verzierter *Taufstein* aus Sandstein auf, den Prinz Luitpold von Bayern 1867 stiftete. An der Längswand gegenüber zeigt eine ungewöhnliche Skulpturengruppe von 1869 die drei Marienerscheinungen im französischen Ort *La Salette* (1846).

So schön die Ausstattung der Hindelanger Kirche ist, wahre kunsthistorische Schätze befinden sich in der Kirche **St. Jodokus und Unsere Liebe Frau im Ostrachtal** in Bad Oberdorf am südlichen Talrand. Das kleine Gotteshaus, ein Neubau aus dem Jahr 1950, steht am westlichen Ortsrand, im wahrsten Sinne des Wortes auf der grünen Wiese. *Innen* verstärkt der hohe, schmale Dachstuhl den kapellenartigen Eindruck, ein Flickerlteppich führt zum Chor hin. Hier prangt ein dreiflügliger gotischer *Schnitzaltar* (1519) von Jörg Lederer, der die ›Krönung Mariens‹ durch Gottvater und Christus zeigt. Auf die Außenseite der Altarflügel malte ein unbekannter Meister seine Interpretation des Weltgerichts. Links der Eingangstür erweitert ein offe-

St. Jodokus in Bad Oberdorf birgt den vergoldeten Schnitzaltar (1519) des Meisters Jörg Lederer

Carl Hirnbein aus Wilhams brachte Käse ins Allgäu und den Alpbauern Wohlstand

Von einem der auszog, das Käsen zu lernen

›Alpkönig‹ und ›Patriarch des Allgäus‹ nannte man Carl Hirnbein (1807–1871) hochachtungsvoll. Zu Recht, denn wie kein anderer prägte der Kaufmannssohn aus dem Oberallgäuer Dorf Wilhams in der ersten Hälfte des 19. Jh. das Erscheinungsbild und die ökonomische Grundlage seiner Heimat. Damals hatten die Erfindung des mechanischen Webstuhls und die Einfuhr von preisgünstiger Baumwolle die Allgäuer Bauern ins wirtschaftliche Aus gedrängt. Die Landwirtschaft brachte nur geringe Erträge und der lebensnotwendige Nebenerwerb aus Flachsanbau und Leinwandweberei brach vollständig zusammen. Im Allgäu drohten Hungersnöte und Abwanderung. In dieser schwierigen Zeit erinnerte sich der junge Carl Hirnbein an die *Käsereien*, die er auf Reisen in Belgien und Holland gesehen hatte. 1829 lernte er dort die Herstellung von **Weichkäse** und setzte sein neu erworbenes Wissen zu Hause um. 1830 produzierte Hirnbein erstmals Limburger und Romadour aus der Milch Allgäuer Kühe. Etwa zeitgleich führte der Schweizer *Johann Althaus* (1798–1876) die professionelle Herstellung von Emmentaler und anderem **Hartkäse** im Allgäu ein. Die Ergebnisse überzeugten, bald wurden immer mehr Felder zu Viehweiden, immer mehr Galtalpen (auf denen lediglich Jungvieh weidet) in Sennalpen mit Milchwirtschaft umgewandelt. Schon Mitte des 19. Jh. hatte sich das nach der Farbe des blühenden Flachs so genannte ›blaue Allgäu‹ in das heute so beliebte wiesendominierte ›grüne Allgäu‹ verwandelt. Bald belieferten die Allgäuer *Molkereien* ganz Deutschland mit ihren Produkten.

Der Heimatdichter Peter Dörfler setzte Carl Hirnbein in seiner Allgäu-Trilogie mit dem Roman **›Der Notwender‹** ein literarisches Denkmal. In Missen-Wilhams informiert das kleine **Carl Hirnbein-Museum** (Fr 15–17 Uhr) umfassend über Leben und Werk des berühmtesten Sohnes der Gemeinde. Außerdem wurde zwischen den Ortsteilen Weitnau, Missen und Wilhams der familienfreundliche **Carl-Hirnbeinweg** eingerichtet. Während der rund 6 km langen Wanderung durch die ansprechende Hügellandschaft führen 68 Stationen mit Informationstafeln, Sinnpfaden und Spielen in die sensible Ökobalance des Allgäus ein, stellen Streuobstwiesen ebenso vor wie das Alpwesen, alte Haustierrassen oder den Lebensraum Wald.

ner Anbau das kurze einschiffige Langhaus. Am Übergang steht ein beinahe lebensgroßer *Palmesel* von 1470, der früher bei Palmsonntagsprozessionen mitgeführt wurde. Schräg hinter der Skulptur öffnet sich eine vergitterte Kapellennische, an deren Rückwand das viel verehrte Marienbild *Unsere Liebe Frau vom Ostrachtal* hängt. Hans Holbein d. Ä. malte es 1493 nach Vorlage des Turiner Maria-Trost-Bildes auf Lindenholz. Liebevoll trägt die in edles Tuch gekleidete Muttergottes das Segen spendende Jesuskind auf dem Arm. Die beiden Sterne auf Marias Kopf und Schulter symbolisieren Gottvater und den Heiligen Geist.

Jenseits von Bad Oberdorf lohnt sich beim Parkplatz Grüebplätzle ein Abstecher zur **Oberen Mühle** (Ostrachstr. 40, www.obere-muehle.de, Tel. 083 24/28 57) aus dem 16. Jh. an der Ostrach. Das heutige Hotel-Restaurant birgt im alten Sägewerk auch ein **Heimatmuseum**. (Mi–Mo 10–18 Uhr). Es zeigt zwei historische Werkstätten, Wäsche, Trachten und Maschinen früherer Tage sowie Fossilien aus der Region. Wilderei, Leinenverarbeitung und Skisport werden ebenfalls angesprochen.

Auch eine *Schaukäserei* (tgl. frühmorgens bis vormittags) mit Laden (tgl. 10–13 und 14–18 Uhr) hat hier eine Heimat gefunden.

Folgt man dem Tal, kommt man zu einer noch immer betriebenen, 500 Jahre alten **Hammerschmiede** (www.hammer schmiede-scholl.de) an der Ostrach und weiter zum **Kutschenmuseum** (tgl. 8–20 Uhr) im Ortsteil Hinterstein führen.

TOP TIPP Oberjoch

Das 1136 m hoch gelegene Dorf Oberjoch am gleichnamigen Pass gehört ebenso wie das nördliche Unterjoch auf 1013 m Höhe zur Gemeinde Bad Hindelang. Hinauf führt die B 310, ein Teilstück der **Deutschen Alpenstraße** (www.deut sche-alpenstrasse.de). Die kurvenreiche Panoramastraße ist bei Motorradfahrern außerordentlich beliebt, Mitreisenden bieten sich hinter jeder Kehre neue großartige Ausblicke von oben auf das Ostrachtal. Unmittelbar hinter der Passhöhe mit Aussichtsbalkon zum Tal hin liegen schon die ersten Häuser von Oberjoch, Zentrum eines viel besuchten **Wintersportgebietes** (www.bergbahnen-hinde lang-oberjoch.de).

i Praktische Hinweise

Information

Gästeinformation, Bauernmarkt 1, 87541 Bad Hindelang, Tel. 083 24/89 20, www.badhindelang.de

Einkaufen

Ledermanufaktur Klaus Bensmann, Ostrachstr. 38, Hindelang, Tel. 083 24/941 95, www.kb-leder.de. Sämisch gegerbte Hirschlederkleidung nach Wunsch und Maß aus der Werkstatt bei der Alten Mühle. Mitunter auch Leder-Kurse.

Sport und Freizeit

Bergindianer, Passstr. 16, Bad Hindelang, Tel. 083 24/73 99, www.bergindianer.de. Für Familien, Schulklassen, Vereine und andere Gruppen (mit und ohne Kinder): Bergwandern, Klettern, Bogenschießen, Hochseilgarten, Rafting. Oder doch lieber Lagerfeuer und Schlafen im Heu?

Hindelanger Bergführerbüro, Hauptstr. 28, Vorderhindelang, Tel. 083 24/ 95 36 50, www.bergschulen.de. Ausbildung und Touren. Im Sommer Mo und Mi 15–18 Uhr kostenlose alpine Beratung.

Hornbahn, Ostrachstr. 20, Bad Hindelang, Tel. 083 24/24 04, www.hornbahn-hinde lang.de. Die 8er-Gondelbahn zur Hornalpe (1314 m) erschließt ein großes Wandergebiet. Auch vier Freeride-Strecken für Mountainbiker (Höhenunterschied je 523 m) gibt es. Im Winter führen drei Rodelbahnen zu Tal (auch Rodelverleih).

Iselerbahn Oberjoch, Passstr. 44, Oberjoch, Tel. 083 24/97 37 14, www.bergbah nen-hindelang-oberjoch.de, Mitte Mai–Anfang Nov. tgl. 8.30–16.45 Uhr. Große Sesselbahn bringt Wintersportler und Wanderer hoch hinauf.

Hotels

***__Hotel Heckelmiller__, Ornachstr. 8, Bad Hindelang-Oberjoch, Tel. 083 24/ 98 20 30, www.heckelmiller.de. Behagliches Haus in 1200 m Höhe mit 17 Hotelzimmern und sechs Ferienwohnungen. Von der Sonnenterrasse genießt man das weite Bergpanorma, innen locken Sauna und Whirlpool. Der Hausherr leitet übrigens vor Ort die Skischule Iseler.

****__Hotel Prinz-Luitpold-Bad__, Andreas-Gross-Str. 7, Bad Oberdorf, Tel. 083 24/ 89 00, www.luitpoldbad.de. Stilvolle Unterkunft etwas oberhalb des Kurorts. Zu der schönen Aussicht kommen 1500 m² Badelandschaft mit Sauna, Dampfgrotte und eigener Schwefelquelle.

****__Romantik-Hotel Bad-Hotel Sonne__, Marktstr. 15, Bad Hindelang, Tel. 083 24/89 70, www.sonne-hindelang. de. Historischer Gasthof der Salz-Fuhrleute mitten im Ort. Innen modernes Komforthotel, u. a. mit Hallenbad und Sauna. Empfehlenswert ist auch das Hotelrestaurant ›Chesa Schneider‹.

Restaurants

Adler-Post, Marktstr. 36, Bad Hindelang, Tel. 083 24/204 40 01, www.hotel-adler-post. de. Bodenständiges Hotelrestaurant, sommers mit Biergarten. Es gibt bayerische und italienische Gerichte. Das Essen ist gut, der Service freundlich.

Alte Schmiede am Nordpol, Schmittenweg 14, Bad Hindelang, Tel. 083 42/25 52, www.alte-schmiede-hindelang.de. In der Hotel-Pension am südlichen Ortsrand Richtung Bad Oberdorf kocht der Chef persönlich und einfallsreich.

Wildbachstuben, Dorfstr. 9, Bad Oberdorf, Tel. 083 24/630, www.wildbach stuben-hindelang.de. Gemütlicher Gasthof mit regionaltypischer Küche, also Kässpatzen, Schnitzel oder Wild. Sonnenterrasse mit schöner Aussicht.

Allgäu aktuell A bis Z

Vor Reiseantritt

ADAC Info-Service:
Tel. 018 05/10 11 12 (0,14 €/Min., mobil max. 0,42 €/Min.)

Unter dieser Telefonnummer sowie bei ADAC Geschäfsstellen erhalten ADAC Mitglieder kostenlos umfangreiches **Informations-** und **Kartenmaterial**.

ADAC im Internet:
www.adac.de
www.adac.de/reisefuehrer

Allgäu im Internet:
www.allgaeu.info

Allgäu-Informationen bieten:

Tourismusverband Allgäu/Bayerisch-Schwaben, Schießgrabenstr. 14, 86150 Augsburg, Tel. 08 21/45 04 01-0, www.allgaeu-bayerisch-schwaben.de

Allgäu Marketing, Allgäuer Str. 1, 87435 Kempten, Prospektservice Tel. 018 05/12 70 00 (0,14 €/Min., mobil max. 0,42 €/Min.), www.allgaeu.info

Regionale Informationsstellen:

Unterallgäu Aktiv, Kneippstr. 2, 86825 Bad Wörishofen, Tel. 082 47/998 90 11, www.tourismus-unterallgaeu.de

Tourismusverband Ostallgäu, Schwabenstr. 11, 87616 Marktoberdorf, Tel. 083 42/91 13 13, www.ostallgaeu.de

Oberallgäu Tourismus Service, Jahnstr. 6, 87509 Immenstadt, Tel. 083 23/994 90, www.oberallgaeu.de

Kleinwalsertal Tourismus, Im Walserhaus, A-6992/D-87568 Hirschegg, Tel. 00 43/(0)55 17/511 40, www.kleinwalsertal.com

LAG Regionalentwicklung Westallgäu-Bayerischer Bodensee e.V., Bahnhofstr. 8, 88161 Lindenberg, www.westallgäu.de

Ferienregion Allgäu-Bodensee, Bindstr. 10, 88239 Wangen i.A., Tel. 075 22/742 11, www.ferienregion-allgaeu.de

Allgemeine Informationen

Tourismusämter

Tourismusämter und Kurverwaltungen werden bei den jeweiligen Orten unter *Praktische Hinweise* genannt.

Allgäukarten

Die meisten Allgäuer Regionen händigen ihren Urlaubern **Gästekarten** aus oder bieten **Vorteils-** bzw. **Saisonkarten** zum Kauf an, mit denen z.B. Seil- und Bergbahnen, Eissporthallen, Rodelbahnen und/oder Nahverkehrsbusse kostenlos oder zu reduzierten Preisen in Anspruch genommen werden können. Die bekanntesten sind:

AllgäuGletscherCard, www.superschnee.com. Die Seilbahn- und Liftkarte erschließt Okt.–Anf. Mai rund 50 Herbstwander- und Skigebiete im Allgäu und Kleinwalsertal, in Tirol, am Kaunertaler und Pitztaler Gletscher. Erhältlich bei allen 40 teilnehmenden Bahnen.

Allgäu-Walser-Card, www.oberallgaeu.de/allgaeu-walser-card.de. Die Gästekarte ist gültig zwischen Bad Hindelang und Oberstdorf/Kleinwalsertal.

KönigsCard, Allgäu/Tirol Vitales Land, www.koenigscard.com. Gilt im Raum Füssen/Reutte, vom Tannheimer Tal bis Lechbruck. Erhältlich als *Wander-* (für den Sommer) und *Winter-Card*.

Notrufnummern und Adressen

Einheitlicher Notruf, Tel. 112 (EU-weit, auch mobil: Polizei, Unfallrettung, Feuerwehr)

ADAC Pannenhilfe: Tel. 018 02/22 22 22 (24 Std., 0,06 €/Anruf), in allen Mobilfunknetzen: Tel. 22 22 22

ADAC Rettungshubschrauber:
Tel. 110 und 112

ÖAMTC Schutzbrief-Nothilfe:
Tel. 00 43/(0)1/251 20 00

TCS Zentrale Hilfsstelle:
Tel. 00 41/(0)224 17 22 20

Anreise

Auto

Das Allgäu ist für Autofahrer gut erschlossen. Von der A 96 Lindau – München zweigt bei Memmingen die A 7 Richtung Süden nach Füssen ab. Im Osten führt die teilweise ausgebaute B 17 von Landsberg nach Füssen bzw. weiter westlich parallel dazu die B 16 über Mindelheim – Kaufbeuren – Marktoberdorf. In Ost-West-Richtung durchquert die B 308 (*Deutsche Alpenstraße*, www.deutsche-alpenstrasse.de) das südliche Allgäu von Bad Hindelang über Sonthofen, Immenstadt und Oberstaufen bis Lindenberg nahe dem Bodensee.

Bahn

Die meisten Fremdenverkehrsorte des Allgäus sind von der viel befahrenen ICE-Hauptstrecke München – Lindau – Zürich ab Buchloe, Memmingen und Wangen stündlich oder zweistündlich mit Nahverkehrszügen im so genannten *Allgäu-Schwaben-Takt* zu erreichen. Aus Umweltschutzgründen bieten immer mehr Ferienorte Pauschalarrangements an, die die Anfahrt mit der Bahn und eine Busfahrkarte vor Ort beinhalten.

Fahrplanauskunft:

Deutsche Bahn, Tel. 018 05/99 66 33 (0,14 €/Min. aus dem dt. Festnetz; mobil max. 0,42 €/Min.), Tel. 080 01/50 70 90 (sprachgesteuert, gebührenfrei), www.bahn.de

Österreichische Bundesbahn, Tel. 05 17 17, www.oebb.at

Schweizer Bundesbahnen, Tel. 09 00 30 03 00, www.sbb.ch

Flugzeug

Als ›Tor zum Allgäu‹ präsentiert sich Allgäu Airport, ein kleiner Regionalflughafen in Memmingerberg, ca. 4 km östlich von Memmingen und verkehrsgünstig an der A96 gelegen. Von Berlin und Hamburg aus wird er täglich angeflogen. Nach Memmingen, Ulm, Augsburg, München und Landsberg sowie nach Zürich und St. Gallen fahren *Allgäu Airport Express Busse* (www.allgaeu-airport-express.de). Des weiteren stehen privat zu buchende ShuttleCars, Mietwagen und Taxis bereit.

Allgäu Airpot, Am Flughafen 35, 87766 Memmingerberg, Tel. 083 31/984 20 00, www.allgaeu-airport.de

Bank, Post, Telefon

Bank

Banken sind meist Mo–Fr 8.30– 12.30 und 14–16 Uhr geöffnet, in Dörfern kürzer. Bankfilialen mit Geldautomaten gibt es in fast allen Allgäuer Orten.

Post

Öffnungszeiten sind meist Mo–Fr 8–12 und 14–18, Sa 8–12 Uhr. In kleineren Orten übernehmen oft sog. Postagenturen in Lebensmittelläden oder anderen Einzelhandelsgeschäften die Postdienste.

Telefon

Im Allgäuer Raum kann man problemlos mit dem Handy telefonieren, doch in abgelegenen Tälern lässt der Empfang mitunter zu wünschen übrig. Im Kleinwalsertal, in österreichischen Gebieten bei Füssen, Bad Hindelang oder Nesselwang sowie im Dreiländereck nahe dem Bodensee – und teilweise auch schon im Grenzbereich – schalten sich die jeweiligen Ländernetze ein.

Behinderte

Auch Menschen mit körperlichen Einschränkungen und Allergien können im Allgäu ihren Urlaub genießen. Informationen zu entsprechend ausgestatteten Unterkünften, zu Restaurants, Transportunternehmen, Sportangeboten und speziellen Stadtführungen bietet die Broschüre *Urlaub ohne Handicap*, zu beziehen über den Tourismusverband Allgäu/Bayerisch-Schwaben [s. S. 127].

Einkaufen

Ein klassisches Mitbringsel aus dem Allgäu für Männer ist eine ›Hirschlederne‹, also eine kurze oder lange **Lederhose**. Frauen können sich passend dazu einkleiden, die Trachtengeschäfte halten eine Vielzahl von **Dirndl** und sonstiger volkstümlicher Mode bereit.

Weitere beliebte Souvenirs im Alpenbereich sind **Schnitzereien**, von einer Egga-Spiel-Maske bis zu einem hölzernen Kruzifix, sowie geschliffene **Steine** und **Halbedelsteine**. Letztere finden sich neben einer Vielzahl buntschillernder **Glasobjekte** in besonders großer Auswahl im Kaufbeurer Stadtteil Neugablonz, der für seine Glas- und Modeschmuckproduktion bekannt ist. Tradition hat auch ein **Filz-** oder **Strohhut** aus Lindenberg im Allgäu. Und wer sich für hochprozentige Andenken begeistert, ist mit einem auf

Nostalgisches, Gemütlichkeit und bäuerliche Küche bieten viele Allgäuer Gasthöfe

der Alp gebrannten **Heuschnaps** gut beraten. Und mit einem Stück guten **Bergkäses** ist man ebenfalls gut beraten.

Essen und Trinken

Die Küche des Allgäus, vor allem des Oberallgäus, ist bodenständig und geprägt von der meist nicht allzu üppigen Auswahl an Zutaten. Fleisch gab es früher wenn überhaupt nur an Sonn- und Feiertagen, Fisch stand nur in Maßen zur Verfügung. Verarbeitet wurden in erster Linie Milchprodukte, Mehl, Kräuter sowie – falls vorhanden – Eier und Kartoffeln. Traditionelle Gerichte sind beispielsweise Schupfnudeln aus Kartoffelteig, Quarknocken, Maultaschen und natürlich die allseits bekannten und beliebten Allgäuer Kässpatzen.

Das westliche Allgäu zeigte sich in kulinarischer Hinsicht von jeher etwas weltoffener, flossen hier doch württembergische

Fäden muss es ziehen

Für **Allgäuer Kässpatzen** gibt es je nach Region und vorhandenen Zutaten mehrere Rezepte. Über ›das richtige‹ streiten sich Spatzenliebhaber seit jeher. So gaben die Senner auf den Alpen ursprünglich nur Mehl und Wasser an den **Spatzenteig**. Im Württembergischen hingegen mischte man dem Teig auch Eier unter. Ob man Spätzlehobel oder Spätzlebrett verwendet, ist eher eine Frage der Form als des Geschmacks. Letzterer hängt maßgeblich vom verwendeten Käse ab, ob also neben geriebenem echtem Allgäuer Bergkäse auch würzigere **Käsesorten** wie Romadour oder Limburger zwischen die Lagen heißer Spatzen geschichtet werden. Wichtig ist, dass der Käse schmilzt und darum später beim Essen kräftig Fäden zieht. Einig sind sich die Anhänger der verschiedenen ›Kässpatzenschulen‹ dann wieder darin, dass eine gehörige Portion abgeschmelzte und kross geröstete Zwiebeln die Kässpatzen krönen muss. Jetzt noch frischen grünen Salat dazu, und fertig ist das deftig-kräftig-köstliche Allgäuer **Nationalgericht**.

Über Geschmack oder über das richtige Rezept für Kässpatzen lässt sich nicht streiten

Einflüsse und Küchengeheimnisse aus dem Bodenseeraum mit ein, der vielerlei frisches Gemüse, Fisch und auch feine Weine beisteuerte. In heutiger Zeit findet sich diese Vielfalt freilich im gesamten Allgäu. Hinzugekommen sind mediterrane und französische Strömungen, manche Küchenchefs entwickeln die heimische Tradition fort zu köstlicher leichter *Heu-*, *Kräuter-* oder *Bierküche*. Natürlich wird das Heu nicht im Urzustand serviert, vielmehr entstehen aus dem Sud des gekochten Bergwiesenheus aromatische Suppen und Saucen. Besonderer Wert wird vielerorts auf die Verwendung frischer regionaler Produkte gelegt: Eier,

Alles Käse

Das Geheimnis des guten Allgäuer Käses liegt in der Qualität der **Milch**. Die Kühe werden im Sommerhalbjahr auf die Weide getrieben, in den Bergen oft auch auf höher gelegenen *Alpen*. Hier fressen sie den ganzen Tag frische Gräser und Kräuter – und das schmeckt man sowohl der Milch an als auch später dem Käse.

Von einer Alp bringen die Bauern das ›weiße Gold des Allgäus‹ meist morgens und abends gleich nach dem Melken zur **Käskuch'** ins Tal. Hier beginnt am frühen Morgen das **Käsen**, eine Kunst, die viel Erfahrung, Sorgfalt und peinliche Sauberkeit verlangt.

Zunächst wird die Rohmilch in großen Zubern auf 30–32 °C erwärmt, bevor Lab und Milchsäurekulturen untergerührt werden. Labferment ist ein Enzym, das aus dem Labmagen saugender Kälber gewonnen wird und das das Casein der Milch gerinnen lässt. Milchsäurebakterien bringen den **Gärprozess** in Gang. Sie sind für den spezifischen Geschmack jeder Käsesorte verantwortlich. Übrigens auch für die **Löcher**, da sie Kohlensäure produzieren, der in dem reifenden Käse Blasen bildet. Doch zunächst dickt die Milch nach etwa einer halben Stunde ein und wird dann mit der **Käseharfe**, die aussieht wie ein Bogen mit Drahtsehne, zum **Bruch** zerkleinert. Am Ende der Prozedur schwimmen etwa sonnenblumenkerngroßen Bruch-Stücke in Molke. Das Ganze wird nun gebrannt, also unter ständigem Rühren auf 52 °C erwärmt. Aus diesem Gemisch hebt der Käser schließlich mit einem dünnen Tuch die fertige Käsemasse heraus, die nur leicht ausgepresst und dann sofort in runde Käseformen, die **Worb**, gefüllt wird. Erst in diesen hölzernen Formen wird die Restflüssigkeit aus dem Käse gepresst.

Der Traum jedes Käseliebhabers – Lebensvorrat an Laiben in einem Allgäuer Lager

Am nächsten Morgen ist es schon so weit, dass die fertigen Laibe aus der Form genommen und an einem kühlen Ort zum **Reifen** gelagert werden. Das kann drei, sechs oder auch zwölf Monate dauern. Je länger, desto würziger und kräftiger schmeckt der Käse. Während der gesamten Reifezeit wird jeder Laib täglich gewendet und außen mit Salzlake abgebürstet, um unerwünschter Schimmelbildung vorzubeugen. Auf jeden Fall sind die wohl gefüllten Regalreihen einer in den Hang gebauten Alpsennerei nicht nur für Gourmets ein beeindruckender Anblick.

Allgäubesucher sollten sich mindestens einmal in einer **Schaukäserei** in die Geheimnisse der Käseherstellung einweihen lassen. Die meisten Gemeinden im Alpenbereich bieten dazu auf einer Alp oder in einer lokalen Käserei vormittags von etwa 8–11 Uhr Gelegenheit. Informationen erhält man in den Tourismusämtern vor Ort. Und nach einer solchen Besichtigung schmeckt das zweite Frühstück oder die zünftige Brotzeit mit originalem Allgäuer Käse gleich nochmal so gut.

Kräuter, Fleisch – und der Käse sowieso. Das fördert die heimische Wirtschaft und schmeckt ganz hervorragend!

Eine Besonderheit des Allgäus sind die vielen kleinen **Privatbrauereien**. Überregional bekannt ist die Klosterbrauerei Irsee, aber auch Meckatzer Löwenbräu, Engelbräu oder Zötler Bier müssen sich mit ihrem spritzigen Weißbier, dem malzigen Dunklen oder dem gehaltvollen Bock nicht verstecken.

Wer über das bloße Verkosten hinausgehen will, kann im ›Brauereidorf‹ Rettenberg ein **Bierseminar** absolvieren und mit einem **Bierdiplom** abschließen.

Feiertage

1. Januar (Neujahr), 6. Januar (Heilige Drei Könige), März/April (Karfreitag, Ostersonntag, Ostermontag), 1. Mai (Tag der Arbeit), Mai/Juni (Christi Himmelfahrt, Fronleichnam, Pfingstsonntag, Pfingstmontag), 15. August (Mariä Himmelfahrt), 3. Oktober (Tag der Deutschen Einheit), 1. November (Allerheiligen), 24./25./26. Dezember (Weihnachten)

Festivals und Events

Mit Hingabe pflegen die Allgäuer Brauchtum und Tradition, entsprechend häufig und vielgestaltig sind die Feste. Dazu kommen zahlreiche Kirchweihfeste zu Ehren der jeweiligen Patrone. Am Kirchenjahr orientieren sich auch einige große Märkte. Im Folgenden eine Auswahl interessanter Ereignisse:

Januar

Wolfegg: (31. Dez.–6. Jan.) *Wolfegger Wintermusik*. Klassische Konzertreihe (www.wolfegger-wintermusik.de).

Sulzberg: (Ende Jan.) *Horner- oder Hörnerschlittenrennen*. Schlittenrennen am Burgberg (www.hornados.de).

Februar

Kempten, Wangen u. a.: *Ostereiermärkte.*

Marktoberdorf, Mindelheim, Oberstaufen, Schwangau u. a.: *Faschingsumzüge.*

Sonthofen (So vor Faschingsdienstag, alle 3 Jahre: 2012, 2015 ...): *Egga-Spiel*. Vor dem Rathaus vertreiben die mit Egga-Spiel-Masken verkleideten Teilnehmer des traditionellen Spiels eine böse Hexe.

März/April

Mindelheim: (Wochenende im März) *Kunsthandwerkermarkt* in den Museen im Jesuitenkolleg.

Mindelheim: Jazzfestival *Jazz isch!* (www.jazz-isch.de).

April

Görisried: *Go to Gö*, großes Rockfestival (1 Fr, 2 Sa) in Zirkuszelt zw. Kempten und Marktoberdorf (www.go-to-goe.de).

Kempten: *Jazz Frühling* (www.klecks.de).

Kißlegg: (Osterwochenende) *Kißlegger Kunstwoche.*

Mai

Bad Wörishofen: (jeweils ein Wochenende im Mai und Sept.) *Kulinarische Meile* mit *Kunsthandwerkermarkt.*

Fischen: *Fischinger Kulturzeit* pflegt klassische Musik und Brauchtum (www.fischen.de/kulturzeit).

Lindenberg: (drei Wochen vor Pfingsten) *Hut-Tag*. Veranstaltungen rund um das Thema Hut, alle zwei Jahre Wahl der Hutkönigin.

Juni

Wolfegg: *Internationale Wolfegger Konzerte* (www.wolfegger-konzerte.de).

Juni/Juli

Altusried: *Sommerfestival*. Theater, Operette, Musical oder Musikkonzerte auf der *Allgäuer Freilichtbühne* (www.freilichtbuehne-altusried.de).

Füssen: (Ende Juni/Anf. Juli) *Kaiserfest*, ein Mittelalterfest mit Markttreiben (www.kaiserfest.de).

Kemnat bei Kaufbeuren: *Burgspiele* mit volkstümlichem Theater und ›Musikalischer Kumpanei‹ (www.burgspiele.de).

Mindelheim: *Frundsbergfest* (2015, 2018 ...). Alle 3 Jahre Ritterumzug und mittelalterlicher Markt, kleineres Historienfest jedes Jahr (www.frundsbergfest.de).

Oberstdorf: (Anfang Juli) *Bergfest zur Alpenrosenblüte* auf dem Fellhorn.

Isny: (4 Tage Anfang bis Mitte Juli) *Kinder- und Heimatfest*. Seit 1620 findet der Umzug mit Rummel und Festzelt statt (www.isny-kinderfest.de).

Kaufbeuren (12 Tage vor den Großen Ferien, Mitte–Ende Juli): *Tänzelfest*. Eines der ältesten und nach Zahl der Mitwirkenden größten Kinderhistorienfest Deutschlands (www.taenzelfest.de).

Wilde Bocksprünge vermummter Männer

Seltsame monotone Klänge von Trommeln, Schleglpfeifen und Bockhörnern tönen alle fünf Jahre (2015, 2020 …) durch die dann vollbesetzte Oybele Festhalle im Südosten von Oberstdorf. Auf der Bühne führen dazu 13 ehrbare Männer aus alteingesessenen Familien den **Wilde-Mändla-Tanz** auf. Die Ursprünge dieses archaischen Huldigungs- und Fruchtbarkeitstanzes gehen in keltische Zeit vor über 2000 Jahren zurück. Gekleidet sind die Tänzer in ein leinenes Ganzkörpergewand, auf das dicht an dicht lange zottelige Bartflechten aus dem hochalpinen Bergwald genäht sind, so dass nur die Augenpartie frei bleibt. Vervollständigt wird das Kostüm der tatsächlich sehr wild aussehenden Männer durch einen Kranz aus Stechholder und einen Gürtel aus frischem Tannengrün. Mit einfach wirkenden, doch kräftezehrenden, rhythmischen Sprungfiguren werden 17 Szenenbilder getanzt, die am Schluss in einem gespielten Met-Umtrunk und einer Pyramide der Wilden Mändla gipfeln.

Dieses außergewöhnliche Kulturerbe pflegt und bewahrt seit 1901 der Gebirgstrachten- und Heimatschutzverein Oberstdorf e.V. (www.trachtenverein-oberstdorf.de).

Juli

Füssen (1 Woche): *Vielsaitig*. Geigen- und Lautenmusik in ernst und modern.

Bad Hindelang: *Rock am Horn*. Eine Nacht rocken lokale Bands am Fuß des Imbergerhorns (www.rock-am-horn.de)

Isny: *Isny Opern Festival*. Opern und Kammermusik an verschiedenen Spielstätten in der Stadt (www.isny-oper.de).

Kempten: (2. Sa): *Internationales Burghaldefest*. Internationale kulinarische und musikalische Leckerbissen im Amphitheater (www.hausinternational.de).

Juli/August

Bad Grönenbach: (mehrere Wochen im Juli-Sept.): *Sommerfrische*. Ausstellungen und Konzerte (www.sommerfrische.biz).

Eglofs bei Argenbühl (letztes Wochenende im Aug.): *Kunstmarkt*.

Füssen (Mitte Aug.): *Schindaufest*. Bürgerfest in der Altstadt.

Memmingen: (1 Woche 2016, 2020 ...): *Wallensteinspiele*. Historienspektakel anlässlich des Aufenthalts Wallensteins im Jahr 1630 (www.wallenstein-mm.de).

Nesselwang (Mitte Aug.): *Nesselwanger Reiterspiele*. Pferdeumzug, Showreiten, Pferdewagenrennen und Festtreiben (www.reiterverein-nesselwang.de)

Oberstdorf: *Oberstdorfer Musiksommer* mit *Internationalem Klassikfestival* (www.oberstdorfer-musiksommer.de)

Illertissen (Mitte Aug.): *Altstadtfest*.

Beim Tänzelfest in Kaufbeuren präsentieren sich die Kleinen stolz in farbenfrohen Gewändern

Immenstadt: (letzter Sa im Aug.) *Allgäuer Bauern- und Käsemarkt.*

September

Bad Wörishofen: *Festival der Nationen.* Große Klassikstars wie Elina Garanča treten in dem kleinen Kurort auf (www.festivaldernationen.de).

Illerbeuren (Anfang Sept.): *Handwerkertage* im Bauernhofmuseum (www.bauernhofmuseum.de).

Schwangau: *Schlosskonzerte.* Klassik im Sängersaal von Neuschwanstein (www.schlosskonzerte-neuschwanstein.de).

Weiler-Simmerberg (2. So im Sept.): *Wilemer Kunsthandwerkermarkt.*

Wolfegg: *Museumsfest* (1. Wochenende im Sept.). Im Bauernhausmuseum wird historisches Bauernleben nachgestellt. (www.bauernhausmuseum-wolfegg.de

Balderschwang, Hohenschwangau, Maierhöfen, Nesselwang, Oberstdorf, Wertach u. a.: Senner und Sennerinnen treiben beim *Alpabtrieb* (2. Monatsdrittel) die ihnen anvertrauten Kühe von den Sommerweiden hinunter ins Tal. Bei der anschließenden *Viehscheid* werden die oft prächtig herausgeputzten Tiere wieder ihren Besitzern übereignet – Anlass für Volksfeste mit Tanzboden und Bierzelten, teils mit Markt. Termine z. B. unter www.allgaeuseiten.de/viehscheid.htm oder www.viehscheid.info

Oktober

Oberstdorf, Leutkirch, Sonthofen u. a. (Anfang bis Mitte Okt.). *Gallusmarkt.*

Kempten (1 Woche Ende Okt.): Händler- und Volksfest *Kathreinermarkt.*

Bad Hindelang: Festival *Ein Ort wird Musik* mit Aufführungen in Lokalen, Kirchen und in der Natur.

Lindenberg(27./28. Okt.): *Simon- und Judamarkt.*

Schwangau (2. So im Okt.)**:** *Colomansfest.* Umritt auf Pferden von Schwangau zur Kirche St. Coloman vor den Toren Füssens; Reiter meist in Tracht

November

Lindenberg (2 Wochen Anf. Nov.)**:** *Westallgäuer Kunstausstellung.* Regionale Kunst im Löwensaal.

Kaufbeuren, Ottobeuren, Wangen u. a. (Anfang Nov.): *Martinimarkt.*

Leutkirch (5. Dez.): *Nikolausmarkt.*

Dezember

Im ganzen Allgäu: *Nikolaus-, Christkindles- und Weihnachtsmärkte, Adventssingen* in den Kirchen.

Bad Hindelang, Oberstdorf u. a.:(4.–6. 12.): Beim *Bärbele und Klausentreiben* ziehen vor allem im Oberallgäu junge Männer, verkleidet in Fetzengewänder, Kittelschürzen, Fellen und Sackleinen, mit Ruten und aufgeblasenen Schweinsblasen durch die Straßen und treiben derbe, oft schmerzhafte Späße.

Jungholz, Obermaiselstein u. a. (31.12.): Einheimische und Gäste treiben mit dem *Silvester-Fackellauf* beim Schein der Flammen auf Skiern das alte Jahr aus.

Klima und Reisezeit

Das Allgäu hat das ganze Jahr über Saison und bietet sowohl sportlich-aktiven Besuchern als auch auf Wellness und Erholung bedachten Gästen ein breit gefächertes Angebot. Der Föhn, ein warmer, trockener Fallwind aus den Bergen, kann die Temperaturen das ganze Jahr über auf geradezu sommerliche Temperaturen steigen lassen und beschert eine wunderbare Fernsicht, sorgt aber bei manchen Menschen für Kopfschmerzen und Reizbarkeit.

Die jährliche Niederschlagsmenge ist mit durchschnittlich 1000 mm vergleichsweise hoch, da sich Regen- und Schneewolken im Nordstau der Alpen sammeln und dort abregnen. Bereits im September kann es nachts in den höheren Lagen empfindlich kalt werden, auch wenn die Tage noch sonnig und warm sind, wie es sich für einen typischen ›Altweibersommer‹ gehört.

Klimadaten Kempten

Monat	Luft (°C) min./max.	Sonnen-std./Tag	Temp. (°C) Rottachsee	Regen-tage
Januar	-3/4	3	–	13
Februar	-3/5	4	–	13
März	0/8	4	–	12
April	3/13	5	–	13
Mai	8/20	7	14	15
Juni	10/21	7	19	17
Juli	12/21	6	20	17
August	12/22	6	21	16
September	10/19	6	16	13
Oktober	4/12	5	12	12
November	-2/4	3	–	11
Dezember	-3/4	2	–	12

Kuren

Im Allgäu gibt es mehrere Kurorte. Bad Wörishofen ist für Kneippanwendungen bekannt und Bad Wurzach für seine Moorbäder. Bad Oberstaufen ist Deutschlands einziger Schrothkurort. Die Heukur, bei der Patienten in feuchten Heuwickeln schwitzen, wird besonders in Pfronten propagiert. Oberstdorf schließlich ist der höchstgelegene heilklimatische Luftkurort des Allgäus.

Nachtleben

Das Allgäu ist nicht unbedingt als Hochburg ausgelassenen Nachtlebens bekannt, aber die Allgäuer verstehen durchaus zu feiern. In den größeren Orten wie Memmingen, Kempten oder Kaufbeuren findet man **Bars**, **Nachtclubs** und **Diskotheken**, doch auch die kleineren Orte bieten oft überraschend coole Locations. Einen tagesaktuellen Überblick erhält man am besten im Internet (z. B. www.dein-allgaeu.de/kultur). Außerdem gibt es während der Skisaison in Wintersportzentren wie Oberstdorf oder Scheidegg ausreichend Gelegenheit zum **Après-Ski**.

Freunde des Glücksspiels können das ganze Jahr über das **Spielcasino** in Riezlern/Kleinwalsertal [s. S. 119] besuchen.

Sport

Sommers wie winters genießen **Wanderer** Touren in den Allgäuer Alpen. Während gemütlichere Urlauber zumal im Frühjahr lieber über die frisch-grünen Hügel des Unterallgäus spazieren gehen, lockt der Herbst mit Alpenglühn und dem intensiven Grün-Rot-Gold der sich verfärbenden Mischwälder. Im Sommer herrscht an den **Seen** wie Forggen-, Hopfen oder Alpsee Hochbetrieb in punkto Wassersport, während in der weißen Jahreszeit **Wintersportler** jeglicher Couleur im Allgäu ein ideales Revier finden, von den gespurten Loipen des ›Flachlandes‹ bis zu den kilometerlangen Abfahrten der Skigebiete. Außerdem gibt es z. B. sommerliche Blade Nights in Kempten, Ballonfahrten ab Seeg, Schachturniere in Bad Wörishofen oder Sommerrodelbahnen am Tegelberg.

Abschlag vor der Kulisse von Kloster Ottobeuren auf dem Allgäuer Golfclub

Angeln

Petrijünger finden dank zahlreicher Seen, Bäche und Flüsse reichlich Gelegenheit, ihrem Hobby zu frönen. Im Großen Alpsee etwa fängt man Aal, Karpfen, Renke oder Zander, in der Iller sind Weißfisch, Äsche und Hecht zuhause, in der Breitach geht es auf Bach- und Regenbogenforellen. Detaillierte Informationen, auch bzgl. der Ansprechpartner für Erlaubnisscheine findet man in der Broschüre *Angeln* des Tourismusverbands Allgäu/Bayerisch-Schwaben [s. S. 127].

Landesfischereiverband Bayern, Pechdellerstr. 16, 81545 München, Tel. 089/6427260, www.lfvbayern.de

Golfen

In reizvoller Allgäuer Landschaft laden 18 Golfplätze (www.golfurlaub-allgaeu.de) zum Spiel, z. B.:

Allgäuer Golf- und Landclub, Hofgut Boschach, Ottobeuren, Tel. 083 32/925 10, www.golfclub-ottobeuren.de. 6- und 18-Loch-Platz.

Golf Club Oberstaufen, Buflings 1, Oberstaufen, Tel. 083 86/93 92 50, www.golfclub-oberstaufen.de. Öffentlicher 9-Loch-Platz.

Golfclub an der Hammerschmiede, Lettensteige 7, Pforzen/Kaufbeuren, Tel. 083 46/98 27 80. 9 Loch.

Golfclub auf der Gsteig, Gsteig 1, Lechbruck am See, Tel. 088 62/85 20, www.golf-gsteig.de. 18 Loch.

Golf-Club Bad Wörishofen, Schlingener Str. 27, Rieden, Tel. 083 46/777, www.golf.de/badwoerishofen. 18 Loch.

Golfclub Hellengerst, Helingerstr. 5, Weitnau-Hellengerst, Tel. 083 78/920 00, www.golf-allgaeu.de. 18 Loch.

Schwer bepackte Wanderer auf dem Weg zum nächsten Gipfel

Golfclub Memmingen Gut Westerhart, Westerhart 1 b, Buxheim, Tel. 083 31/ 710 16, www.golf.de/memmingen. 18 Loch.

Golfclub Oberstaufen-Steibis, In der Au 5, Oberstaufen-Steibis, Tel. 083 86/85 29, www.golf-oberstaufen.de. 18 Loch.

Golfclub Oberstdorf, Gebrgoibe 2, Oberstdorf, Tel. 083 22/28 95, 9 Loch. www.golfclub-oberstdorf.de.

Golfclub Waldegg-Wiggensbach, Hof Waldegg, Wiggensbach, Tel. 083 70/930 73, www.golf-wiggensbach.com. 18 Loch.

Golfclub zu Gut Ludwigsberg, Augsburger Str. 51, Türkheim, Tel. 082 45/33 22, www.golfclub-tuerkheim.de. 18 Loch.

Golfplatz Oberallgäu, beim Sonnenalp Ressort (www.sonnenalp.de), Muderbolz 10, Ofterschwang, Tel. 083 21/27 21 85, Tel. 083 26/385 94 10. 18 Loch und 9-Loch-Kurzplatz Gundelsberg.

Laufen

Herrliche Landschaft und frische Luft machen im Allgäu das Laufen leicht. Viele Gemeinden haben Jogging-Strecken ausgeschildert und auch wettkampforientierte Sportler können sich im Allgäu beweisen: Etwa beim *Halb-Marathon* in Kempten (März), beim *Oberstdorfer Gebirgstäler Halb-Marathon* (Mai) sowie ebenfalls in Oberstdorf beim *Nebelhorn Gipfelberglauf* (Juli, 10,5 km, 1410 Höhenmeter), beim *Füssener Stadtlauf*, dem *König-Ludwig-Marathon* (beide Juni) sowie dem *Eistobel-Lauf* (Sept.) nahe Maierhöfen.

Rad fahren

Freizeitradler kommen im Allgäu ebenso auf ihre Kosten wie Tourenfahrer oder Mountainbiker. Die jeweiligen Gemeinden haben Kartenmaterial zu ihren Radwegen. Zusätzlich hilft der Tourismusverband Allgäu/ Bayerisch-Schwaben [s. S. 127]: *Rennrad Klassiker* stellt elf der schönsten Touren (ges. 1160 km, mit Höhenprofilen) zusammen, die Radkarte *RadTouren* schlägt zehn ›Genießertouren‹ vor und das Faltblatt *Radeln* vermittelt einen Überblick über das Gesamtangebot. Auch im Internet (www.bayerninfo.de) finden sich Tourenvorschläge.

Außerdem führen mehrere **Rund- und Fernradwanderwege** durch das Allgäu, die auch in Teiletappen eine Fahrt wert sind. Hier eine Auswahl: *Allgäu-Radwanderweg* (Isny – Kempten – Marktoberdorf – Kaufbeuren – Schongau), *Bodensee-Königssee-Radweg* (Lindau – Großer Alpsee – Füssen), *Forggenseerundweg* (rings um den Forggensee), *Dampflokrunde* (Marktoberdorf – Roßhaupten – Burggen b. Schongau), *Günztal-Radweg* (Obergünzburg – Günzburg), *Iller Radwanderweg* (entlang der Iller, Oberstdorf – Sonthofen – Kempten – Memmingen), *Kneipp-radweg* (Bad Wörishofen – Ottobeuren – Bad Grönenbach), *Via Claudia Augusta-Radweg* (entlang der alten Römerstraße parallel zur Romantischen Straße, Füssen – Schongau), *Westallgäuer Käsestraße* (verbindet acht Sennereien in einem Rundkurs um Lindenberg i. Allgäu).

Wandern mit dem ADAC

Für alle, die das Allgäu erwandern wollen, hält der ADAC Verlag ein vielfältiges Angebot bereit. Die Wanderführer *Oberallgäu und Kleinwalsertal* sowie *Allgäu* versammeln Touren in allen Schwierigkeitsgraden und bieten Karten mit Wanderrouten, Höhenprofilen und Einkehrtipps. Der Band *Wandern mit Kindern – Allgäu* beschreibt abwechslungsreiche Erlebnistouren, deren Länge perfekt auf junge Wanderer zugeschnitten ist.

Ganz am Puls der Zeit ist die *ADAC Wander-App Allgäu* fürs iPhone. Sie verbindet topografische Wanderkarten mit GPS-Navigation.

Bei der *Radtouristikfahrt ›Oberschwäbische Barockstraße‹* (1. Sept.-Wochenende, www.ru-wangen.de) kann man in der Gruppe durchs Allgäu radeln. Der anspruchsvolle *Feneberg Mountainbike Marathon* (Oberstdorf, Sept., www.mtb-marathon.de) richtet sich an ehrgeizige Sportler. Ein hochkarätiges Sportereignis ist das *Radkriterium Wangen* (Wangen, Sept., www.ru-wangen.de)

Reiten

Ruhig und erholsam sind Ausritte in den Hügeln des Nordallgäus. In den Bergen werden Reitstunden und Wanderritte auf Ponies, Haflingern und Islandpferden angeboten, auch Kutschfahrten sind sehr beliebt. Detaillierte Auskunft über Reiterhöfe und -ställe gibt die Broschüre *Reiten* des Tourismusverbandes Allgäu/Bayerisch-Schwaben [s. S. 127].

Auf dem Reitgelände Babenhausen findet jedes Jahr im September das *International Bavarian Weekend* (Tel. 08333/7387, www.bavarian-weekend.de) für Dressur- und Springreiten statt.

Wandern

Das Allgäu ist eine Wanderregion par excellence und bietet für **Spaziergänger** ebenso reichliche Auswahl wie für erfahrene **Tourengänger**. Zu den längeren Strecken gehören der *Maximiliansweg*, der als sog. Königsroute vom Bodensee zum Lech führt, und der rund 200 km umfassende *Oberallgäuer Rundwanderweg* durch die abwechslungsreiche Landschaft der Allgäuer Alpen und ihres Vorlandes. Unter den zahllosen empfehlenswerten Tagestouren sei stellvertretend die aussichtsreiche *Kammwanderung* vom Gunzesrieder Tal nahe Sonthofen über die Hörnerkette nach Bolsterlang genannt. Wanderer sollten in jedem Fall darauf achten, Viehgatter und Tore wieder zu schließen und keine ungemähten Wiesen zu betreten.

Zusätzlich zum dichten Wanderwegenetz der einzelnen Gemeinden führen mehrere überregional bedeutende Wanderwege durch die Region. Dazu gehört von den Tannheimer Bergen bis Schwangau auch ein Teilstück der **Via Alpina**, eines Weitwanderwegs von Monaco bis Triest durch die acht Alpenstaaten.

TOP TIPP Der insgesamt 88 km lange **Crescentia-Pilgerweg** folgt den Spuren der Heiligen auf einem Rundweg von Kaufbeuren über Ottobeuren und Mindelheim zurück zum Ausgangspunkt.

Allgemeine Informationen zum Bergwandern sowie Karten und Vermittlung kompetenter Tourenführer beim:

Deutscher Alpenverein (DAV), Von-Kahr-Str. 2–4, 80997 München, Tel. 089/14003-0, www.alpenverein.de

Alpine Auskunft, Tel. 089/294940, zu Wetter, Hütten, Wegen etc.

Alpines Notsignal: akustisches oder optisches Zeichen (Rufen, Pfeifen, Taschenlampe), sechs Mal in kurzen Abständen. Nur in Notfällen geben!

Wassersport

Zahlreiche Natur-, Moor- und Stauseen laden zum Baden, Surfen, Segeln und Rudern ein. Zwischen Kempten, Oy-Mittelberg und Immenstadt etwa erstreckt sich das **Allgäuer Seenland** (www.allgaeuer-seenland.de), vom *Grüntensee* bis zu den *Alpseen* ein Paradies für Wasserratten. Auch der *Forggensee* bei Füssen ist ein ausgezeichnetes Wassersportrevier.

Wintersport

Die Allgäuer Alpen sind wie geschaffen für Wintersport jeglicher Art. Orte wie Nesselwang, Balderschwang, Scheidegg etc. verfügen über reichlich Lifte, Abfahrten und Loipen. Oft sind sie – auch grenzübergreifend – zu Skiarenen oder -zirkussen verbunden, deren Einrichtungen mit Verbundskipässen im Großraum Füssen/Reutte bequem genutzt werden können. Je flacher das Allgäu nordwärts wird, desto mehr rückt der Skilanglauf als Wintersportdisziplin in den Vordergrund.

Zu den wintersportlichen **Großereignissen** im Allgäu gehört die auf der Oberstdorfer Skisprungschanze ausgetragene *Vierschanzentournee*. Abfahrt- und Skilanglaufwettbewerbe finden an wechselnden Austragungsorten statt (Termine unter www.fis-ski.de).

Am von der Sommersonne erwärmten Weißensee treffen sich die Badegäste

Weitere ausgewählte Veranstaltungen:

Bad Hindelang: *Hörnerschlittenrennen, Latschenkiefer Ski-Trail Marathon, Pferdeschlittenrennen* mit *Skijöring*, bei dem ein Skifahrer von einem Pferd gezogen wird.

Oberstdorf: *Skifliegen* (Heini-Klopfer-Skiflugschanze, z. B. Vierschanzentournee), *Nebelhorn Classics* (März, Freestyle), *Nebelhorn Trophy* (Sept., Eiskunstlauf)

Oberstaufen: *Wintertriathlon Deutschland-Cup* (www.wintertriathlon.de). 6 km Lauf, 12 km Mountainbike, 8 km Langlauf.

Après-Ski im Gemsnest auf der Gipfelstation der Nebelhornbahn

Statistik

Lage: Das Allgäu liegt im Süden Deutschlands, etwa zwischen Babenhausen im Norden und den Allgäuer Alpen um Oberstdorf im Süden. In ost-westlicher Richtung erstreckt sich das Allgäu vom Königswinkel bei Füssen rechts des Lechs bis beinahe an den Bodensee.

Verwaltung: Das Allgäu liegt sowohl im Bundesland Baden-Württemberg als auch in Bayern. In Baden-Württemberg umfasst es den Süden und Osten des Landkreises Ravensburg (Kreisstadt: Ravensburg). Gemeinsam mit dem bayerischen Landkreis Lindau/Bodensee (Lindau) wird er im Folgenden Region Westallgäu genannt. Außerdem gehören die drei Landkreise Unter-(Mindelheim), Ost- (Marktoberdorf) und Oberallgäu (Sonthofen) zu Bayern, ebenso die kreisfreien Städte Kaufbeuren, Kempten und Memmingen.

Fläche: 4857 km^2 gesamt, davon Region Westallgäu ca. 706 km^2 (etwa die Hälfte der 323 km^2 des LK Lindau/Bodensee und ein Drittel der 1632 km^2 des LK Ravensburg), Unterallgäu 1228 km^2, Ostallgäu 1395 km^2, Oberallgäu 1528 km^2.

Einwohner: Insgesamt etwa 669 000 Menschen, davon Region Westallgäu ca. 105 000 Einw., Unterallgäu 136 000 Einw., Ostallgäu 140 000 Einw., Oberallgäu 150 000 Einw. sowie die Städte Kempten mit 65 000 Einw., Kaufbeuren mit 44 000 Einw. und Memmingen mit 41 000 Einw..

Wirtschaft: Wesentliche Wirtschaftsfaktoren im Allgäu sind Elektrotechnik, Automobil- und Nahrungsmittelindustrie. Der Landmaschinenhersteller Fendt betreibt sein größtes deutsches Werk in Marktoberdorf, die Bosch GmbH produziert in Immenstadt. Das Dienstleistungsgewerbe wird vom Tourismus dominiert. Immerhin 17 Mio. Übernachtungen zählt das Allgäu pro Jahr, Tendenz steigend.

Unterkunft

Das Allgäu bietet die passende Unterkunft für jeden Geschmack und Geldbeutel, von Gasthof bis Hotel, von Apartment bis Pension, von Ferienwohnung bis Urlaub auf dem Bauernhof. Eine Auswahl empfehlenswerter Unterkünfte finden sich im Hauptteil beim jeweiligen Ort unter *Praktische Hinweise*.

Camping

Vor allem an den Ufern der Allgäuer Seen bieten Campingplätze günstige Übernachtungsmöglichkeiten für mobile Urlauber. Eine detaillierte Beschreibung bietet der jährlich aktualisierte **ADAC Campingführer Deutschland/Nordeuropa** (www.adac.de/camping), der im Buchhandel oder bei den ADAC Geschäftsstellen erhältlich ist. Darüber hinaus informiert der ebenfalls jährlich neu erscheinende **ADAC Stellplatzführer** umfassend über das Angebot an Wohnmobilstellplätzen und Bungalows auf deutschen Campingplätzen.

Blick vom Alpsee aus auf Hohenschwangau (li.) und das frühere Hotel Alpenrose am Ufer

Ferienhäuser und Ferienwohnungen

In allen Orten des Allgäus stehen das ganze Jahr über Ferienwohnungen in allen Größen und Ausstattungen zur Verfügung. Vor allem bei einem längeren Aufenthalt und für Familien sind sie eine interessante Unterkunftsalternative. Die Fremdenverkehrsbüros vor Ort halten Listen mit Anbietern bereit.

Gasthöfe

Ein dichtes Netz von Gasthöfen bietet in beinahe jedem Ort des Allgäus eine Unterkunftsmöglichkeit. Die Qualität reicht dabei von sehr einfach über ländlich-rustikal bis zu 5-Sterne-Komfort, entsprechend unterschiedlich sind auch die Preise. Die lokalen Fremdenverkehrsämter geben Auskunft über alle Angebote in ihren Gemeinden.

Hotels

An Hotels herrscht im Allgäu kein Mangel, das Angebot umfasst pensionsähnliche Ein-Stern-Häuser ebenso wie mit fünf Sternen ausgezeichnete Komfort- und Luxushotels. Oft sind Abteilungen für Wellness- und/oder Kuranwendungen angeschlossen. Bei der Auswahl des richtigen Hotels helfen die Fremdenverkehrsämter, die ausführliche Gastgeberverzeichnisse bereithalten.

Jugendherbergen

Im bayerischen Allgäu können Reisende bis zum Alter von 26 Jahren in Füssen, Oberstdorf-Kornau und Ottobeuren in Jugendherbergen übernachten. Ältere finden in Bayern nur nachrangig Aufnahme in Jugendherbergen. Weitere Informationen und Ausweise bei:

Deutsches Jugendherbergswerk, Bismarckstr. 8, 32756 Detmold, Tel. 05231/74010, www.jugendherberge.de

Urlaub auf dem Bauernhof

Oft werden auf einem bewirtschafteten Hof oder in einem eigens dafür errichteten Anbau einzelne Zimmer oder Ferienwohnungen vermietet. Manchmal kann man auf dem Bauernhof mitarbeiten. Garantiert sind bei dieser Unterkunftsform die ländliche Umgebung und die Nähe zu Tieren sind. Vor allem Kinder sind begeistert von den Kühen und Katzen, den Pferden, Ziegen, Kaninchen ...

Landesverband Urlaub auf dem Bauernhof, Kaiser-Ludwig-Platz 2, 80336 München, Tel. 089/54479 99 50, www.bauernhof-urlaub.com

sowie: www.urlaub-allgaeu.de und www.urlaub-bauernhof.de

Verkehrsmittel

Auto

Das Allgäu ist für den Individualverkehr hervorragend erschlossen, viele Urlauber reisen mit dem Auto an. In der Regel sind Parkplätze in den Orten und an den Talstationen der Lifte kostenpflichtig. Um die viel besuchte Erholungsregion Allgäu zu schonen, appellieren die Gemeinden an ihre Gäste, das eigene Auto nach der Anfahrt so wenig wie möglich zu nutzen oder gleich mit der Bahn anzureisen. Dafür bieten sie z. B. attraktive Pauschalen oder Kombikarten und Urlaubstickets [s. S. 127], mit denen Gäste Busse und Bahnen der Region kostenlos oder zu vergünstigten Tarifen nutzen können.

Bahn

Im **Allgäu-Schwaben-Takt** erschließen Züge die Region zwischen Lindau, München und Oberstdorf; die großen Ortschaften werden stündlich angefahren, abgelegenere seltener. Für Vielfahrer gibt es die *RegioCard* sowie in den Landkreisen Oberallgäu/Kempten und Südliches Oberallgäu günstige Ein- oder Mehrtageskarten. Spezielle Urlauberkarten (s. u.) gelten oft nur in Verbindung mit Gästekarten einzelner Gemeinden. Informationen in den Tourismusämtern vor Ort oder bei der DB [s. S. 128].

Bus

Viele Allgäuer Wander- und Skigebiete sind durch sehr gute Busverbindungen von den nächstgelegenen Ortschaften aus erreichbar. Ein Paradebeispiel ist der **Allgäu-Walser-Bus**, der in der Großregion Oberstdorf/Kleinwalsertal verkehrt, die bis Bad Hindelang reicht. Mit der Allgäu-Walser-Gästekarte kann man eine sehr günstige *Urlaubskarte* zur dann freien Nutzung von Bus und Bahn kaufen.

Mietwagen

Mietwagen reserviert man vor der Reise meist günstiger. ADAC Mitglieder können bequem über ihre ADAC Geschäftsstelle oder die ADAC Autovermietung, Tel. 01805/318181 (0,14 €/Min., mobil max. 0,42 €/Min.) buchen.

Reiseziel	ADAC Reiseführer	ADAC Reiseführer plus
Ägypten	■	■
Algarve	■	■
Allgäu	■	■
Alpen – Freizeitparadies	■	
Amsterdam	■	■
Andalusien	■	■
Australien	■	■
Bali & Lombok	■	■
Baltikum	■	■
Barcelona	■	■
Bayerischer Wald	■	■
Berlin	■	■
Bodensee	■	■
Brandenburg	■	■
Brasilien	■	
Bretagne	■	■
Budapest	■	■
Bulgarische Schwarzmeerküste	■	■
Burgund	■	
City Guide Germany	■	
Costa Brava und Costa Daurada	■	
Côte d'Azur	■	■
Dänemark	■	■
Deutschland – Die schönsten Autotouren		■
Deutschland – Die schönsten Orte und Regionen	■	■
Deutschland – Die schönsten Städtetouren	■	
Dominikanische Republik	■	
Dresden	■	■
Dubai, Vereinigte Arab. Emirate, Oman	■	■
Elsass	■	■
Emilia Romagna	■	■
Florenz	■	■
Florida	■	■
Franz. Atlantikküste	■	■
Fuerteventura	■	■
Gardasee	■	■
Golf von Neapel	■	■
Gran Canaria	■	■
Hamburg	■	■
Harz	■	■
Hongkong & Macau	■	
Ibiza & Formentera	■	■
Irland	■	■
Israel	■	■
Istanbul	■	■
Italien – Die schönsten Orte und Regionen	■	■
Italienische Adria	■	■
Italienische Riviera	■	■
Jamaika	■	
Kalifornien	■	■
Kanada – Der Osten	■	■
Kanada – Der Westen	■	■
Karibik	■	■
Kenia	■	■
Korfu & Ionische Inseln	■	■
Kreta	■	■
Kroatische Küste – Dalmatien	■	■
Kroatische Küste – Istrien und Kvarner Golf	■	■
Kuba	■	■
Kykladen	■	
Lanzarote	■	■
Leipzig	■	■
Lissabon	■	■
London	■	■
Madeira	■	■
Mallorca	■	■
Malta	■	■
Marokko	■	■
Mauritius & Rodrigues	■	■
Mecklenburg-Vorpommern	■	■
Mexiko	■	
München	■	■
Neuengland	■	■
Neuseeland	■	■
New York	■	■
Niederlande	■	■
Norwegen	■	■
Oberbayern	■	■
Österreich	■	■
Paris	■	■
Peloponnes	■	
Piemont, Lombardei, Valle d'Aosta	■	■
Polen	■	■
Portugal	■	■
Prag	■	■
Provence	■	■
Rhodos	■	■
Rom	■	■
Rügen, Hiddensee, Stralsund	■	■
Salzburg	■	■
St. Petersburg	■	■
Sardinien	■	■
Schleswig-Holstein	■	■
Schottland	■	■
Schwarzwald	■	■
Schweden	■	■
Schweiz	■	■
Sizilien	■	■
Spanien	■	■
Südafrika	■	■
Südengland	■	■
Südtirol	■	■
Sylt	■	■
Teneriffa	■	■
Tessin	■	■
Thailand	■	■
Thüringen	■	■
Toskana	■	■
Trentino	■	■
Tunesien	■	■
Türkei – Südküste	■	■
Türkei – Westküste	■	■
Umbrien	■	
Ungarn	■	■
USA – Südstaaten	■	
USA – Südwest	■	■
Usedom	■	■
Venedig	■	■
Venetien & Friaul		■
Wien	■	■
Zypern	■	■

■ **ADAC Reiseführer**
144 bzw. 192 Seiten

■ **ADAC Reiseführer plus**
(mit Extraplan)
144 bzw. 192 Seiten

Mehr erleben, besser reisen ... mit ADAC Reiseführern!

Foto: © photocreo – Fotolia.com

Stand: 11/2011

Register

Impressum

Chefredakteur: Dr. Hans-Joachim Völse
Textchefin: Dr. Dagmar Walden
Chef vom Dienst: Bernhard Scheller
Lektorat: Thomas Paulsen
Bildredaktion: Astrid Rohmfeld, Doreen Enders
Aktualisierung: Elisabeth Schnurrer
Kartografie ADAC e.V. Kartografie/KAR
Layout: Martina Baur
Herstellung: Barbara Thoma
Druck, Bindung: Rasch Druckerei und Verlag
Printed in Germany

Ansprechpartner für den Anzeigenverkauf:
Kommunalverlag GmbH & Co KG,
MediaCenterMünchen, Tel. 089/92 80 96-44

ISBN 978-3-86207 010-7

Neu bearbeitet Auflage 2012

Bildnachweis

Umschlag-Vorderseite: Wanderer am Seealpsee vor der Höfats und anderen Alpengipfeln im Nebelhorngebiet bei Oberstdorf
Foto: Bildagentur Huber (R. Schmid)

AKG: 14.2, 29.1, 29.2, 33 – **Bildagentur Huber**: 2.4 (Wh.), 4/5, 7.1, 9.2, 32, 59, 76, 79, 80, 84, 90.2, 102, 103, 111, 113, 115, 122, 126.2, 126.6, 137.2 (Schmid), 6.1 (Eckstein), 50 (Stadler), 85 (Gräfenhain), 137.2 (Mader) – **Allgäuer Golf- und Landclub Ottobeuren**: 135 – **Westallgäuer Flugschule**: 65 (Nina Calditz) – **Fan und Mross**: 2.2 (Wh.), 114, 117 (Achterberg) – **faszinatour Touristik-Training-Event**: 104, 126.3 – **Peter von Felbert**: 98.1 – **fotolia**: U4.2 (Thomas Neumahr) – **Ralf Freyer**: 2.1 (Wh.), 5.1, 9.1, 20, 26, 27, 37.2, 41, 42.1, 42.2, 44.2, 45, 51, 52.2, 53, 54.2, 64, 68.2, 72, 74, 83.2, 93, 95.2, 96, 97.2, 130 – **Gästeamt Wangen**: 57.2 – **IFA Bilderteam**: 28 (Michter), 36 (Grüner), 44.1 (Forkel), 57.1 (Schösser), 66.2 (Jose Fuste Raga), 89 (Baier) – **Kunst im Schloss**: 61 – **Laif**: 8.2, 83.1, 118 (Hub), 90.1 (Heidedorn) – **Look**: 6.2, 6.3, 87, 136 (Kreder), 81, 86 (Strauss) – **Marx Studios**: 36, 38, 132.2 – **Mauritius**: 7.2, 25.2 (Otto), 30 (imagebroker/Siepmann) 11.1 (Knoll) 16/17, 126.1 (Beck), 46.1, 46.2, 66.1, 69 (ib/Katja Kreder), 105 (Mader), 119 (O'Brien), 77 (Römmelt), 106 (Özdemir), 116 (Schröter) – **Erhard Pansegrau**: 10.2, 63, 112 – **Photopress**: 8.1 (Rose), 68.1 (Rordorf) – **Alexander Rochau**: 121 – **Elisabeth Schnurrer**: 23, 40, 48, 49.1, 49.2, 111, 120 – **Skiclub Oberstdorf**: 15 unten – **Skyline Park**: 22 – **Stadt Kempten**: 95.1, 97.2 – **Stadtarchiv Wangen**: 58 – **Stadtmuseum Kaufbeuren**: 71.2 – **Strigel-Museum**: 37.2 – **Shutterstock**: U4.2 (snowturtle) – **Therme Bad Wörishofen**: 10.1, 19 – **Touristikverein Marktoberdorf**: 75 – **Transglobe Agency**: 62, 99, 107 – **Ullstein Bild**: 12.2, 13, 14.1, 15.1, 124 – **Verwaltungsgemeinschaft Weitnau**: 124 – **Hanna Wagner**: 2.3 (Wh.) 9.3, 11.2, 12.1, 21, 25.1, 52.1, 54.1, 55, 60, 73, 78, 94, 98.2, 102, 108, 109, 123, 126.5, 126.4, 129, 131, 132.1, 138 – **Westend61**: 71.1 (Martin Siepmann)